明恩溥 —— 著

李明良 —— 譯

Chinese

西方人眼中的「中國」性格

十九世紀美國傳教士明恩溥在華觀察

孝敬父母，謙虛禮貌，誠實守信，勤勞節儉……
中國人引以為傲的傳統美德竟有人搖頭打臉！

生活在中國 54 年的傳教士透過犀利的目光，
用西方視角揭露龍的傳人日常生活的性格百態。
東方與西方的激烈撞擊，公說公有理婆說婆有理，
是薪火相傳還是食古不化？讓明恩溥的文字來說話！

Characteristics

U0068673

目 錄

前言 ……………………… 5

一、中國人的衣食住行 ……… 9

二、中國人孝悌為先 ……… 25

三、中國人知足常樂 ……… 37

四、中國人的生命活力 ……… 45

五、中國人的忍耐力 ……… 53

六、中國人的勤勞 ……… 61

七、中國人的節儉 ……… 67

八、中國人的禮貌 ……… 75

九、中國人的面子 ……… 81

十、中國人的慈善 ……… 85

十一、中國人的同情心 ……… 91

十二、中國人的優越感 ……… 107

十三、中國人的間接方式 ……115

十四、中國人的責任感 ……… 127

十五、中國人的誠信 ……… 139

十六、中國人的時間觀念 ……155

十七、中國人對精確的概念　161

十八、中國人的惰性 ……… 169

十九、中國人的因循守舊 ……177

二十、中國人的固執與順從　185

二十一、中國人的公共精神　193

二十二、中國人的思緒 ……… 199

二十三、中國人的猜疑 ……… 207

二十四、中國人的人際糾紛　225

二十五、中國人的崇拜 ……… 233

二十六、中國的現實與需求　253

目錄

前言

　　一百多年前，美國傳教士明恩溥（Arthur Henderson Smith）在其所著的《西方人眼中的「中國」性格》（*Chinese Characteristics*）裡，列舉中國人性格特徵，從一個側面揭示了中國人的傳統性格。《西方人眼中的「中國」性格》是西方人介紹與研究中國民族性格的最有影響的著作。這位博學、不無善意的傳教士力圖以公允的態度敘述中國。他有在中國生活 22 年的經驗為他的敘述與評價擔保，他看到中國人性格的多個側面及其本相的曖昧性。他為中國人的性格歸納了 20 多種特徵，有褒有貶，並常能在同一問題上看到正反兩方面的意義。

　　用新視角看世界的感覺，世界存乎於心，存在於解讀者的眼中。明恩溥以外族的眼光看待我們熟悉或不太熟悉的事物，類似的如《馬可波羅遊記》（*The Travels of Marco Polo*）等等，有一千個讀中國的人，就有一千個中國。解讀者所處時代的世界格局也影響著他的眼光和心態。

　　明恩溥的有些評價並不合理。比如他認為中國人思緒含混，不能嚴格遵守西方式的邏輯，用事實本身解釋事實；有些特性完全是相因的，比如說節儉持家、勤勞刻苦、頑強生存、能忍且韌、隨遇而安，再比如說漠視時間、不快不慢，還有漠視精確。有些特性看似是矛盾的，如仁愛之心和缺乏同情，但誰又能說這兩種矛盾的特質不是在我們今天的社會中普遍存在的呢？

　　明恩溥用局外人的身分尖銳指出，這個國度的烹飪水準極其高超，但普通百姓卻依靠簡單的稻米、青菜和魚過日子，絲毫也不敢浪費，為了省下 5 分錢早餐可以走上 46 里路；這個國度的讀書人文字工整有力，語言精闢，但普通百姓大多不識字，或文字掌握水準非常差，錯別字使用風行

前言

（搞不好把各地簡化字當成錯別字了）；這個國度非常勤奮，皇帝天不亮就上朝理政，6點鐘歐洲還在熟睡，中國人已經趕完了早集，但是他只用一中午就做完了4個木匠半天的工作。

顯然，明恩溥看到的只是「一個衰老而略顯憔悴的古老文明」。

明恩溥是位誠實、細心的觀察家。讀者在閱讀中不難發現這一點。然而，誠實與細心並不意味著客觀與準確。因為文化與時代的偏見與局限，對於任何一個個人都是無法超越的，尤其是一位生活在100年以前的基督教傳教士。西方文化固有的優越感、基督教偏見，都不可避免的影響著明恩溥在中國的生活經驗和他對中國人與中國文化的印象與見解。基督教普世精神、西方中心主義，構成明恩溥觀察與敘述中國的既定視野。中國人的性格形象映在異域文化背景上，是否會變得模糊甚至扭曲呢？辜鴻銘說「要懂得真正的中國人和中國文明，那個人必須是深沉的、博大的和淳樸的」，「比如那個可敬的明恩溥先生，他曾著過一本關於中國人特性的書，但他卻不了解真正的中國人，因為作為一個美國人，他不夠深沉」。（《春秋大義》「序言」）

美國傳教士眼裡的中國人的形象，並不具有權威性。它是一面鏡子，有些部分甚至可能成為哈哈鏡，然而，問題是，一個美國人不能了解真正的中國人，一個中國人就能了解中國人嗎？盲目的自尊與脆弱的自卑，懷念與希望，不斷被提醒的挫折感與被誤導的自鳴得意，中國人能真正的認識自己嗎？《西方人眼中的「中國」性格》已經出版整整100年了。一本有影響的著作成為一個世紀的話題，誰也繞不開它，即使沉默也是一種反應，辜鴻銘在論著與演說中弘揚「中國人的精神」，明恩溥的書是他潛在的對話者，回答、解釋或反駁，都離不開這個前提。林語堂的《吾國吾民》，其中頗費苦心的描述與小心翼翼的評價，無不讓人感到《西方人眼

中的「中國」性格》的影響。《西方人眼中的「中國」性格》已成為一種照臨或逼視中國民族性格話語的目光，所有相關敘述，都無法迴避。

一個在中國生活了 22 年的人，並不能完全保證他有能力寫出關於中國人特性的書，正如一個在銀礦裡埋頭苦幹了 22 年的人，並不足以證明他有資格撰寫出有關冶金學或複本位制的論文。中國是一個極大的整體；一個還未考察過她的一半以上省分且只是在其中兩個省居住過的人，當然沒有資格對這整個國家做出概括。

我們不能盲信明恩溥的觀察與敘述都是事實，但也不必懷疑其中有事實有道理。讀者們可以根據自己的閱讀來判斷。了解自己既需要反思也需要外觀。異域文化的目光是我們理解自己的鏡子。照這面鏡子需要坦誠、勇氣與明辨的理性。魯迅先生一直希望有人翻譯這本書，在他逝世前 14 天發表的〈「立此存照」（三）〉中，先生還提到：「我至今還在希望有人翻譯出史密斯的《支那人氣質》來。看了這些，而自省，分析，明白哪幾點說得對，變革，掙扎，自做工夫，卻不求別人的原諒和稱讚，來證明究竟怎樣的是中國人。」

前言

一、中國人的衣食住行

一、中國人的衣食住行

在開始談這個問題的時候，必須指出這樣一個前提：這裡斷言中國人「漠視舒適方便」，不是用東方的標準來衡量，而是以西方的標準。我們的目的，只是要說一說這兩個標準存在哪些根本上的差異。

我們首先來說一說中國人的服裝。在談及中國人輕蔑外國人時，我們已經談到，西方的服裝樣式是中國人接受不了；而我們也要說說我們的感受，我們也接受不了中國人的著裝習慣。我們感到十分奇怪的是，中國人把頭部前面一半頭髮剃光，讓這個最應該受保護的地方暴露在外面。這樣一種反常的打扮習慣，居然會出現在這個偉大的民族身上。之前我們說過，由於中國人是在以性命的逼迫之下接受了這個習慣，那麼，現在我們就不必再去注意這兩者之間的關聯了。我們要注意的是這樣一個毋庸置疑的事實：中國人自己已經習慣了，並不覺得難受，連再戴上明朝的帽子他們或許都極其不情願了。

中國人一年四季都光著腦袋，也同樣不考慮是否舒服，特別是夏季。在夏季，烈日當空，人人都只是舉著扇子在太陽底下走來走去，也有極少一部分的人是撐著傘遮太陽。只要哪個中國的男人戴起了帽子，就一定會招致身邊人的反感。不過我們發現，中國的婦女會戴上頭巾，而要求完美的外國人認為，這種頭巾純屬裝飾，絲毫沒有遮陽的效果。按照中國人的觀念，在炎炎夏日，隨身攜帶一把扇子，就已經足夠應付那些可怕的高溫了。於是在夏日的天空下，我們經常可以看見眾多苦力光著手臂，使勁的拉著沉重的鹽船逆著水流往上走，他們同時還使勁的搖著扇子。哪怕是路邊的乞丐，也時常會搖晃著一把破扇子。

中國文明令人不解的現象之一，便是這個民族據說是最早從事畜牧業的，那麼，他們應該在利用這一天賜條件上顯現出先進的創造性，但他們卻從不知道把毛紡線打成衣服。儘管這個國家的西部地區出現了毛紡織的

手工作坊，令人遺憾的是，這個例外沒有在整個國家普及。然而，他們大片的山野森林之中，到處漫遊著嬉戲的羊群。

人們相信，古代還沒有引進棉花的時候，衣服是用其他的植物纖維織成的，如燈心草。然而如今，這個國家的製衣主要依靠的就是棉花。這個國家的有些地區冬季非常寒冷，那裡的人們往往要穿上好幾件衣服才能禦寒，小孩子穿的衣服更多，他們被包裹得像一個圓球，摔倒之後，甚至都爬不起來了。然而，我們從未聽到過一個中國人抱怨這種笨重的著裝有什麼不舒服。換作是我們盎格魯－撒克遜人，只要有一點束縛，我們就會絞盡腦汁的甩掉它。

說到中國人冬天穿得笨重，就不得不說到中國人的內衣。我們認為，如果沒有棉毛織內衣經常換洗穿著，日子根本就沒法過。這種需求，中國人彷彿可以省略。他們沉重的棉衣掛在身上，好似掛著許多布袋子，任憑冷風從縫隙中吹進來凍徹他們的肌膚，但他們不予理會，儘管他們也承認這種著裝很不舒服。一個66歲的老頭子抱怨自己凍僵了，於是我們送給他一件外國內衣，我們叮囑他每天都必須穿著，避免受凍。沒過幾天，他居然扔掉了這件內衣，他說這件衣服實在是「燒得慌」。

中國的鞋子普遍都是用布做成的，容易滲水，遇水就溼。天氣一冷，腳底就像踩在冰塊上。實際上，中國有一種油靴就是用來防潮的，但是，太貴了，沒有多少人能買得起。雨傘也是這樣。這些東西都屬於奢侈品，中國人壓根就沒有意識到這是必需品。哪怕風吹雨打，全身溼透，中國人也不認為換上乾燥的衣服是件重要的事情。在他們看來，用身體捂乾溼衣服其實也是個好辦法。儘管中國人羨慕外國人的手套做工精良，但是他們自己卻從來不打算製作一副類似的。他們也知道有一種連拇指的手套，然而，哪怕是在北方，也極少能看見這種手套。

一、中國人的衣食住行

外國人覺得，中國服裝最惱人的特點之一，便是沒有口袋。任何一個普通的外國人都需要許多口袋。他需要在外衣的上面口袋放記事本，襯衫口袋放鉛筆、懷錶和牙籤等小物品，其他方便的地方還要放小刀、鑰匙串和錢包。一些外國人還要帶上小梳子、折疊尺、開塞鑽、小指南針、折疊剪刀、彈子、鞋扣、鑷子、小鏡子、自來水筆等，而在外國人看來，這很正常，完全沒必要大驚小怪。他日常生活裡都會用到這些小物品，而且一個也不能少。至於中國人，這樣的東西很少，或者要用的話，也不是用口袋來放置這些東西。他們的手帕，都塞在胸口，而他帶在身邊的孩子也是如此。如果他有重要文件，他就仔細的綁在腿上，然後繼續趕路。如果他穿著外褲，他就把文件塞在褲腰帶上，而文件遺失自然在所難免，甚至時常會發生這樣的事。文件之類的東西還可以放在捲起的長袖子裡，帽子也被充分的利用了。許多小東西找不到存放的地方，中國人就會把它捲起來架放在耳朵上，如錢幣和銀票。要保證隨身攜帶的東西不遺失，主要靠褲腰帶，帶上繫著小錢袋、菸袋菸桿，以及諸如此類的小東西。如果帶子一旦鬆開，東西也就掉了。鑰匙、木梳和一些古錢，都繫在外衣那些固定的鈕扣上，每次脫衣服還得注意，防止弄掉了這些小物品。

如果說在我們看來，一個普通中國人的日常外套令人難受的話，那麼，他們的晚上睡覺時候的著裝就更加不用多說了，因為他們睡覺根本就不會穿著任何衣服。在中國，不分男女，通通都沒有睡衣。孔子說過：「必有寢衣，長一身有半。」然而，據說這是指孔子齋戒時穿的長袍，不是普通的睡衣。至少可以斷定，現代中國人是不會仿效他而穿上夜袍的，並且也沒有人願意齋戒。新生兒的皮膚對溫度的細微變化十分敏感，可是即使是新生兒，他們也是隨便的塞在被子下面，一有人來看，母親就會掀開被子。這種荒唐的做法簡直令人驚訝，難怪中國會有那麼多嬰兒還沒滿

月就死於驚厥。孩子稍大一點的時候，有的地區的媽媽居然用兩個沙袋給孩子當尿布用。光是這種想法，就足以使西方的母親談虎色變。被這種怪異的重物墜著，這個可憐的孩子完全動彈不得，猶如一隻「背著」大號鉛彈的青蛙。流行這種習慣的地方，形容一個人孤陋寡聞，就常用還沒有脫掉「土褲子」這一俗語。

住房條件與服裝一樣，對於我們所要求的舒適，中國人也不太在意。為了確立這個論題，我們暫且不談窮人的安身立命的居所，因為他們是被迫如此居住的，但是我們要談論的是他們在現有的居住條件下的改善。他們不注意在房屋四周種上樹木來遮蔭，寧願隨便搭起一個涼棚。假如涼棚都搭不起，那麼，完全可以很容易的在附近種上幾棵遮蔭的樹，但是哪怕是這種很簡單的事他們也不會做，他們喜歡種一些類似石榴樹這樣的裝飾性灌木。當院子裡熱得令人無法忍受時，他們就走到路上坐著，實在是不行的話，他們又回到自己的房子裡去。朝南的部位是主要出入口，但很少有房子對著南門再開個北門。實際上這樣設置所帶來的對流空氣，肯定會在一定程度上散去三伏天的熱氣。假如你去問他們，為什麼這麼方便的事情他們不願意去嘗試一下，他們一貫的回答就是：「我們歷來就沒有北門！」

在北緯37度以北的地區居住的中國人，通常都在「炕」上睡覺。炕都是用磚坯壘起來的，中間是用來燒火加熱的。假如不燒火，外國人睡在上面，就會覺得是睡在冰窖裡。如果火燒得太大，他又會因為太熱而在後半夜熱醒過來，這種燒烤的煎熬實在令人無法忍受。不管怎樣，要想整夜保持一個適宜的溫度非常難。而全家人就是這樣年復一年的躺在這種炕上。壘土炕的材料又容易招致蟲子的大批出沒，就算是每年換磚坯，也不能保證這些不受歡迎的「客人」會不再出現，有時候，牠們甚至占據了整個房屋的牆壁。

一、中國人的衣食住行

到處都有動物的侵害，對此，大多數中國人都已習以為常，但是，即使他們知道這些害蟲會傳播疾病，他們也不會想到要去防治這些害蟲的。除了為數極少的城裡人掛著帳子驅避蚊子之外，據我們所知，其餘地方就幾乎沒有人使用蚊帳了。蒼蠅和蚊子確實讓人討厭，用芳香植物熏一熏就能驅趕牠們，但對中國人而言，這些蟲子還不至於那麼令人煩惱。

枕頭的舒適度反映了人們對舒適的不同標準。西方人使用的枕頭是一只袋子，裡面裝著羽絨，正好撐著頭部。在中國，枕頭是用來支撐頸部的，可以用一把小竹凳、一截木頭，更常見的是用一塊磚。任何一個西方人在使用中國人的枕頭時，都覺得如枕荊棘。同樣，也可以肯定，也沒有一個中國人能在我們作為枕頭的袋子上忍受十分鐘。

我們之前說過這樣一個事實：中國人不會毛紡技術。然而最讓人受不了的是，他們每年都會吃掉大量的飛禽，但對於其身上的羽絨卻絲毫不感興趣。用羽絨做被褥，經濟又實惠，而且幾乎也不花什麼錢，但它們卻在屬行節約的中國人的眼皮底下隨意飄散。除非把它們賣給外國人，要不就是把羽毛捆起來製成雞毛撣子。而在中國的西部，有時則把它們厚厚的鋪在麥地或豆子地裡，防止覓食的動物啃吃了剛長出來的莊稼。

西方人理想中的床，應該是結實而富有彈性的。據我們所知，最好的床應該就是鋼絲床，這幾年，這種床已經使用得十分普及了。但是，當中國一家最好的醫院提供這種高級用品時，安置這些床的好心的醫生卻無可奈何的發現，只要他一轉身，那些尚有點力氣的病人，立刻就會從彈簧床上爬下來躺在地板上，他們說睡地板就像睡在家裡一樣舒適自在。

中國的房屋一到晚上，就昏暗得令人難受。當地人使用的那種菜油燈，氣味特別難聞，但卻是讓人在黑暗中照明的唯一的東西。關於煤油的便利，他們也知道，但大部分的人還在繼續使用豆油、棉籽油和花生油。

這種情形持續到今天，都是因為保守的慣性力量所造成的，再加上對舒適生活的根本漠視，使他們從沒有想過要去看得更清楚。

西方人感到中國的家具既笨拙又不雅觀。中國人坐的不是我們的祖先習慣於靠坐的那種寬大的椅子，而是非常狹窄的長凳子。如果凳子腿鬆了，或者你只坐一端的話，冷不防凳子就會翹起來，但是中國人習以為常，他們沒有想過要改變。中國人是亞洲唯一使用椅子的民族，不過在我們看來，中國的椅子非常醜陋。有些椅子樣式，造得像伊莉莎白（Elizabeth）女王或安妮（Anne）女王時代的英國流行的椅子，座位高，靠背直，十分呆板。更普遍的樣式，看上去足以支撐一個體重 250 磅的人，但椅子的支撐力有問題，彷彿馬上就要解體。

西方人對中國的房屋最反感的，無疑就是潮溼和寒冷。建築結構的致命錯誤，就在於地基建造得很隨意，因此房子難免會時常潮溼。房間裡的泥土地面或者是用沒有燒製好磚塊鋪成地面，不僅令大多數外國人覺得礙眼，對於健康也是一大隱患。裝在轉軸上的門也非常不結實，兩扇這樣的門根本就合不上，冷風颼颼的就往屋裡鑽。哪怕貼上硬板紙的一扇門也無力抵禦寒冬，要使一個中國人養成隨手關門的好習慣幾乎不可能。有位商人在他辦公室的門上貼了「隨手關門」的標識，當然這幾個字形同虛設，因為從來就沒人會隨手關門。進出房屋或院子的門框設計得非常低，就連普通身高的人進出時也要低頭，不然一不留神就會撞在門框上。

中國人的窗戶基本都是用紙糊上去的，抵擋不了風雨、陽光、熱氣和灰塵。百葉窗幾乎找不到，即使有的人家有，也不會用。

在中國，幾乎每家每戶都只有一個炊鍋，一個容量超大的大鐵鍋。但是，一次只能煮一樣東西，燒飯時就不能燒開水。並且必須得有一個人守在小灶前，隨時往爐子裡塞進一些柴禾或者乾草，以防止柴禾燒沒了。燒

一、中國人的衣食住行

煮基本上都用這個辦法。房間裡全是水氣，甚至濃煙滾滾，如果叫一個外國人在這樣一個廚房裡做飯菜，恐怕他一分鐘也待不下去。但中國人卻似乎對這些害處滿不在乎，儘管他們也明白這樣會導致嚴重的眼病。

西方人認為，中國住房最難受的是冬天沒有暖氣設備。大部分地區的民眾，即使是嚴寒肆虐，他們也只會透過爐灶和炕來取暖。中國人高度稱讚炕的舒適性，婦女們甚至稱呼炕為「親娘」。然而，西方人卻實在不敢恭維，我們希望熱源能夠穩定供給適宜的熱量，而在這方面，中國的炕卻遠不如壁爐或火爐給的溫暖和舒適。產煤的地區確實也用煤做燃料，但是與整個國家相比，這樣的地區實在有限，而且煤煙往往不好驅散開，通常搞得滿屋子都瀰漫著嗆鼻的煙味。富裕的人家用木炭，但也會用得十分節省，但是危險也隨時存在，一不小心就會燒到其他東西，甚至是房子。通常，房子裡面比外面暖和不了多少，所以，即使是在家裡，每個人都會穿上所有的衣服。一旦出門，就不再添加衣服了。「你冷嗎？」我們問他們。「當然！」他們經常這樣回答我們。在西方人看來，他們整個一生都沒有讓自己暖和過。冬天，他們的血液就像河水，表面凍住，底下在慢慢的流淌。難怪一位曾經出過國的道臺說，美國犯人住的監獄，比他的衙門還要舒服。不過，去過中國的外國人，對這句話絲毫都不覺得驚訝，事實就是如此。

我們以前說過，中國人不在意擁擠和噪音。只要天氣一冷，中國人就理所當然的擠在一起，以便取暖。即使是在三伏天，也可以經常看到船上的乘客擠得水洩不通，人們紛紛坐在船艙裡，根本無法躺下。西方人是絕對忍受不了這樣的擁擠，但中國人似乎覺得理所當然。西方人喜歡自己的住房與鄰居保持一定距離，這樣既可以通風，又能免受干擾。中國人對空氣是否流通和住宅是否受到干擾全然不在乎，即使給了他們這樣的優惠條

件，他們也不認為這是什麼優待。中國的城市建設毫無章法，城市周圍的小村莊橫七豎八，密密麻麻，根本沒有任何規畫，房屋與房屋擠在一起，不知道的人還以為這裡的地價特別貴。後來地價真的上漲了，而造成地價上漲的原因恰好就是人們的蜂擁而至，其實城市的情況也是如此。最後是庭院狹窄，房屋擁擠，整個村落給人感覺人滿為患，至於什麼活動空間，更是一種奢望。

　　一位中國人，住進了一個中國的小客棧，他通常都會在晚飯之後，在大批人馬進駐客棧的喧譁聲中，倒頭就睡。而一位來自西方世界的旅伴，卻躺到半夜都沒睡著，他整個耳邊都響徹著 60 匹騾子在那裡咀嚼、踢腿和嘶鳴的聲音。不時還有木頭的吱嘎作響聲或者狗的狂吠聲在此起彼伏。在一個客棧的牲口棚裡，常常可以看見 50 頭驢子，牠們在夜裡的不時的發出各種聲響，簡直令人匪夷所思。正如古伯察（Évariste Régis Huc）先生所說的那樣，其實中國人也知道，只要在驢尾巴上吊一塊磚頭，驢就不會再亂叫喚了，但是誰也不會這樣做。原因很簡單：中國人並不在意 50 頭驢子的叫喚聲是怎樣的。而外國人通常會對任何疑問耿耿於懷，他們總是想搞清楚問題的答案。這樣的不在乎，並不局限在某個特定的社會階層，這是他們的天性。因為我們聽說，有一個政府高官的夫人曾經在家裡養了將近 100 隻貓。

　　中國所有的城市都受到過流浪狗的侵擾，中國人不會去刻意約束這些狗，因為他們信仰的佛教主張不殺生靈。不過，比起東方其他國家的人，中國人的這個特點還不那麼明顯。布朗（Brown）先生曾經擔任美國駐華公使，他出版過一本有趣的東方遊記，書中有他自己畫的插圖。其中有一幅，畫著各式各樣的瘦狗和癩皮狗在開會，題為〈君士坦丁堡總覽〉。書中還有很多插圖，反映了中國城市的常見情形。大群大群的流浪狗肆無忌

一、中國人的衣食住行

憚的吠叫著，此起彼伏，但是中國人似乎覺得很正常，他們好像不知道被瘋狗咬傷後的重大危害。一旦被瘋狗咬傷，治療的方法通常就是在傷口上敷些狗毛，這種做法與我們的一句諺語不謀而合：「被什麼狗咬傷，就用什麼狗毛治療。」然而，中國人似乎還沒有整頓狗的這個想法。

以上引證的例子，都是關於中國人漠視舒適的一些表現。再引一些例子來說明中國人漠視方便，也很容易。

中國人為自己是一個有文化的民族而頗感自豪。他們也確實是一個有文化的民族。「文房四寶」中的筆、墨、紙、硯，沒有一件方便隨身攜帶，在你發現你突然需要用到這些的時候，通常它們不會那麼容易出現。如果沒有水，這四樣東西俱全了也沒用，因為需要水來研墨。事先不把纖細的筆毛潤軟，筆也不是可以立即使用的；使用不當，還會弄壞筆，縮短筆的使用壽命。中國人沒有類似鉛筆這樣的替代品，即使有也沒辦法削，因為他們沒有鉛筆刀，也沒有口袋放這些東西。之前說起中國人省吃儉用的時候，我們竭力公正的評價了他們的高超技藝，他們工具貌似不恰當，卻能做出很好的東西來。需要提醒大家的是，西方常見的節省勞力的種種辦法，中國人卻一無所知，事實的確如此。西方現代化的賓館，為賓客們準備了他們所需要的一切，他們很容易就能享受到冷熱水、燈光、暖氣和服務。但是，在我們看來，中國18個省分中最好的旅店，也只不過是一個低等級的旅店。店主承諾的服務基本兌現不了，旅客們不得不走到房間外面大聲催促，當然，這都是「無用功」。

中國人的日常用品，也不是那麼容易買到，要等小販碰巧出現才能買到。甚至連每天的必需品都很難買到，人們感到自己來到了蘇丹。夜出時，人人都得提著一個燈籠，有的城市，只有在巡迴叫賣的小販那些才能買到燈籠，類似於我們的賣牛奶和賣鮮酵母的小販。受購買東西不便利

的影響，中國的城市人口比例不可能很大。比如有的地區，人們習慣於每年 2 月份出售建房的木料，一根木料經常從一個市集拖到另一個市集，直到最後售出，或者拖回去。然而，如果有一個不懂市面的人想在 5 月份買木料，那他會很快明白聰明的東方人為什麼會說：「機不可失，時不再來。」

在評論中國人省吃儉用的時候，我們提到過中國的大多數工具都不是現成的，顧客買回各種零部件自行組裝，可能他們會認為這樣很方便，但是，這與我們對方便這一概念的理解是完全不一致的。

有一次，我叫一個僕人去買一把劈木頭的斧子。市場上似乎沒有，他只好買回來 14 個（進口的）大馬蹄鐵，請鐵匠打成一把斧子，又請木匠安上一個把手，最後的全部費用，要比買一把上好的外國斧子貴很多！

這個國家的種種不便，留給外國人印象深刻的，便是完全缺乏「衛生設備」。即使是在首都北京，試圖治理下水道也非常困難，人們發現一個問題總是容易引發出更多的問題。一個人不管在中國住多久，在回答這樣一個經常提出的最有趣的問題時，心裡總是猶豫不決，因為這很不好準確的回答：這個國家哪座城市最髒？一位從北方省分歸來的外國旅行者，對一個住在廈門的外國人誇口說，要說最髒的城市，中國南方城市不如北方城市。為了驗證這個觀點，他們在廈門逛了一大圈，發現廈門確實很整潔（當然，這只是對中國的城市而言）。廈門的外國人出於對這個第二故鄉的嫉妒，告訴他們，他們來的不是時候，因為剛剛碰巧有一場大雨沖刷了街道！這位旅行者在遊覽了福州之後，認為他已經發現了中國最髒的城市。可是在寧波，他發現寧波的情況也是這樣，而到達天津時，他發現情況越來越糟。然而，如果他最終坦誠而又公正的回顧在北京時的想法，並誠懇的撤回他那時的觀點，其實也是合乎情理的！

一、中國人的衣食住行

西方人說起在中國生活的種種不方便，肯定會說到以下三點：郵局太少、道路狀況惡劣、貨幣流通不順暢。當然也有私營的郵局，可以把信件和包裹從中國的一個地方送往另一個地方，但其作用極為有限，並且相對於整個國家而言，涵蓋的地域也非常有限。在討論缺乏公共精神時，我們已經談及中國的道路。山東有一條幾英里長的穿山公路，十分狹窄，不能同時通過兩輛馬車。路的兩端都有士兵駐紮看守，交通只能是上午從這個方向開往那個方向，下午從那個方向開往這個方向！由於中國人的服裝——特別是鞋子（我們已經描述過了），以及中國的道路狀況（我們也已知道），所以，一旦遇到雨天，中國人就只能守在家裡不出門了。在西方國家，我們說一個人笨，就說他下雨就不知道怎麼出門，而在中國，下雨天不躲在家裡的才是傻瓜。

漢語的一個普遍特徵，就是習慣於用一句表達祈使意義的話來處理事情，比方說「雨停了再說」。官方的機構可能例外，但對其他人來說，活動應該隨著天氣和氣候的變化而改變。哪怕是緊急的公務，在這些習慣語面前也變得脆弱無力。我們曾經聽說有一個堅固無比的中國炮臺，地位重要，裝備精良，比如有克魯伯大砲，士兵們接受過外國訓練，但只要一下雨，崗哨上的士兵全都擅作主張的跑進了哨所避雨，看不到一個人在雨天站崗。他們都在等「雨停了再說」！西元 1870 年的天津慘案，本來死亡人數要多上好幾倍，幸虧及時的下了一場雨，把撲向外國人住地的暴徒困在了路上。一場陣雨，完全有可能就是外國旅行者在中國敵對地區最好的保護傘。我們相信，從一個兩英吋大的水管裡噴射出來的持續的水柱，5分鐘之內，便足以驅散外國人在中國所看見的最殘暴的暴徒，而這種事確實有人親眼目睹過。橡皮子彈就相形見絀了，因為會有許多人去撿拾那些廢彈頭，而從漢朝以來中國人對冷水就非常反感，如同貓反感冷水一樣。

在中國人看來，潑冷水就是要了他們的命。

　　中國貨幣這個話題，不是一小段文字能講清楚的，恐怕寫一篇全面的論文，確切的說是一本書都不夠。中國的貨幣混亂，各種怪事層出不窮，完全可以讓任何西方人發瘋。在談及漠視精確時，我們就提到過一些令人煩惱的事情。100 個銅錢不是 100 個，1,000 個銅錢也不是 1,000 個，而是其他完全不定的數目，只能憑以往的經驗來確定。在這個國家的很多地區，一個銅錢算兩個；20 個銅錢以上也這樣算，所以，當有人聽到自己會得到 500 個銅錢時，他明白到手的只有 250 個銅錢，不同地方數目不同。總有小錢或者假錢混入，導致任何行業的商人之間都會發生不可避免的爭執。貨幣貶值所帶來的弊害，深深的影響了地方官員，他們不時頒布文告加以制止。這為這個地方官員的衙門中的下屬官員帶來了機會，他們提高稅收，加重壓榨當地錢莊，這無疑是在對原本貨幣流通不暢的市場雪上加霜。現錢因一時周轉不靈，價值也跟著上漲。一旦現錢被支付殆盡，那麼它的貨幣作用就會消失，壞錢也趁機在市面上流通了，但是它的價值卻並不會減少。這樣，就有了一條持續運行的無法抗拒的規律：壞的貨幣取代了好的貨幣。貨幣狀況每況愈下，以至於在河南省的某些地區，人人去市場都帶有兩套錢幣，一套是普通的，真假摻雜，還有一套則全都是假錢。有些商品只付假錢，還有一些商品，討價還價而成交的商品，就要相應的支付雙倍的錢幣。

　　中國的錢幣真的是「髒錢」，幾乎沒有不髒的錢。用於穿 500 錢或 1,000 錢（名義上的）的繩子特別容易斷，因而重新點數重新穿起來也相當麻煩。銅錢沒有統一的重量，但是非常笨重。相當於一墨西哥元價值的銅錢，重量在 8 磅以上。吊在腰帶上的小袋子裡，能裝上幾百個銅錢。如果要用的錢大於這個數目，那攜帶就成了個難題。銀錠在交易中損失重

大，使用銀子的人在買賣過程中，都會不可避免的被欺騙。假如使用錢莊的匯票，也是困難重重，因為一個地方的匯票去到另一個相距不遠的地方，要麼就是完全不被承認，要麼就是得大打折扣，而當他最後拿著這張匯票回到原先簽發它的那個錢莊時，又得預先考慮到現在兌付多少現錢，這個問題很快就會引發一場與這個錢莊的黑心人之間的爭鬥。令人覺得不可思議的是，在這種混亂的情況之下，中國人竟然還能做買賣；而據我們日常的所見所聞，他們對這些煩人的錢幣問題早已習以為常，彷彿事情本來就應該如此，只有外國人叫苦不迭。

一個途經中國村莊的外國旅行者，經常會看到一隻伸開四蹄躺在地的驢子，有一根結實的繩子綁住了驢的脖子，牠就這樣被拴在一個木樁旁邊。但是，繩子非常短，驢的腦袋被傾斜著 45 度吊著，牠那扯著的脖子，似乎隨時都有脫臼的危險。我們感到非常奇怪，難道牠不想掙脫這條束縛牠的繩子嗎？牠怎麼可以這樣心安理得？至少我們可以肯定，沒有一頭西方的驢會這樣。

讀者們在看到了我們這些描述之後，一定發現：中國人似乎很容易滿足，儘管他們的民族正處於一種極度難受的狀態。這只能說明中國人關於舒適方便的標準，與我們所習慣的標準有極大不同，這就是我們一開始就聲明了的前提。中國人已經學會了適應自己的環境，對於他們正在遭遇的所有困難，他們用他們獨有的耐心加以承受，因為他們認為這些困難是不可避免的。

有些人完全熟悉中國人和中國生活的方式，尤其熟悉我們經常注意的那些方面，但是他們依然斷言，中國人尚未開化。這個膚淺而錯誤的判斷，完全是出於對文明和舒適的不同理解。比起 3 個世紀以前的狀況，中國經歷了各式各樣的變化，我們一直都在貫徹我們的公正比較原則。我們

不能認為米爾頓（Milton）、莎士比亞（Shakespeare）和伊莉莎白的英國是未開化的時期，但是，對於我們現在的大多數人來說，那個時期的英國一樣叫人難以忍受。

在此，去提及過去的 3 個世紀之中讓大不列顛群島發生驚人變化的各種複雜的原因，純屬多餘。然而，最近 50 年來，在舒適方便的標準上我們發生了徹底的革命，這簡直是妙不可言。如果我們被迫回到我們曾祖父和祖父的粗野方式，我們也許會懷疑這樣的生活是否還值得繼續。時代在變化，我們隨時代而變化。這樣對比看來，中國的時代未曾發生變化，中國的人也沒有發生變化。所以，從過去到現在，他們舒適與方便的標準，也一直未曾改變。當然，新的情況出現，這些標準也會不可避免的發生變化。我們發自內心的希望他們能發生變化，我們也相信，新的標準將會與我們目前所習慣的標準相一致。

一、中國人的衣食住行

二、中國人孝悌為先

二、中國人孝悌為先

「孝順」是談論中國人的必選話題，當然，這個話題也很難對付。與我們描述中國人的其他特性一樣，這個概念也不容易用英語翻譯理解，並且這一特性所包含的意義也與我們平常所理解的截然不同。漢語中與此類似的解釋是「孝順」，「禮」也是最常用的一個解釋。

我們先引用一下卡萊爾（Carlyle）先生的一段話（引自《中央王國》）：「禮是中國人一切思想的集中表現；我認為，《禮記》是中國可以獻給人類的最合適、最完美的專著。中國人透過禮尚往來維繫感情；禮還能實現一種職責；禮被用來評判善惡 —— 總之，這個民族是一個由禮控制的民族，任何一個人都是借助於道德、政治和宗教而存在於這個社會，同時還要受到家庭、倫理、宗教和社會等等多重關係的約束。」

引用這段話，只是想為讀者提供一個了解中國人的「孝悌」的背景知識說明。而威廉斯（Williams）博士對於這段話的評價最具有說服力，他說：「將『禮』翻譯成『ceremony』不是很準確，這個意義顯然不適合，它太貧乏了，實際上，『禮』除了指人的外在品行，還包括一種支配禮儀和禮貌的內在原則。」

「四書」和其他古代典籍，特別是《孝經》無一不在證明，中國人非常重視孝順。那麼，中國人自己眼中的孝順應該是怎樣的？孝順是怎樣成為中國人絕無僅有的特性的？需要提醒大家的是，中國人的孝順是多面的，一般的觀察者可能發現不了其中的真實涵義。

西元 1877 年，雅蒂斯博士在上海召開的傳教士會議上，宣讀了一篇論文 ——《崇拜祖先》。這是博士精心寫作的一篇論文，他在文中闡述了自己近 30 年來在中國的觀察與經驗。作者在論文的開頭就提出，崇拜祖先是孝順表現中的一種形式，還說：「『孝』容易被人們誤解，應該謹慎對待，防止誤入歧途。據我所知，中國人是最不孝順，最不願意服從父

母的，只要他們意識到了自己的需求，他們就會不顧一切，甚至反對父母。」著名的中國典籍翻譯家萊格（League）博士曾在中國生活了 33 年，他非常堅決的否定了博士的觀點，他說，他在中國的親身經歷與博士所言的恰恰相反。這只能說明，人與人的眼光總是不一樣，看問題的角度也難免存在差異，要在這種矛盾的說法中獲取正確、全面的觀點，我們就必須學會綜合對比，連結思考。

實踐證明，中國的孩子在沒有接受教育之前，就已經懂得把服從父母的命令作為一條準則，他們甚至是一種本能的服從。然而，等孩子們長大之後，情形也有所變化了。「樹大自然直」是中國的一句俗語，意思是說，中國的孩子在長大之後，自然知道怎樣處理身邊的事情，或許還有別的含意，但這的確可以算作是他們的孝順行為的理論依據。當然，這也受到這些方面的影響，包括人們的孝順觀念、受教育的方法和各地認同的孝順典型。《孝經》中說：「五刑之屬三千，而罪莫大於不孝。」最普遍的說法是：「孝為萬德之首，其誠存於心，而不在行。以行而論，世無孝子。」並且中國人普遍認為，所有的道德缺陷都可以在孝順這一品性上反映出來。違背禮節、虛情假意、不盡職盡責、對朋友和親人不夠忠誠，還有臨陣脫逃等等，都是缺乏孝心的表現。於是，慢慢的，孝順的涵義大大的超出了行為的範疇，除了包含行為的動機，還包括其他的道德內容。

人們都說，孝順其實就是一種感恩。《孝經》敕令章對此有過強調說明。孔子說過：「子生三年，然後娩於父母之懷。」意思就是父母死了，做兒女的應該要為父母守孝三年，並且這種守孝成了兒女回報父母養育之恩的一種慣例。「羔羊，獸也，跪哺乳！」就連小羊羔也知道吃奶的時候要跪著。還有，孝順的人必須善待自己的身體，因為「身體髮膚，受之父母」，不好好對待自己的身體，那就是忘恩負義。父母在世時，孝順的人

應當竭力服侍自己的父母；父母去世後，做兒女的還應該經常祭拜。繼承父道是孝順的一大表現，子曰：「三年無改於父之道，可謂孝矣。」威廉斯博士引用了《禮記》中的這樣一段話，可以說明做兒女也可以幫助父母糾正錯誤：「父母有過，下氣怡然。柔聲以諫，諫若不入，起敬起孝，說則復諫。不說，與其得罪於鄉黨州閭，寧孰諫。父母怒，不說，而撻之流血，不敢疾怨，起敬起孝。」大多數西方人，從來不聽從父母的教導，這真的令人擔憂，而在中國，這樣的事情幾乎從來沒有發生過。

關於孝，孔子在《論語》的第二章做出了幾種不同的解釋。不同的情況，孝的內涵也不一樣。魯國一位名叫孟懿的官員問孔子孝是什麼，孔子說：「無違。」從表面意思看來，「無違」也就是「不違背」，那位官員也是這樣認為的。孔子和大多數中國人一樣，喜歡拐彎抹角，他沒有把孝的真正涵義解釋給孟懿聽。直到有一次他的弟子樊遲重新提到這個話題時，孔子才趁機解釋了一番：「生，事之以禮，死，葬之以禮，祭之以禮。」無疑，孔子是希望樊遲能把他的意思轉達給孟懿，這樣一來，孟懿自然就會知道「無違」的真正涵義了。「孝」意味著什麼呢？孔子也做出了解釋，他強調對父母應該以禮相待，不然，只知道照顧他們的身體，等於是在把父母當作牛、馬來對待。

我在上面的那些引用，目的就是說明，中國人的孝順觀關鍵在於遵從父母的願望，滿足父母的需求。這個觀念在中國已經盛行了幾千年。孔子曾坦言：「今之孝者，是謂能養。」這說明在孔子所處的時代，人們對孝的履行就不如古代了，而孔子對古代也是非常神往。好多個世紀都過去了，可是孔子的言談沒有過時，它已經深入中國人的骨髓之中。假如孔子還活著，面對今天的狀況，我們敢肯定，他會更加堅定的說：「今之孝者，是謂能養。」

現在，我們已經了解中國人是怎樣看待孝順與其他社會職責之間的關係，但是，關於中國人在現實之中是怎樣理解孝順的，我們還不是很清楚。假如你去找幾個沒有受過教育的中國人，問他們什麼是孝順，他們之中大多數人肯定會說：「要讓父母高興。」假如父母不高興，那肯定是做兒女的沒有服侍好。一言以蔽之，孔子的「無違」就是個很好的解釋。

關於孝順的實例，簡直數不勝數，只要你去瀏覽一下《二十四孝圖》，你就能知道在中國廣為流傳的那些關於孝順的故事。

其中有這樣一個故事，說的是東漢的一位兒童，6 歲時跟著父親一起去朋友家做客。和大多數中國人一樣，兒童覺得主人家的橘子非常甘甜可口，就順手悄悄的藏了幾個橘子放在袖筒裡。告辭的時候，兒童在鞠躬的一瞬間，橘子掉了下來，當時的氣氛特別尷尬，但是兒童鎮定自若，他立刻跪在主人面前說：「我母親愛吃橘子，我是為她拿的。」這句話從此後流傳千古，一直被中國人奉為美談。西方人則不那麼認為，因為兒童的父親當時是一位朝廷高官，一個聲名顯赫的富裕家庭不可能找不到甘甜的橘子，然而，中國人卻把這件事看成了孝順的典型，說那麼小的一個孩子就知道為母親著想，實在難得啊！難道你們就不覺得這個孩子反應靈敏嗎？小小年紀找藉口的氣魄和速度簡直令人瞠目結舌。

晉代也有一位孝順少年，由於家裡窮買不起蚊帳，他就想到了一個非常好的辦法，他每天都早早的上床睡覺，整個晚上紋絲不動，連扇子都不用，目的就是希望家裡的蚊子都來咬他，好讓父母能睡得安穩。晉代還有一個少年，他有一個凶殘的繼母，這個繼母特別愛吃鯉魚，可是冬天一到，鯉魚就不容易弄到了。但是，這個少年為了抓到鯉魚，奮不顧身的脫去衣服，躺在冰凍的河面上。冰下的一對鯉魚看到這種情形，非常感動，就直接鑽了個冰窟窿，跳了上來，好讓這個少年完成繼母的任務。

二、中國人孝悌為先

《孝經》敕令章中曾把「偏袒妻兒」與賭博並列為同一類型的不孝之舉。《二十四孝圖》也能找到典型的事例。漢朝時，一位窮苦的人，因為沒有足夠的糧食來養活年邁的老母和年幼的兒子，就對妻子說：「我們實在太窮了，連母親都養不起，與其讓母親和兒子都挨餓，還不如把兒子埋了，為母親省些糧食。孩子沒了可以再生，但是母親只有一個啊。」妻子沒有反對，他們就在後院挖了一個兩尺深的坑，就在坑挖好了的那一剎那，他們發現了一罈金子。罈子上刻著一些字，說是上蒼為了表揚這位孝子而賜給他這一罈金子。可是假如沒有挖到金子，兒子就會被活埋，但是，按照中國的傳統觀念，埋掉兒子救母親其實是正確的做法，偏袒妻兒才是不對的。

中國還有一種謬論，說只要吃了兒女的肉，父母的痼疾就能夠痊癒，並且中國人對此深信不疑。而且這些肉最好是在父母不知情的情況下，讓父母吃下去，總之，這些肉對於父母的病情一定會有幫助。類似的事情，北京《邸報》上經常有報導。我認識一個年輕人，為了替父母治病，真的從腿上割下了一塊肉。並且一說到那塊傷疤，他都是滿臉的自豪，如同一位久經戰場的老兵。當然，這類事情不常見，但是確實存在。

中國人最熟悉的關於孝順的評判，恐怕就是孟子說的：「不孝有三，無後為大。」為什麼一定要有後？因為需要人繼承香火，祭祀祖先，並且這已經成為了中國人生活的最重要的內容。因為這個原因，中國人還必須儘早的結婚生子。在中國，30 歲做祖父，一點也不奇怪。我的一位中國朋友，在臨死前還念念不忘，說自己有兩不孝：一是不能親自為母親料理後事；二是沒有為兒子安排好他的婚姻大事（他的兒子剛滿 10 歲）。然而，在中國人看來，有這種想法非常合乎情理。

中國有一夫多妻的制度，而且只要理由充分，男人可以休妻。休妻的

理由通常是沒有生下男嬰。正是因為對男孩的渴望，才成就了納妾的制度，也造就了那麼多的悲慘故事。假如生了男孩，全家人趾高氣揚，歡呼雀躍；假如生的是女孩，則一個個神情沮喪，萎靡不振；很多溺嬰事件都是因為人們的歧視，而且南方的重男輕女的思想比北方的更嚴重。甚至有的時候，這種事就被隱瞞得特別深。並且中國的私生子也特別多，不過，不管是男孩還是女孩，他們都難逃被歧視的厄運，有時甚至會遭遇滅頂之災。雖然無法考證各地實際溺殺嬰兒的數量。但是無論怎樣，哪怕那是一個不受歡迎的嬰兒，人們也不應該扼殺他生存的權利。

我們說過，中國人守孝的時間是 3 年，但是，實際上，這已經被縮短為 27 個月。《論語》裡描述了這樣一件事，孔子的一個弟子堅決反對守孝 3 年，說一年就可以了。孔子說，在這 3 年的守孝時間裡，君子最好不要行樂，假如你把它縮短成一年，如果你覺得你能心安理得的行樂，那你行樂好了。最後，孔子鄭重其事的評價了他，這樣的話，只能說明你「不仁」。

在中國，守孝高於所有社會職責，作為兒子，除了必須為政府服役之外，他的一生的大部分時間裡都在守孝。通常人們會在父母的墳前搭上一個棚子，白天工作，晚上就守在墳前睡覺；有的甚至會沒日沒夜的住在那裡；還有的則恪守禮節，痛不欲生，以至於整日消沉，無所事事。我認識的一個中國朋友，很長的時間內，他都在父母的墳前守孝，極盡孝道之後，他還是萎靡不振，全家也因此背上了一個累贅。不過中國人卻對他的這一行為大加讚賞，他們從來不計算後果，履行儀式重於泰山，其他的任何事情都是次要的。

中國人為了安葬父母，不惜賣掉田地甚至是賣身，在我們看來，這是一種社會性的錯誤，但中國人不以為然。中國人的天性就是這樣，這也符

合他們的禮，因此，這樣做是必須的。

胡克（Hooker）神父根據自己的親身經歷，為我們提供了一個關於中國人重視禮儀和孝行的絕好事例。那一年，他剛來到中國，住在中國南方的某地。他僱用了一個教師，教師家在北京，家中有一位老母親，他們已經4年沒有聯絡了。有一回，神父需要把一封信送到北京去，考慮到這位老師那麼多年沒有跟家裡聯絡，神父叫教師也寫一封信。聽說信差要啟程了，這位教師立刻從隔壁找來一個學生，請他幫自己寫一封信，並告訴他時間緊迫，信差很快就要走了。神父大吃一驚，就問孩子，你認識他的母親嗎？孩子告訴神父，他從來沒聽說過老師還有一位母親。神父問老師：「你不告訴他，他怎麼知道要寫什麼？」老師得意的說：「他怎麼可能會不知道兒子應該怎樣寫信給母親呢？他學習作文已經有一年多了，那些文雅的辭令對他來說，完全可以運用自如了。」很快，學生把信寫好了，並且把信封黏貼好了，而老師只是簽了一個名字而已。這封信完全可以送給這個國家的任何一位母親，並且她們收到信之後，一定都會喜出望外。

孝道對孩子的不同影響，導致了兩種極端，這兩種極端的事例隨處可見。除了瘋子，沒有人會去殺死自己的父母，然而，給他的懲罰卻與常人一樣。但是，中國的平民百姓，生活得極其貧困潦倒，而父母對兒女又過於苛刻，於是，難免會發生這種事。然而，另一個極端的一面卻是，兒女們會主動代父接受死刑，這充分的證明了中國人的孝心，即使這位父親原本是罪有應得。

西方基督教國家的家庭關係紐帶非常鬆弛，所以，在他們看來，中國的孝行非常具有吸引力。對盎格魯－撒克遜民族來說，尊敬長輩對他們的民族非常有幫助。在西方國家，孩子長大以後，可以隨心所欲，想去哪就去哪，願意做什麼就做什麼。而這在中國人看來，無異於一頭牲口，只有

動物才會無拘無束。換個角度思考問題，我們確實有許多地方需要改進，也確實應該小心謹慎，以防止自己的石頭砸傷了別人。孝順的幾個致命的缺陷一定得重點強調一下，否則，這些討論都是空談。

我們已經討論了兩個孝順的致命缺陷，還有三個我們將一一為大家闡述。一是，它只對做兒女的提出了一大堆的要求，關於父母的義務卻絲毫不在考慮的範圍之內。在中國，建議父母負擔起相應的義務，簡直就是沒必要。然而，世界的其他民族，卻始終沒有忽略父母的義務。使徒保羅（Paul）在神啟的智慧的引導下，以精練的語言說明了理想家庭的四大支柱：「作為丈夫，你們要愛你們的妻子，不要讓她們受苦。」「作為妻子，順從妳們的丈夫，這在主看來是相宜的。」「作為女兒，凡事應該聽從父母的，因為主喜歡妳這樣做。」「作為父親，不要惹兒女傷心，否則他們會意志消沉。」這些意義深遠的準則遠比孔子道德思想中的那些世俗的智慧要高明多了。我們發現，所有的教義都沒有考慮女兒的感受，全都圍繞著兒子。多少世紀以來，關於男女感受的問題，恐怕也只有中國不認為這是對人性的嚴重摧殘。男孩被家裡奉為至寶，女孩則成了家裡的累贅，就算不被溺死，也難免會終生受到歧視。

中國人還有這樣一種觀念，認為妻子是卑賤的。關於丈夫應該怎樣對待妻子，妻子應該怎樣對待丈夫，孔子沒有說過。儒教只是要求男人和妻子都應該依從父母。當妻子與父母發生衝突時，由於妻子是無關緊要的、卑賤的，她就應該妥協、屈服。這就是中國家長制的社會結構所存在的嚴重弊病。它把人的某些天性壓抑住了，同時又將另一些天性訓化到了極端，整個社會在這股力量的作用下成了老年人的社會，年輕人則被壓抑，處於從屬地位。人們的思想被這種沉重的壓力禁錮了，社會的發展和有益的變革也因此遭到了阻礙。

二、中國人孝悌為先

　　傳宗接代是孝道中一系列弊病的根源。它要求人們必須生養，不管是否能夠養活孩子。由此產生的早婚與人口泛濫，使那些貧困的人們倍受折磨。一夫多妻制和納妾的制度也是因為它而產生的，它是萬惡之源。中華民族宗教信仰的集中表現真正就在於崇拜祖先。準確的說來，它使一個民族被迫套上的一個最沉重的枷鎖。就像耶茲（Yates）博士的那篇論文中所說的那樣：使人感到憤怒的是，無數的死人支配著成千上萬個活著的中國人，或者說「活著的一代受過去無數代人的控制」。而那些保守主義堅信，崇拜祖先是最好的形式與保證。在本世紀的最後 15 年，如果不在道德上給予保守主義沉重的打擊，中國將無法使自己完全適應新的形勢；如果中國人繼續他們的祖先崇拜，那麼，他們前進的步伐將永遠不可能邁出切實的一步。

　　在我看來，完全是因為恐懼和自私才造就了中國人的孝順，這兩者是最能控制人的靈魂的有利因素。人們崇拜鬼神，是因為鬼魂具有製造災難的力量。「敬鬼神而遠之，可謂知矣」，是孔子的一句富有智慧的格言。沒有供品，就會惹怒鬼魂，接下來鬼魂就要報復。崇拜它們則比較保險，而且各種崇拜死人觀念的核心似乎就在於此。活著的人也可以這樣推理，兒子孝順父親，也要求自己的兒子盡孝，養孩子的目的就是這樣簡單。在中國，不管是老子，還是兒子，他們都知道「種樹遮蔭，養兒防老。」「沒有孩子，就沒有在墳前燒紙的人。」人人都要償還父輩的養育債，也可以要求下一代盡量償還自己。於是就這樣，孝行被代代相傳。

　　有一種悲觀的說法是，中國人過分誇張的孝順，既沒有把崇拜對象具體化為神，也完全意識不到神的存在。崇拜祖先純粹是由泛神論、不可知論和無神論構成的，它也是孝順最完美的，最終的表現形式。它認為死人可以變成神，神其實就是死人的化身。對父母表示愛、感恩和畏懼，才是

他們最在乎的，至於天上的父，他們絲毫不感興趣。要麼選擇基督教，要麼選擇崇拜祖先，在中國人看來，兩者不可能同時存在，所以，只有適者生存。

二、中國人孝悌為先

三、中國人知足常樂

三、中國人知足常樂

　　我們發現，中國人忍受病痛的能力極強，或許這種能力可以被恰當的稱為是一種心理矛盾。大多數情況下，我們是不能理解這種能力的。儘管身處絕望的境地，但他們沒有表現出絲毫的失望，準確的說，他們是在做不抱希望的掙扎，甚至與希望無關。據我們所知，中國人從來沒有躁動不安的情緒，而這卻是其他大多數民族的特點，在 19 世紀末，這個特點表現得尤為突出。中國人似乎從不懷抱任何計畫，即使這些計畫似乎能把他們帶到「一個即將來臨的好時代」，他們認為不可能會有這樣的時代在等著他們。

　　當然，「忍耐」和「堅韌」這兩個詞無法完全涵蓋中國人所有的美德。我們也必須考慮到，他們在不幸遭遇之中的平和心境，我們把這種在逆境中依然能保持樂觀精神的特質稱為「常樂」。提醒人們注意這些美德才是我們的目的；同時，我們還會提出一些值得思考的問題，這有助於讀者們更好的理解這種美德。

　　我們用「知足」形容中國人，不是說中國的所有個人都對他所擁有的一切非常滿足，甚至不想改善。中國人的知足，我們在談及他們的保守主義時已經談過，而在我們思考他們的體制時，就更加明顯。他們壓根就不想去改變這個體制。我們從不懷疑，這是大多數中國人的特點。這種看待生活現象的方式，我們總稱為「因循守舊」，而在這方面，其他任何民族也是一樣的，只不過中國人更加典型。中國社會的這種觀念非常明顯，在全體民眾中根深蒂固，自古傳承，有力的壓制了任何人對命運安排的不滿。他們當然也感覺到了其中的罪惡，卻又認為這些罪惡是不可能避免的。那些一致固守這個觀念的人，因為自身承受了太重的壓力，根本不可能去努力推翻現有的秩序。沒有一個國家像中國那樣，知識階層才是思想和行動上的領導者。然而，知識階層一直在竭力向人們宣揚，中國當前的

38

制度是這個世界上最好的制度，中國漫長的歷史中各種大量的經歷，以其無可辯駁的實例教導中國人，對現行制度進行所謂的改良，根本不可能。這就逐漸的培育了中國人頑固的因循守舊。

　　中國人自己都沒有充分認知到這個事實：中華民族是一個相信宿命論的民族。各種中國古代的典籍故事，無一不在談論所謂的「天命」。尋常百姓人家也會經常談到「天意」。這種說法跟我們談論的萬能的上帝非常相似。但是，在基本思想上還有著本質的差別 ── 對我們來說，「上帝」是一種存在，他的關愛和安排與地上的一切生靈都有明確的關係，是他造就了這些生靈，一切都在他的考慮和安排之中；而對中國人來說，他們關於「天」的實際觀念，是一種非人格的集合，並且非常模糊，實際上，這彷彿就是一種命運。「命好」與「命不好」，這些詞語對中國人來說，與兒童故事書中「好神」與「惡神」意思是一樣的。憑藉這種神祕的力量，一切都有可能，沒有什麼事情是辦不到的。

　　在一種直線式的力的作用和相互作用的影響下，中國人的占卜、巫術和算命，極其複雜的理論與實踐才得以產生並發展。很多的中國人就是依靠這種普遍實用的理論來謀生的，儘管這種迷信對人們日常生活的影響因地而異，但它在老百姓的內心世界裡卻是真實的，有影響力的。在中國，你經常會聽到有人在說「這是我的命」，無論他是男人或女人，特別是那些不得志的人，最喜歡把這句話掛在嘴邊。這種信條的必然結果就是失望。失去希望的人，特別是中國人，在被賜予希望、得到拯救之時，總是像垂危的病人一樣等待著最後的解脫，或者就期盼上蒼為他扭轉命運。可能中國人不像土耳其人那樣至死不渝的相信宿命論，也可能中國人的「命」與土耳其人的「真主的旨意」不一樣。但是很顯然，像中華民族這樣篤信命運的、認為命運在本質上是不可能避免的民族，必定不會願意與

三、中國人知足常樂

命運做激烈抗爭。

歷史用實例教人道理，這是希臘人的古老說法。我們剛才已經談到，中國人自己的歷史就是他們的老師，而他們從中吸取了教訓，於是他們變得因循守舊。這是中國人的知識的一個致命的缺憾，沒有哪個國家是靠了解自己的歷史來學習進步的，正如一個人如果只知道親身經歷的事，就不能號稱見識廣博一樣。中國人對於我們所說的文藝復興、16 世紀歐洲的基督教改革運動、美洲大陸的發現、現代科學的誕生等等，這些世界歷史中的重大事件一無所知。由於這些重大事件的影響，國與國之間的連結超過以往，人權的概念也慢慢的形成了，但是，中國人作為一個民族卻閉目塞聽，完全不關心這些國際大事。

對生活在舊時代、墨守成規的人們來說，改善人的生存環境，並不是一個符合實際的課題。政治經濟學的重大原理，能幫助一個國家的所有部門，但對於這些國家的人卻沒有吸引力。關於政治經濟學的知識，他們還不如我們十字軍東征時代的祖先。即使有人了解，他們也不在乎這些原理能有什麼作用。進步的第一動力，完全來自於親眼目睹了別人的先進條件。中國的絕大多數民眾沒有見到過條件更好的國家，因為他們關於其他國家的狀態他們從未見過，甚至從來沒有聽到過。另外，那些對其他國家略知一二的人，本來可以更多的去了解，然而因循守舊的鐐銬又禁錮了他們。在中國，除非大規模的行事，否則沒有什麼事情能喚醒廣大的人民群眾，而那些有能力大幹一場的人，卻不願意在這些方面做任何事情。因為這無法讓民眾感到滿意，而任何不滿稍有流露，便被有效的控制住了。所以，就社會的觀點而言，中國人的知足阻礙了中國人的進步。

我們之前說過，中國人的經歷使他們反對改善人們的現有條件。對於外國人而言，由於他們熟悉其他國家的發展經歷，要把中國人從不幸困境

中解救出來，最簡單明瞭且行之有效的方法就是移民。我們猜想，中國人最容易接受的方法就是這樣，關鍵是成功的保證也最大。但是，對於這個權宜之策，中國人肯定不會接受，理由是那樣的話，他們就會背井離鄉、遠離祖墳，而按儒教的安土重遷的理論，他們是永遠連結在一起的。中國人通常都不願意背井離鄉去遠方追尋屬於自己的幸福，除非是迫不得已。他們理想中的生活是：好像一棵樹一樣，扎根在家鄉的土地上；汲取營養、開花、結果，落葉歸根。

總而言之，沒有一個中國人離開故土之後會不打算回去的。他骨子裡都期盼著衣錦還鄉、壽終正寢，最後葬入祖墳。只要「落葉歸根」仍然是中國人命中注定的強烈情感，它就會一直阻礙中國人採用顯而易見的方法，去有效的減輕痛苦。我們認為，要讓中國人移居他鄉，以此真正改善他們的生活條件，這幾乎是不可能的，除非是「天命」要求他們這樣做。潛意識裡對「天命」的感知，會把他們的種種不滿包裹在心裡，自甘墮落。

實際上，由於西方沒有相應的特性，我們迄今為止對中國人知足這個特殊能力的論述還沒有說到重要處。中國人天生知足，如同魚因為要游水而有雙鰭，鳥因為要飛翔而生出雙翼。彷彿是這個天生的特性，注定了中國人生來就有吃苦耐勞的能力、相安無事的能力以及維持社會秩序的能力。這種生來就具有的無可比擬的忍耐力，使他們能夠面對苦難忍耐到底，因為他們認為自己沒有能力改變什麼。中國人總是能夠樂天達觀，毫無怨言，卻有像鴕鳥一樣的消化能力。

由於上述原因，還有一些我們沒有講述清楚的種種原因，他們絕對不會用腦袋去撞擊牆面，對於大多數無能為力的事情，他們只是簡單的去順從，並且毫無怨言。中國人有句老話：對付不治之症的最好辦法，就是忍

三、中國人知足常樂

耐。總之，中國人知道富裕與貧窮的狀況，關鍵的是，他們知道，在這兩種境遇之下如何學著「知足」。我們必須把中國人的「常樂」視為一種民族性格，與他們的「知足」緊密連結起來。能夠獲得幸福，這本身就算是喜出望外。但是，他們喜歡自得其樂，這與我們完全不一樣。過分挑剔只是少數中國人的特點。大多數中國人是模範客人，在哪裡吃飯都可以，吃什麼都香。即使是那些缺衣少食的人，他們的心境也非常平和，這種場面簡直令我們瞠目結舌。

與盎格魯－撒克遜人憂鬱孤傲的性格相比，中國人好交際，就足以說明他們「常樂」的性格。找人聊天是一大樂事，找老朋友還是找完全陌生的人，這無關緊要。正是這種人與人之間的溝通，極大的減輕了中國人在逆境中的痛苦。很多中國人愛好種植花草樹木，以此來美化他們十分簡陋的環境，這非常值得向大家介紹一下。這使我們想到了一句意味深長的話：我們擁有的東西不多，但物盡其用。

也許我們說了許多對中國僕人不滿的話，但需要聲明的是：他們經常對諸多的不便毫不在意，長時間的為他人做分外的事，不僅不抱怨，而且連潛意識裡都沒有抱怨過任何人，這真的非常難得。

假如中國的僕人，總是在哀嘆自己的命不好，那麼，他將時常遭到同伴的譏諷，有時還會成為笑柄和口頭禪。我們已經談到過中國人不知疲倦的工作，然而這樣的情況我們簡直不能接受，午夜之後你還能聽得見婦女們紡線的聲音，為省下微不足道的燈油錢，她們甚至摸黑工作，毫無怨言。她們完全已經習慣了沒日沒夜的工作。他們中有些人的工作是最累人的，比如苦力、縴夫、獨輪車夫。我們不僅從沒聽見他們抱怨世間的分配不均勻，而且經常看到他們在休息時間還要拚命的工作，一頓粗茶淡飯就足以使他們喜形於色。那些具有洞察力的旅行者，會發現中國勞工的這一

個特點。霍西（Horsey）先生在《中國西部三年紀實》一書中談到長江上游時說：「還得說一說縴夫們。除了樂師和潛水員之外，幾乎所有身子靈巧的年輕人都願意跳上江岸去拉縴，他們特別好動，一刻鐘之內就能把飯吃好，脾氣好得就像一頭溫順的老水牛。」阿奇博爾德‧利特爾（Archibald Little）先生的《通過長江三峽》一書中也有類似的描述：「我們的 5 個縴夫，手抓纖繩，腳踏在凹凸不平的石頭上，一步一步的拖著船隻逆流而上。這些可憐的苦力的剛強和忍耐，我簡直無法用語言形容，他們拖兩個月的船隻能賺到兩元錢，一天三頓吃得都是糙米飯，再加上一點洋白菜，也就是靠著這點營養，他們從黎明賣命工作，直到天黑，而且每天都是這樣。」

我認識一個受僱於外國人的車夫，他經常推沉重的車子，走一趟就是幾個月。他每天都必須早早的出發，一直走到很晚，翻山越嶺，運送著沉重的物品。長年累月，不管颱風下雨，他都是赤腳涉水，每到一個驛站，還得為雇主準備食宿，打點好一切。所有這些艱辛工作，只是為了極少的報酬，但他從無怨言，他的主人證明，在他受僱於他的這個幾年裡，車夫從來就沒有發過一次脾氣！據我所知，凡是有類似經歷的讀者，都可以講出同樣真實的故事，除了細節有些不一樣。

生病的時候，中國人的樂觀天性表現得最為淋漓盡致。他們通常是最為樂觀的，或者無論如何也要表現出對自己對他人的樂觀態度。即使是在身體虛弱而又極其痛苦的時候，他們也充滿了快樂的希望。我們知道不少中國病人，他們身患各種疾病，還經常貧困不堪、營養不良、背井離鄉，甚至有時還被親戚冷眼相待或者拋棄，未來完全陷入一片絕望之地，但他們還能保持樂觀鎮定。假如換作是我們盎格魯－撒克遜人，那麼，我們煩躁不安、沒有耐心的特性一定會暴露無遺。

三、中國人知足常樂

　　具有這種天性樂觀的中國人並不罕見，這是毋庸置疑的。任何長期居住在中國的外國人，都應該遇見過這樣的人。我們再次提醒大家：如果「適者生存」的歷史教導確實可信的話，那麼，中華民族的前途不可限量。

四、中國人的生命活力

四、中國人的生命活力

　　生命的活力構成了中國人其他特點的重要背景，這本身就值得人們思考。我們可以思考以下四個問題：中華民族的再生能力、對不同環境的適應能力、長壽以及康復能力。

　　在中國生活期間，外國人對中國的第一印象就是人口過剩。事實就是這樣，中國幾乎到處都擠滿了人。日本也是一個人口眾多的國家，但是很明顯，日本的人口密度無法與中國相比。在人口的相對密度和絕對密度方面，中國比任何國家都更像印度。但印度的民族和語言各式各樣，而中國的民族，除了一些少數民族之外，其他的都是漢族。我們足跡所至這個遼闊國家的任何地方，無不處處證實著中國的人口過剩。哪怕是人口稀少的地方，證明這一事實的原因，也很容易被我們察覺。

　　太平天國可怕的暴動，緊接著是回族的小規模暴亂，然後又是西元1877 至 1878 年那場震撼人心的涵蓋著 5 個省分的大饑荒，至少使中國總人口減少了好幾百萬。戰爭的創傷看來不可能像西方那樣快速的修復，因為中國人安土重遷。然而，我們逐漸發現，不管破壞力有多大，它總比不過修復能力。我們認為，只要有幾十年的太平和豐收，中國的任何一個地方都能從本世紀一連串的災難之中恢復過來。而恢復的基礎條件顯而易見，不管你是否願意，事實就在眼前。

　　中華民族的任何地方，不管是在城鎮或鄉村，成群結隊的兒童最引人注目，正如查爾斯‧蘭姆（Charles Lamb）諷刺那些過分驕傲的母親那樣：「密密麻麻的擠滿了每一條死胡同。」當今中國社會的奇蹟之一就是，他們依靠什麼養活了這麼多小孩子，我們必須聲明的是，不少孩子基本的「衣食」都成問題，換句話說，不管怎樣的貧困都不可能明顯的減少中國的人口。

　　恐怕唯一能有效的阻止中國人口增長的就是鴉片、戰爭、饑荒和瘟疫

等類似的能毀滅整個民族的可怕手段。實際上，中國人繁殖能力的強大遠遠超過了世界上的任何一個民族，保守估計，中國的人口數量也有兩億五千萬，關鍵還在於他們超強的繁殖能力，其增長速度簡直匪夷所思。由於沒有可靠的統計，我們只能大致估算得出這樣的結論；可以肯定的是，這個結論絕對是正確的。中國人普遍結婚非常早，傳宗接代的觀念根深蒂固，是歷代中國人的主導思想，而財富被排在第二位。

　　法國的人口與中國的人口狀況恰恰相反。在歐洲，法國的成長率最低，最新的報告顯示，這個國家的人口數量甚至正在下降。這些事實引起了法國人們對國家未來的極大憂慮。而中國人，沒有更多跡象顯示他們的人種要比盎格魯－撒克遜人退化。記載中，上帝給人類最早的告誡是希望人類「休養生息，繁衍昌盛」。正如一位學識淵博的教授曾經說過的那樣，「人們遵從了這個告誡，這是人們唯一遵從的上帝的命令」，在這一點上，沒有一個國家能像中國那樣貫徹得非常徹底。

　　我們曾經說過，中國的地域廣袤，各種土壤、氣候和物產應有盡有。我們看到，中國的亞熱帶、近極帶，以及兩者之間的地域，都是一派昌盛繁茂。而各個地域之間的差別，只是取決於這個地域本身的特點，取決於它供養人口的能力，而與人們適應能力的不同沒有任何關係。廣東、福建兩省的部分中國人，無論是移居到印度、緬甸、泰國、東印度群島、太平洋諸島，還是移居到澳洲、墨西哥、美國、西印度群島、中美洲和南美洲，也不管發生什麼情況，關於他們無法很好的、迅速的適應環境的說法，我們從來沒有聽到過。我們反而聽說，他們的適應能力迅速而又完美，甚至比當地人更加勤勞和節儉。他們的團結和凝聚力也非同一般，以至於他們移居的當地民族為了防止自身的利益受損，甚至驅逐中國人離開自己的領土。面對這種現狀，中國人不得不停止大規模的移居國外，在其

四、中國人的生命活力

他民族看來，這無疑是一大喜訊。如果東亞現在全是不可征服的人，渴望著把自己的能量發散到這個世界的其他角落，如同中世紀的中亞那樣，那麼，我們難以想像我們所有人會變成怎樣，也難以想像「適者生存」的原則會發展成怎樣！

因為完全沒有可靠的統計資料，所以，要談中國人的長壽問題，只能籠統的概括一下。所有的觀察者應該都會同意這樣一個結論：中國的老年人特別多，而且是全國的各個地區都有很多。老年人通常都會深受晚輩的敬重，長壽更是被視為一種榮耀，並且「壽」排在「五福」之首。出生的日期，甚至是時辰，都被確切的記了下來，以便需要時能準確無誤的說出來，儘管前面我們說過，他們的計算方法非常粗略。墓地的碑文上通常會刻上死者的年齡，實際上，並不是每一個死者都有墓碑，一般也就生產石碑的地方及其附近才有人會使用墓碑，所以，只靠墓碑推斷死者的年齡，還遠遠不夠。

可能活到百歲以上的中國人不常見，但是只要我們用心去找，接近百歲的老人隨處可見，如果提供足夠的營養，我們認為肯定還會有更多的高齡老人。實際上，中國確實存在著一大批嚴重缺乏營養的窮人，我們也確實感到詫異，他們是怎麼挨到如此高齡的呢？大家都知道，本世紀所有西方國家的平均壽命都在不斷增長。這是因為人們越來越注意生命的規律，而防疫和治病的方法也在不斷提升。而中國的生活狀況，與哥倫布發現美洲之時相比，沒有明顯變化。如果中國能像過去 50 年來的英國那樣，社會科學和醫學得到了極大的運用，那麼，中國的老人數量肯定還會急遽增加。

不講究衛生，幾乎是所有中國人都具有的特點。他們甚至對已經了解的衛生規則也不當回事。外國觀察者心中一直有一個疑問：中國人蔑視自然規律，對自然法則也一無所知，並由此招致了各種疾病，可是為什麼這

些中國人還能如此頑強的活著呢？中國每年都會有很多人因為完全可以預防的疾病而死亡，但是在疾病的抗爭中還是有很多的人能夠活下來，這個事實充分的說明中國人具有神奇的能力，甚至能夠抗病和康復。中國人會因為一件小事而豁出命去抗爭，這與他們頑強的生命力一樣，都是中華民族極其重要的特徵。

我們感到非常遺憾，因為沒有重要的統計資料，我們必須依賴外國人的觀察紀錄。由於外國藥房和醫院的不斷增加，這些紀錄一年比一年多，一年比一年更有價值。

為了更好的說明中國人的康復能力，有一項工作非常值得去做，那就是分析整理年度醫學報告，我們一定能整理出新鮮而有說服力的結果。不過，我們只能描述一、兩個事例，其中兩個事例是我非常清楚的，第三件事例是從天津一家大醫院發表的報告中找出來的。因為這些事實完全不是孤立的或例外的，而是跟我們眾多讀者所觀察的完全一致，所以，這些事例的說服力毋庸置疑。

前幾年，我曾經與一個中國家庭住在同一棟房子裡，有一天下午，窗外突然傳來了陣陣慘叫聲。窗臺是用磚坯砌成的，窗子底部有個洞，洞裡面有個很大的馬蜂窩。一個 1 歲多的小男孩在院子裡玩耍，看到這個洞，十分好奇，以為這是一個好玩的地方，想都沒想就魯莽的爬了進去。小孩的頭髮剃得光光的，露出紅紅的頭皮。蜂窩裡的馬蜂可能是被這種異常的侵犯給惹惱了，也可能誤認為孩子的光頭是一朵大牡丹，牠們立刻飛到小孩的頭上胡亂的螫了起來。孩子在被抱出來之前，頭上已經被螫出 30 多個包。這個孩子只哭了一會，也沒有擦拭任何藥物，也沒有替患處敷什麼偏方，他就躺在炕上，一會就睡著了。那天晚上，孩子也一直很安靜，不哭也不鬧。第二天，他頭上的包奇蹟般的全都消失了。

四、中國人的生命活力

西元 1878 年，北京有一個外國人家庭僱用了一個馬車夫，那個馬車夫得了流行的斑疹傷寒，在當時，這種病症致使很多人相繼死去。到了第十三天，馬車夫的病情已經非常嚴重了，他突然變得異常狂暴，幾個人都制服不了他。派了 3 個人守護他，但他們已經被弄得精疲力竭了。這天夜裡，這個病人被綁在床上以防逃跑。在守護人熟睡之際，他竟然自己鬆開了綁繩，一絲不掛的離開了這棟房子。凌晨 3 點，人們發現他逃跑了，就仔細搜查了這棟房子，包括幾口井，因為怕他會跳進去。最後在院子的圍牆那裡發現了痕跡，這座牆高約 9 至 10 英呎，他是先爬上一棵樹再逃走的。跳到牆外地上，他立刻走向城牆內的護城河。兩個小時之後，人們發現了他，只見他的腦袋緊緊的卡在了牆下用於阻止壕溝通行的兩根鐵欄杆之間。他實在熱得非常難受，迫不及待的想來這裡涼快涼快，看樣子，他已經卡在這裡很長時間了。在回家的路上，人們發現他已經完全不發燒了，雖然他的腿還不是很舒服，但後來也慢慢的康復了。

一個天津人，年齡在 30 歲左右，以在中國軍隊進行軍事訓練的訓練場附近撿那些廢彈殼為生。有一次，他撿到一顆砲彈，當他試圖拆卸砲彈時，砲彈爆炸了，他的左腿被炸爛了。他被迅速送進了醫院，左腿膝蓋以下部分全都截掉了。然而，這個人非但沒有放棄這種提心吊膽的謀生方式，反而一出院就重操舊業了。6 個月之後，又是一次類似的爆炸把他的左手掌炸得稀巴爛，右臂的上半截被嚴重燒傷，鼻梁和上嘴唇處甚至炸開了一條深深的傷口，彈片也擊傷了他的右臉頰、右眼的上眼瞼、額骨的後側以及右腕，右小腿也被深深的切開，骨頭都露了出來。這個人受了如此的重傷，半昏迷而又無助的在太陽底下躺著。4 個小時之後，終於有一位官員看到他了，他命令幾個苦力抬他去醫院，官員本人也陪伴著走了兩英里路程。抬他的人顯然是抬累了，等這位官員一走，就將這個可憐而又不

幸的人扔進一條溝裡讓他等死。雖因失血過多而極度虛弱，這個人還是從溝裡爬出來了，他單腳蹦跳了 500 碼，來到一家米店，找到了一些食物，用一個筐子裝起來掛在脖子上，再用他那隻沒受傷的手抓取食物。為了把他弄走，米店老闆就把他連同這個筐子送到了醫院門口。這家醫院拯救了他，雖然因為大量失血，他身體狀況幾近崩潰，脈搏也十分微弱，但他的神志還十分清楚，還能說話。他曾經沉溺於鴉片而不能自拔。不過，除了第五天和第六天有點腹瀉，還有點輕微瘧疾，這個人在整個過程中並沒有出現什麼糟糕的症狀。4 個星期過後，他被允許出院，最後，他拄著拐杖離開了這家醫院。

哪個民族能具備像中國人那樣的身體特質，那麼，即使處於戰爭、饑荒、瘟疫和鴉片的惡劣環境之中，他們也能夠生存下來。假如他們飲食得當，營養充足，在生理學和衛生法則方面再多加注意的話，那麼，我們堅信，單是這樣一個民族，就可以占領這個世界的主要地區，甚至更多的地區。

四、中國人的生命活力

五、中國人的忍耐力

五、中國人的忍耐力

「忍耐」一詞，具有三個截然不同的含義：它是一種能夠長期忍受而不抱怨，不生氣，沒有不滿情緒的行為或特質；它又是一種默默承受一切苦難的能力或行為；它還是「堅韌」的同義詞。

顯然，這些特質具有十分重要的意義，尤其是對於具備這些素養的中國人來說。在對中國人的各項特點進行考察時，一定要結合所有特質一起考慮，遇事忍耐這個特點更是應該與中國人的所有特點結合起來分析。實際上，中國人遇事忍耐的特點，與他們的「麻木不仁」和「漠視時間」緊密相關，尤為相關的是「勤勞刻苦」，正是透過「勤勞刻苦」才更能展現中國人遇事忍耐的這個民族性格。我們先前討論的這些話題說明了「遇事忍耐」是中國人的一個主要特質，不過那些只是很零碎的論述，接下來我將全面的為大家講述一番。

在類似中國這樣人口眾多的國家，生活水準低得完全可以用「為生存而爭鬥」來形容。要生存就得有物質基礎，並且是拚命去獲得這些物質。可以說，中國人已經「把貧窮變成了一門知識」。極端的貧窮和艱苦本身並不會讓任何人勤勞起來，但如果一個人或者一個民族具有勤勞的天性，極端的貧窮和艱苦便成了一種條件，能更加使人們勤勞起來。這種條件也會促使人們節儉，正如我們所見，節儉是中國人的一個重要特質；這種條件也同樣能夠磨練出一個人的忍耐力。獵人和漁夫，不管他們是屬於哪一個民族，「文明人」、「半文明人」，還是「野蠻人」，他們都明白自己的職業需要小心謹慎的行動，而他們等待時機所用的耐心，是隱蔽的、小心翼翼而又不厭其煩的。長期以來，一直在最不利的條件下謀求生存的中國人，逐漸學會了把最文明民族積極的勤勞與南美洲印第安人消極的忍耐融為一體。

為了一點很小的報酬，中國人也願意去做很長時間的工作，因為報酬

再少總比沒有好。多年的經驗使他們明白，勤勞並不能成為通向更多的機會的晉身之階，但在我們西方人看來，勤勞自然能帶來機會。之所以是「自然」結果，是說只要有合適的條件，那樣的結果就會如期而至。只不過，每平方英里 500 人的人口密度，這肯定不是一個理想條件，因為這無法驗證「勤勞和節儉能夠帶來財富和幸運」這樣的格言。但是，中國人滿足於為微薄的報酬而辛勤勞動，卻恰好展現了中國人忍耐的美德。

　　已故的格蘭特（Grant）將軍，曾經對人們講述過這樣的一件事，在他環球旅行回國之後，有人問他：在旅行中所看到的最值得一提的事情是什麼？他馬上回答說，所看到的最不尋常的事情，便是一個中國小販用自己強勁的競爭打敗了一個猶太人。這番話意義非凡啊。關於猶太人的特質，眾所皆知，正是這些特質使他們獲得了驚人的成就，但猶太人畢竟只是人類的一小部分，而中國人，卻占了全球總人口的相當大的比例。那個被中國人挫敗的猶太人其本質與其他猶太人並沒有任何不同，而那個中國人與其他的中國人也沒有什麼本質的不同。所以，如果換作是其他中國人與猶太人競爭，結果恐怕還是一樣的。

　　至於中國人的「堅韌」這一特性，那絕對是舉世無雙的。之前我們說過，中國的考生年復一年的前去報考，要不就考到 90 歲獲得名譽學銜，或者為此死而後已。除了表示自己非凡的執著之外，這樣做沒有任何報酬，或者根本不可能有報酬。這是中國人天賦的一部分，好比鹿具有飛快的奔跑能力、鷹具有敏銳的視力一樣。類似的特質隨處可見，哪怕是在商店門口最卑微的乞丐身上你也可以看到蹤跡。儘管人們不歡迎他，但他還是一次又一次的出現，他的耐心絲毫不減，他的執著總會讓他要到一、兩枚銅板。

　　有一個阿拉伯人的故事，說的是他的頭巾不知道被誰偷走了。丟了這

五、中國人的忍耐力

個重要的飾品，他沒有趕緊去抓小偷，反而立即奔向這個部落的墓地，坐在進門的地方。感到疑惑不解的人問他怎麼不去抓賊？他的平靜而具有典型的東方式的回答說：「他最後一定要來這裡！」這個消極堅忍的誇張故事，讓人不禁想到，不僅中國人個人行為是這樣，其政府行為也是如此。

康熙皇帝是亞洲最受讚美的君王，他長久而又輝煌的統治，從西元1662年一直持續到西元1723年，這使得他比亞洲任何一位君主的名聲都要顯赫。不過，在這個偉大的統治者的執政期間，一個名為「國姓爺」的愛國將領在廣東、福建沿海橫行霸道，政府的戰艦都奈何不了他。面對這一情況，康熙想出了一個權宜之策：命令住在這條漫長的海岸線的所有居民，向內陸退回30里（約合9英里），這樣，那位前朝的維護者就無法再來騷擾了。人們居然普遍服從了這道命令，結果非常成功。「國姓爺」後撤了，他停止了對清朝的騷擾，轉而進軍臺灣，驅趕走了臺灣的荷蘭人，最後還被封為「海澄公」，歸順清朝了。每一位讀到這段奇妙敘述的外國人，都會被迫同意《古代王國》一書作者的評論：既然一個政府強大到足以驅使這麼多沿海的臣民離開自己的城鎮和鄉村，承擔龐大損失退向內陸，那麼，組織一支強大的艦隊，趕走那些侵略者對家園的襲擊，對他們來說應該不是問題啊。

還有一個同樣值得一提的例子，可以顯示中國政府的堅忍不拔，在華外國僑民對此一定有著清晰的記憶。西元1873年，中國將軍左宗棠在巴克爾和哈密安營紮寨，朝廷派他去平息回民的大暴動。這場暴動一開始只是一股微小的勢力，後來像野火一樣燃遍了中國西部，甚至發展到中亞地區。由此可見，他們所面臨的困難將是多麼難以克服。與此同時，在中國出版的外國報紙紛紛刊載文章，諷刺左宗棠的使命，並嘲笑清朝昏庸到居然企圖用貸款的辦法去支付沉重的軍費。但是，左宗棠的軍隊到達暴亂地

區不到一年，就進軍到了高聳的天山兩側，重重的打擊了暴動者。如果他們到達的地方糧草供給吃緊，他們立刻就會開荒種地，種出糧食以備後用。就是在這種邊墾田邊進軍的模式下，左宗棠的「墾田大軍」終於完成了使命，他的功績被認為是「現代歷史最值得一提的」一次使命。

我們認為，中國人的忍耐力最值得注意的是：他們能毫無怨言的等待、默默不語的忍受困苦。有人說，在飢寒交迫而又風雨凜冽的環境之中，最能測試出一個人真實的品性。假如他的表現令人滿意，就「給他溫暖，為他擦拭，讓他吃飽，使他成為一個天使」。當代的文學作品中，常常表達著這樣的一種看法：碰到一個飢餓難忍的英國人，如同碰到一頭被搶走寶寶的母熊。事實上，確實是這樣的，這句話非常形象的描述了所有的盎格魯－撒克遜人，包括英倫三島上的其他居民。儘管我們擁有值得吹噓的文明，但是我們仍然受制於我們的肚子。

有一次，我看到大約 150 個中國人，其中大多數人已經走了幾英里路，他們是來出席一次宴會的，但他們趕上了一件不太令人滿意的事。宴會訂好了是在 10 點開始的，大多數人原本指望 10 點鐘左右坐下吃早餐，可是宴會遲遲不見開始。始料未及的情況，使得他們只好站在一旁做招待，只要還有後來者，他們就得一直等下去。而後來者之中那些細嚼慢嚥的人，一看就知道是中國人，比起我們，他們明顯十分高雅。經過長久而耐心的等待之後，眼看宴會就要開始了，又出現了與前面一樣的始料未及的情況，人們禁不住發起牢騷來了。然而，這 150 個被怠慢的中國人會有怎樣的反應呢？如果他們是大不列顛群島的居民，或者是「基督教之鄉」的居民，我們很清楚他們會怎麼做。他們一定會帶著滿腹的牢騷，做出難看的臉色，甚至在下午 3 點的宴席上他們還會對此抱怨個不停，或者是不停的怒罵。他們會一致通過一個激烈的決議，並且致信給倫敦的《泰晤士

五、中國人的忍耐力

報》（The Times），信中包含 5 個「Sirs」（先生們）。然而，這 150 個中國人什麼也沒有做，他們不僅脾氣很好，並且態度也一直很好，他們用誠懇和禮貌的語氣，不斷的告訴主人等待一會沒關係，什麼時候吃都一樣。讀者們誰知道哪一種西方文明能夠承受這種突然而又沉重的考驗呢？

我們已經說明，中國人的神經與我們截然不同，而「神經麻木的圖蘭人」和北美印第安人一樣，都能忍受痛苦，從不抱怨。中國人忍受苦難的形式與他們還有一些差別，中國人靠的不僅僅是毅力，而且是耐心，而後者更難。

一個雙目失明的中國人找一個外國醫生，詢問他的視力還能不能恢復，並且申明了自己的想法：假如恢復不了，他就會放棄不再治療了。醫生告訴他他也沒有辦法的時候，這個人回答說：「這樣我就心安了。」他不是像我們所說的放棄，更不是絕望的冷漠，他只是一種「忍受病痛」的品格。我們說憂愁是現代生活中的禍根，它就好比鐵鏽吞噬刀鋒一樣。中國人生來樂天安命，就這個種族的整體而言，這是件好事，因為他們完全有理由著急。他們這個富饒國家的很多地區時常遭受著旱災、水災，以及由此產生的饑荒，數以萬計的人隨時都在面臨著令人擔憂的災禍，令觀察者驚訝的是，結果完全出乎意料。我們經常問中國人，如果他的土地、房屋，有時甚至還有妻子，被人奪走怎麼辦？他們通常這樣回答：「再也不會太平了！」「這樣的日子何時才是個盡頭啊？」他們會回答說：「誰知道？或早或晚，麻煩肯定有會的。」面對這樣的生活狀況，只有無限的忍耐力，不然，你還會想到別的辦法嗎？

災難接踵而至的時候，中國人所展現的忍耐力，留給了外國人最深刻的印象。在這個遼闊國家的很多地區，我們經常看到旱澇，以及由於旱澇所帶來的饑荒。西元 1877 至 1878 年的大饑荒，威脅到了幾百萬人口的生

命，目擊者永遠忘不了那種種的慘象。那時，黃河泛濫，突然改道，給廣大地區的民眾帶來難以想像的災難。有幾個省，最好的地區遭受破壞，肥沃的土壤被深深的埋在沙礫之下。無數的村莊毀於洪水，村莊裡倖免於難的人被迫四處流浪，流離失所，看不到希望。成千上萬的人並非由於本身的過錯而突然間家破人亡，陷入絕境。在任何政府看來，這都是不好辦的。自我保護是第一自然法則，那麼，這些毫無防備就陷入饑荒的人們聯合起來，迫使那些有食物的人分一點給那些正在忍飢挨餓的人，難道很過分嗎？

有些大城市裡的人們也確實組織了很多救濟活動，那裡也是飽受貧困的人最集中的地方。只不過，救濟活動的次數的確有限，救濟的時間也很短，而且他們只是提供一些食物，至關重要的藥品卻從來沒有向災民們提供過。對難民今後的生活，政府幾乎不予考慮。對土地重墾、房屋重建、新環境下的繼續生活，政府更是不聞不問。如果政府能免去稅賦，就等於政府給了老百姓一個莫大的恩賜，而實際上，朝廷很少會這樣做，除非老百姓一再向地方官員申明，他們確實是沒有任何東西可以用來抵交賦稅的。我們都知道，西方的外國人歷來主張，「為了麵包，寧可流血」的革命口號，所以，西方人難以理解為什麼中國這些無家可歸、飢餓而又絕望的大批難民，寧可在遭受洪水與饑荒的省分四處流浪，也不願意聯合起來去向災區的地方官員要求救助。反覆追問饑荒中的中國人，為什麼他們不實施這個計畫，我們聽到的一個不變的回答是「不敢」。為了反駁他的說法，你徒勞的爭論說：死於起義與餓死一樣，都是不得好死，儘管起義也許不怎麼說得過去。但回答也還是：「不敢，不敢。」我們認為，儘管地方官員確實也無力讓他們如願以償，但他可以被迫做些事情，至少對於今後的生活，這也是一個好的開端。而政府的措施是，如果這些官員「安撫」不了這些百姓，那他們就會被撤職，那麼，其他官員將接替他們的職位。

五、中國人的忍耐力

　　那麼中國人為什麼不採用這種做法呢？大概是基於兩個理由。他們是最講究實際的民族，本能就在內心裡告訴他們，這個計畫會枉費心機，所以他們根本就不願意也不可能採取進一步的措施。然而，我們認為，關鍵還在於中國人具有無限的忍耐力。在中國，這樣悲慘的景象確實存在：成千上萬的人默默的餓死，而堆積如山的糧食就近在咫尺，伸手可得，中國人這種無限的忍耐力簡直匪夷所思。然而中國人已經見怪不怪，以至於都變得麻木不仁了，好比一名老兵對戰爭的恐懼已經熟視無睹一樣。受苦難折磨的人，一生都在歷經折磨，掙扎在死亡的邊緣。災難彷彿是不可避免而又不可能戰勝的一樣，所以，災難出現，除了默默承受，他們別無他法。當然，如果這些遭災的人還能用手推車載著他們的家人去乞討維生，他們是會這麼做的。假如全家人走散了，他們會盡力尋找生路，期待能在災後重逢。如果在附近得不到救濟，難民們就會自發的成群結隊的沿途乞討，期望能找到比他們收成要好一些，需要人工作，能生存的地方。災難過後，乞討的老百姓重回自己的家園，儘管土地鬆軟得不能畜耕，他們還是會在泥裡刨出一些小溝，再在這些縫隙裡播上一些麥種；接下來，乞討之路又開始了，等到收穫的季節，他們才會重返家園，檢查這些莊稼是否安然無恙。如果上蒼有眼，他就能再做農民，而不是乞丐，但他們都知道：傾家蕩產與饑荒永遠不可避免。

　　相信靈魂不滅的人，總認為有這樣一個有力的論據：最有能力的人總是終其一生在現實生活中得不到展現。如果這個論據成立，那麼，我們有理由推斷：中華民族這種無可比擬的忍耐一定是用來從事更為崇高的使命，而不只是咬緊牙關，忍受一般的生活之苦，忍受活活餓死的苦難。假如歷史給予我們的教導是「適者生存」，那麼可以肯定，這個堅忍不拔且富有生命力的民族，前途將一片光明。

六、中國人的勤勞

六、中國人的勤勞

　　勤勞是指勤奮的做任何事，並養成了這種始終專心做事的習慣。勤勞當之無愧為目前世界最值得高度讚美的美德之一，是應該永遠被尊敬的美德。

　　一個民族的勤勞，通常可以從這個三個角度去衡量：長度、廣度和厚度。也就是說，它有兩個外延和一個內涵。長度是指勤勞所持續的時間；廣度是指可以算作真正勤勞者的人數，而內涵是指「習慣於勤奮」和「始終專心做事」的能量。這三個因素綜合起來，就形成勤勞這個整體。

　　通常，偶爾到中國的旅行者與長期定居的僑民，他們對中國的印象是不一樣的，不過他們都承認並相信中國人的勤勞。那些第一次到中國來的人，對中國的第一印象一般都是 —— 約翰·衛斯理（John Wesley）的一句很著名的格言「全力以赴，始終如一」，在這個民族得到了充分的實踐。在中國，你幾乎找不到偷懶的人，每個人似乎都在忙碌。當然，不乏一些終日無所事事的富人，不過那也只是整個國家人口數量中的很小一部分。事實上，那些富人也不是外國人表面看到的那樣，他們通常會一如既往的留意他們的事業，絲毫不懈怠。

　　中國人通常把自己分成知識分子、農民、工人和商人。現在，我們來介紹一下這幾個階層分別所展示的勤勞吧。

　　要西方人接受中國的教育模式非常困難。整體上的弊病不言而喻，可是還是有一大批的人只為勤奮，不計較回報，這一點非常引人注目。似乎為富人買官敞開的後門應該能挫傷讀書人的熱情，可是居然沒有。各省市也都在抱怨，每一個職位的合格考生大大超過空缺的職位。而各級考場，無論是最低階的考場，還是最高階的考場，都是人滿為患，甚至往往會出現 1 萬多人競考一個職位的局面。略微的思考一下，中國的讀書人為了進入這個考場所花費的心血，你就會真切的感受到他們的勤奮了。

中國傳統讀書人的勤奮可以在《三字經》內得到印證，藉螢火蟲的光亮讀書，把書本固定在耕牛的角上，邊耕田邊讀書，這些甚至被傳為佳話千古流傳。在中國各地，至今還有數以萬計的人在紛紛效仿。也時常會出現這樣的情況，很多人一旦透過讀書獲得了初步的成功，他們就會放棄從前的勤奮，只不過中國人說這一類人不配稱作是讀書人。只有那些在充滿荊棘的狹窄小道上奮鬥不懈直到成就偉大功名的人，才有資格獲得讀書人這一榮耀稱呼。恐怕也只有在中國，我們才能看到祖孫三代為了謀取同樣的職位參加同樣的考試，並且經歷了同樣長時間的百折不撓的努力，最後終於同樣在 80 歲的時候獲得夢寐以求的榮譽。

　　西元 1889 年春天，北京的《邸報》披露了各種資料，其中就有關於省級考試中老年考生的現象。福州總督報告說，福州秋季考試中，有 9 位超過 80 歲和 2 位超過 90 歲的考生通過規定考試，他們的考試文章，結構嚴謹，文字書寫有力、準確。他說，這些老年考生 20 歲的時候就中了秀才，此後參加過 3 次晉級考試，假如第四次還沒有成功，則會被授予名譽頭銜。以同樣的方式報告，河南總督說，有 13 位超過 80 歲和 1 位超過 90 歲的考生，他們全部通過為期 9 天的嚴格考試，文章精練，完全沒有老年人遲鈍的痕跡。不過，更令人嘆為觀止的是安徽省，那裡有 35 位考生超過 80 歲，18 位超過 90 歲！

　　事實上，在中國，除了知識分子是終身勤奮的一族，農民的勤奮也能與之匹敵。農民的工作就像做家務，永無休止。所有北方各省，一年到頭，也就只有在冬至前後有那麼一段極其短暫的空閒，其他時間他們根本不得空閒，彷彿有做不完的事。當然，其他國家的農民可能也很勤勞，但是，其他民族的勤勞與中國農民的勤勞簡直無法相提並論。

　　農民尚且如此勤勞，更何況雇農？雇農們長年累月過著極度貧困的

六、中國人的勤勞

日子，窮其一生都在無盡的折磨中度過。農民必須細心照料好他的每一棵白菜，仔細清除各種害蟲，而雇農也同樣需要照料好他的工作，否則他將忍飢挨餓，甚至養家餬口都變得很困難。那些需要出遠門的人，通常半夜就起身趕路，而他們也早已習慣趕夜路了。這樣的情境隨時可見：手拿叉子、肩背籮筐的農民在路上拾糞。假如沒有別的事可以做，這將是他們永遠的工作。

有些人為了養家餬口，通常會尋找兩份不同的工作以互相銜接。比方說，天津的船夫在河水封凍，沒事做的時候，就會去拉冰橇，做搬運，以賺取一些零碎的錢補貼家用。另外，還有一些地區的農民在農閒時，也會去找一些事做。他們大多都在編製帽子，這種帽子還是大宗出口產品呢。而中國婦女一般都在納鞋底，她們似乎從來也沒有閒著，就連聚在村口聊天她們也要帶上這些針線布頭。還有的時候，她們可能在搓棉花，或者紡紗。總而言之，她們從來不會偷懶閒著。

還有一個不知疲倦的工作的階層，那就是商人和他的雇員。其實，商店職員的生活，在西方也是一樣忙碌，只是中國的職員更加忙碌而已。他們的工作永無止境，任務相當繁重，幾乎沒有節假日，只有在精神麻木的時候，他們才可以稍微休息一會。

大清早，中國的店鋪就開市了，而當繁星點點的時候，他們才開始收市。簿記制度採用一種非常仔細的複式簿記法，於是帳房為了記錄收支和平衡帳目，通常都要忙到深夜。假如生意清淡，店員們沒什麼事做的話，他們就會坐下來挑揀收進來的銅錢，看看是否有值錢的銅板。

讓人覺得不可思議的是，在中國，最讓人羨慕、每一個有志之士都想方設法躋身其中的官僚階層的，居然是工作最艱苦的階層。中國的各級官員每天都必須處理各式各樣的公務，每件事的成功也由他們負責到底；同

樣令人驚訝的是，這類公務相當繁雜。下面是摘自北京外國使館的一位翻譯，對中國重要政治人物的採訪報告：

「我曾經詢問過一位中國內閣大臣，他總是在抱怨日常事務的繁忙使他疲憊不堪。他說，他必須每天凌晨兩點鐘從家裡出發，因為 3 點到 6 點他要在宮裡值班。因為是內閣大臣，6 點到 9 點他要在朝中議事。又因為他是兵部大臣，9 點到 11 點他必須待在兵部處理事務。他還是刑部要員，於是每天 12 點到下午 2 點，他必須在刑部辦公室裡工作。他還兼任外務部的資深部長，每天下午 2 點到 5、6 點，他還得在外務部辦公。這就是他每天的工作安排。另外，他在工作的空隙，還時常協助其他各部門的工作，所以他要在傍晚 7、8 點之前回到家裡，基本上很難。」

我們的工會為實行每天 8 小時工作制而堅持奮鬥著，可是當我們看到上面這位官員的每日工作安排時，我們又會產生怎樣的感觸呢？據說，在那次談話之後，也就是 6 個月之後，這位官員因勞累過度，心力交瘁，與世長辭。其實也並不奇怪，在中國，那些為政府鞠躬盡瘁的官員，因勞累過度而去世的屢見不鮮。

在這一章的一開始我就說過，勤勞的外延是指勤勞者的人數和勤勞所持續的時間。我們親眼看到的就印證了這一切，中國人的勤勞在外延方面非常廣大。中國人的每一天都始於天剛濛濛亮，通常是剛過半夜後的那段時間。中國的皇帝每天上早朝的時候，歐洲各國的宮廷還在睡夢之中。在西方人看來，起那麼早去工作，簡直匪夷所思，但是中國人卻習以為常。而各地的臣民，往往會在不同程度上效仿天子的所作所為。

廣州的銅匠、福州的錫匠、上海的磨坊、寧波的木匠，以及北方各省的紡織工人和磨麵粉工人，他們都起得很早，睡得很晚。天還很黑，旅行者就會在市集上遇到賣菜的村民，他們都是從數里路以外的家裡趕來的，

六、中國人的勤勞

然後站在這黑暗之中等待黎明的到來。而當中國人的早市結束的時候，西方人才開始吃早餐。我們發現，在夏季清晨 5 點半後，沿著上海的主要街道漫步，就能明顯的感受到東西方的差別。歐洲人在黃浦江邊建起高樓並在裡面做生意，可是當清晨的陽光普照整個城市的時候，歐洲人的店鋪還沒有任何動靜，而亞洲人卻已經忙碌了好幾個小時。又過了幾個小時後，當西方人開始鬆散的與中國人搶占市場時，中國人已經做了半天的生意。

約翰・戴維斯（John Davis）先生曾這樣評價中國人的「熱愛勞動」，說得非常準確。他說，這說明中國政府在使人民滿足於自己的環境方面做得非常成功。中國人最顯著的特性之一，就是熱愛勞動，我們應該長期的高度重視這一特質。

關於中國人勤勞的內涵，需要再補充說明一下。中國人屬於亞洲人，像所有亞洲人一樣，他們工作的時候缺乏高度的尊崇誠心。試圖把我們西方的模式強加給這個生機勃勃的民族，幾乎不可能。不需要基督教《聖經》的指點，盎格魯－撒克遜人就能知道盡力做好自己應當做的事很重要。儘管成熟的宗教和哲學能夠影響中國人，卻改變不了他們的步伐。受益於幾千年以來所累積的經驗，他們就像荷馬之神，從來都是從容不迫的樣子。

你一定很好奇，假如某一天白種人和黃種人進入空前激烈的競爭，那麼，誰會勝出？誰會失敗？

所羅門（Solomon）有一句經濟學格言 —— 勤勞致富。如果這一格言是正確的，那麼，中國人無疑將是地球上最興旺的民族。事實上，他們所謂的「恆久美德」有著明顯的缺陷，假如能有一種全面的美德幫助他們克服這一缺陷，那麼，毋庸置疑，這個民族將是最興旺發達的。只要真誠的品格在中國人的道德意識中，恢復它原本應有的地位，那麼，很快，中國人將會因他們的勤勞而獲得全部的報償。

七、中國人的節儉

七、中國人的節儉

「節儉」是指持家的原則，尤其是家庭的收支關係。根據我們的理解，「節儉」包括三層含義：節制開銷，制止浪費，盡量少花錢多做事，以這三種方式調節收支。而中國人不管從哪方面去評斷，都是節儉的高手。

去中國旅行，你一定能感覺得到，他們的飲食特別簡單。似乎所有中國人全部依賴於品種很少的食物，如稻米、各種豆子、穀子、青菜和魚。再配上一些別的食物，億萬人主要的食品就齊全了。當然，在逢年過節或碰到什麼特別的事情的時候，他們還是會添加一些肉食品。

西方國家的人們，總是絞盡腦汁的為那些極其貧困的人，提供廉價且富有營養的食品。那麼你一定想知道這樣一個事實：在中國正常的年分裡，每個成年人每天只花兩分錢就完全可以足夠生活的食物了。假如碰上災荒年分，僅依靠不到一分半錢他們也能夠過活。

可以想像，中國人做飯菜的水準有多高。儘管外國人認為，中國人的食物少且不精，甚至是淡而無味，有些影響食欲，但是不可否認，中國人在烹飪飯菜方面絕對一流。庫克（Cook）先生說，在烹飪方面，中國人僅次於法國人，在英國與美國之上。關於這種排列我不敢肯定，但是毋庸置疑，中國人的烹飪水準高於不少國家。我以前也說過，單從生理學家的觀點看來，中國人對主食的選擇已經算得上非常高明了。儘管中國人的食物原料很簡單，製成品卻是花樣繁多，他們的烹飪技術簡直就是登峰造極，恐怕大多數對中國烹飪技術一無所知的人也會聽說過。

還有一個過去我們沒發現的卻又非常有意義的事實：中國人做飯菜很少浪費，所有物品及原材料都會充分得到利用。中國的普通家庭，通常都會把每頓飯後的剩餘飯菜保留下來，以便下次食用，除了一些完全不值錢的食物才會被扔掉。這一事實可以從中國人的狗和貓的身體狀況找到證

據，這些家養動物完全靠著人們的剩飯剩菜而艱難的活著，一直掙扎在「死亡邊緣」。在新興的國家中，浪費無處不在。我們猜想，像美國這樣的已開發國家每天浪費的東西也許能讓亞洲 6,000 萬人過上小康生活。我真心的希望，人們不要浪費那些剩餘的東西，好讓更多的人胖起來。就像中國人那樣，在吃飽之後，把剩餘的飯菜都整理出來以備下一次食用，就連杯子裡的剩茶也要倒回壺中，那麼，下次熱一熱就可以再喝了。

有這樣一個事實不提都不大可能，因為我們時時處處都會看到，中國人對吃的東西不像西方人那樣過分講究，任何東西都會成為他們的腹中之餐，彷彿沒有什麼不可以吃。

中國北方普遍使用馬、牛、騾和驢工作，甚至有些地方還會使用駱駝。令人驚訝的是，所有這些牲口只要一死，不管牠是意外死亡，還是老死或病死，他們都會把這些牲口吃掉。一些讀者可能會驚嘆，這簡直匪夷所思啊，怎麼能這樣節儉呢。但是在中國，牲口死了，把牠吃掉，這是天經地義的事，沒必要大驚小怪，就算牲口是死於肺炎一類的傳染病，人們也照樣把牠吃掉。當然，他們也知道，這類病畜肉要比死於其他疾病的病畜肉更差，但是只要低價出售，照樣有人買，也有人吃。他們也知道，吃了這類病畜肉，很容易產生某種疾病，但是能花低價錢吃到肉，他們甘願冒險，畢竟這種肉便宜啊。需要申明的是，這種情況確實有，但是不多見。

另外，他們死貓，死狗也敢吃。很多次，我們都曾親眼看到某些村民故意用毒藥把狗毒死，然後煮了吃掉。有一回，有人提議應該問問外國醫生，吃了這種肉可能產生什麼後果，但是狗已經在鍋裡煮上了。曾經吃過這種肉而沒有患病的人更是不願意放棄這種美味，一番風捲殘雲之後，居然真的沒事。

七、中國人的節儉

在做飯方面，中國人的節儉還有一個事例：為了充分有效的使用燃料，他們在飯鍋的製作上也下足了功夫。在中國，燃料因極度缺乏而變得十分寶貴，人們通常使用樹葉和莊稼的根莖做燃料，可是這種燃料燃燒得非常快，沒幾分鐘就沒了。於是他們為了節省燃料，盡量把鍋底做得特別薄，可是這樣一來，使用起來就得特別注意了。我們再說說撿柴禾的過程，因為這一過程簡直把中國人節儉的原則發揮到了極致。任何一個小孩，即使他還不會做其他的事，但是他一定要會撿柴禾。秋冬時節，撿柴禾的大軍隨處可見，他們手持竹耙，甚至連一根乾草也不放過。孩子們拿著木棒在樹林裡揮舞著，打落的秋葉掉了一地，彷彿他們打落的不是秋葉而是成熟的栗子。更好玩的是，秋葉還在往下飄落，一些心急的人，就開始去空中抓了。

如何最大限度的使用手中的布料，是中國家庭婦女的一大強項。她們的衣服不像西方國家的婦女那樣，非常注重款式與裝飾。她們一心想的只是要最大限度的省時、省工和省料。外國人眼中的小得不能再小的布料，在中國婦女看來總是有它的價值，恐怕連議會中「家庭經濟」的女作家也始料未及。這些微小的布料極盡其用，哪怕只是些碎布頭，也可以用來黏合成鞋底。紐約和倫敦的慈善家把自己不再穿的衣服送給他人，並希望接受者不要因此成為一個純粹的需要救濟過活的人，而這樣做其實不切實際，弊大於利。可是如果把這些東西送給中國人，就算是布料與穿著的風格有差異，你也可以放一百個心，那些物品一定會得到充分的利用的，一丁點也不會被浪費，他們會把它與其他的布料拼湊在一起使用的。

中國人喜歡為朋友題詞，題完詞的紙通常被縫在一塊綢布上，而且是用針線縫而不用漿糊黏貼，以便讓受贈者日後隨意更換綢布上的字，那麼，綢布的使用壽命也會更長。

小商販的買賣也能表現出中國人的節儉，再小的東西也會吸引他們的注意力。比方說，一個小商販十分清楚各種火柴盒中的根數，對每一盒火柴的盈利巨細也是瞭如指掌。

　　中國人的帳簿用過之後，還有利用價值，他們會把這些帳簿拿來糊窗子，或者做紙燈籠。

　　中國人的節儉無孔不入，甚至必需的食品也盡量節儉，而且他們認為，這樣節儉是對的，完全理所當然。在《十字架和龍》這本書中，B·C·亨利（B. C. Henry）博士說到了這樣一個很好的例子：3 個轎夫抬著他走了 5 小時，23 英里路，然後轎夫們又回到廣州，去吃別人為他們提供的免費早餐。吃早餐前他們走了 46 英里的路，其中一半的路程還抬著轎子，而這樣做只是為了省 5 分錢！

　　還有一次，兩個轎夫抬著轎子走了 35 英里路，然後撐船回去，自早晨 6 點起就始終沒有吃過任何東西，花 3 分錢能買到兩大碗米飯，可是他們也捨不得。後來，船擱淺了，直到第二天下午兩點，他們才返回到廣州。也就是說，這些人 27 小時沒吃任何東西，並且負重走了 35 英里路，其中抬著亨利博士去廣州走了 15 英里，當然，他們還得抬著亨利博士的行李。

　　西方人對中國人這種節儉的做法，實在不敢苟同。然而，毋庸置疑，這種做法絕對是出於淳樸的天性。中國的部分地區，尤其是北方，男孩女孩就像是在伊甸園裡，居然赤身裸體的四處奔走。對他們而言，或許這樣更舒適一些，不過關鍵目的還在於節儉。中國人使用的獨輪車大部分轉起來咯吱咯吱作響，其實加幾滴油，車子就不會再響了，但是沒人願意這樣做，在這些「心平氣和」的人們看來，油遠比那些咯吱咯吱的聲音貴多了。

七、中國人的節儉

　　一位日本人僑居國外，他有一個習慣那就是每天要熱水洗澡，這也是他的特別要求。中國也有澡堂，可是很多人甚至都沒有進去看過。一個外國婦人看見一位中國母親用笤帚揮去孩子身上的塵土，就好奇的問：「妳每天都幫妳的孩子洗澡嗎？」這位中國母親說：「從他生下來到現在，就從未洗過。」肥皂零售商就是在櫥窗上貼上「比汙垢更廉價」的字樣，也吸引不了一般中國人的眼球。

　　而中國人可能還會認為外國人是「浪費肥皂的人」，就像義大利人看英國人一樣。中國人洗衣服用肥皂當然更是罕見，洗過的衣服，與清潔標準更是相差甚遠。但是我們不得不承認，這樣做只是出於節儉，其實中國人和我們一樣，雖然生活條件惡劣，但是一樣愛乾淨，講衛生，甚至部分人還值得我們學習。

　　因為節儉，他們會盡量不買現成的工具。完全可以買些「半成品」，因為「半成品」總比成品便宜，然後回家自己加工組裝，照樣具有成品的功能。因為所有人都這麼認為，於是現成貨也慢慢絕跡了。

　　中國人節儉的事例數不勝數。例如，在普通房子兩個房間的隔牆上開一個洞，把一盞破舊的小油燈擺在洞中，以此為兩個房間都帶來光亮。這樣的情形，在中國的那些小作坊裡經常出現。不過諸如紡織、製陶、冶煉、工藝製作這一類的小作坊，更多的表現的是中國人的某種才能，而不是節儉。實際上，中國人完全可以設計出更好的工作方式，只是沒有人願意去改善它。好像任何工作他們都可以白手起家，他們的產品，無論簡單或複雜，一般都具有這個特點。另外，他們的煉鐵爐就建在一個小院子裡，通常一個小時就能建好，乍一看，就像一個大爐灶，而且這種煉鐵爐可以長期使用，不用花一分錢。

對大量穀物貢品的管理，最能說明中國人的節儉，事實上，所謂的管理就是不管理。在中國，每年有大量的穀物貢品被運到北京，這些貢品從天津起運至通州卸貨。令「穀物交換商」吃驚的是，裝卸、稱量和搬運這些堆積如山的稻穀居然靠的是一幫苦力、一些簡單的計量穀物的斗和一些葦席，而不是機械。整個過程就是：在地上鋪上葦席，然後倒出穀物，稱量，裝袋，運走，最後收起葦席，只留下原來寂靜的泥岸！

　　為了方便晾菸葉，美國的菸草種植園，有很大一部分開銷用在建一個精緻寬敞的棚子。然而中國的菸草種植根本沒有這一項支出，他們晾菸葉的棚子就是用一些茅草簡單搭建的，等菸葉都晾好了，這些茅草就會和其他的茅草一樣被當作燃料使用。菸葉摘下之後，結實的葉柄還會被保留下來，再用草繩繫住葉柄，這樣菸葉都連在草繩上，然後把它們掛起來，就像把衣服掛在繩子上一樣。這樣的方法真的很有效，而且非常簡便。

　　假如懂得細心觀察，居住在中國的外國人都能夠再舉出一些關於中國社會生活的事例。但是接下來我們要說的這個典型事例，大概是最具代表性的：一位中國老婦人，步履蹣跚的走著，上前詢問你就會知道，她正打算去親戚家。親戚家離祖墳很近，這樣的話，老婦人死後抬棺材的費用也能節省不少。

七、中國人的節儉

八、中國人的禮貌

八、中國人的禮貌

一般說來，我們可以從兩個完全不同的角度，看待中國人或者說東方人的禮貌，一是讚賞，二是批評。

我們喜歡提醒自己，盎格魯－撒克遜人的美德特別多，其中最主要的是內剛，次要的則是外柔。可是，當我們來到東方，發現那麼多的亞洲人在調節人際關係具有遠遠高過我們的技巧時，我們的內心不禁羨慕不已。哪怕是那些對中國人具有過分偏見的批評家，他們也心悅誠服的說，中國人已經把禮貌昇華到了一個登峰造極的程度。而西方人對此一無所知，甚至沒有想到，或者說幾乎不可能想像得到。

我們不由得想起了中國的典籍，上面記載了 300 條禮儀準則，3,000條行為準則。同樣，我們也無法想像，一個民族背負著如此繁多的禮節，究竟是怎麼延續下來的呢？很快，我們就會發現，正如中國人對待教育一樣，他們已經把恪守禮節熔鑄成了一種內在的本能，而不再是一種外在的需求了。這些繁文縟節都是這個民族的菁英制定出來的，目的就在於規範和引導人們的日常交流。而在西方，只有宮廷和外交往來才會使用那麼多禮節。

當然，也不是說中國人的日常生活完全被這些繁文縟節所約束了。實際上，這些規矩就像節目的盛裝，該用的時候一定會被搬出來，而且中國人完全能夠拿捏好，在什麼場合下應該搬出來，這甚至已經發展成了一種準確的本能辨認。如果一個中國人在這樣的場合下，卻不知道該如何去應對，那是非常滑稽的一件事，就相當於一個受過教育的西方人突然忘記了9 乘以 9 是多少。

我們西方人心中有一種「禮貌是某種善意的真誠表達」的觀念，所以，西方人不會欣賞中國人的禮貌。從理論的角度而言，西方人認為，把個人的幸福看作是全體人類的幸福，才是一種文明的看法，然而，中國人

的禮貌是與這種看法完全相反的意思。如同所有技藝表演一樣，對人表示禮貌只是整個複雜心態的某一部分的需求，而不完全是整個內心的需求。出於維護既定的尊卑關係的需求，才產生了禮貌用語的制定和使用。西方人會覺得這是一件很瘋狂的事，簡直令人不知所措；但是中國人當然不以為然，中國人說這對於保障社會秩序具有至關重要的作用，也是調節人際關係的潤滑劑。

中國人認為，有前就有後，有後自然也有前；該前的前，該後的後，各得其所，萬事亨通。如同下棋一樣，先走的必須說：「鄙人先走一子。」然後，對手說：「鄙人也走一子。」最後，對手事先告訴對方：「鄙人的士要吃您的卒，走到鄙人卑賤的象位。」這就是在下棋。其實一局棋的輸贏和說幾句客套話完全沒有關係，可是假如中國人不能給予對手的每一步棋以有禮節性的回應，就如同下棋人事先說出自己的下一步棋一樣滑稽可笑。因為在中國人看來，客套才是真正的下棋，不知道這些客套就相當於無知。

另外，中國人城鄉的差別，也展現在講究禮貌的嚴格程度裡。儘管鄉下人也知道必須有禮貌，但是比起城裡人來說，他們知道的非常粗略。

我們不得不承認，就算中國最不懂禮貌的人，他們也要比最有教養的外國人強很多。和那些中國人比起來，外國人就像襁褓裡的嬰兒。除非外國人有著長期的生活體驗，同時害怕自己失禮而被人誤認為是沒有教養，不然，他們是不可能像中國人那樣有禮貌的。外國人不懂那麼多的「規矩」，就算滿嘴漂亮的禮貌用語，也掩蓋不了他們內心的麻木與無知。正是因為外國人在效仿中國人的最起碼的禮貌方面表現出顯而易見的笨拙和慚愧，所以，中國的知識界總是以一種毫不掩飾的輕蔑目光看待這些「野蠻人」。

八、中國人的禮貌

可以把禮貌比作一個氣墊，裡面沒有任何東西，但是它能夠很好的減緩顛簸。但是，從另一個角度公正的講，中國人向外國人表示的禮貌，與向自己的同胞所表示的禮貌一樣，都是在炫耀自己懂得怎樣待人接物，然後才會考慮客人是否舒適。

你原本不想生火燒水沏茶，他卻一定要為你生火沏茶，結果你被煙燻得直流眼淚，嗆得喉嚨像在喝苦藥。而主人仍然自以為知道怎樣對待客人，至於客人不樂意，那是客人的事。還有一個例子，你在鄉下租了一間條件很差的房子，房子的主人會認為幫你打掃一下是他的責任，當然，那只是象徵性的打掃。等你進了房間，他還在打掃。飛揚的塵土令你的雙眼迷糊，你請求他停止，但他還是會繼續。可能是受到《禮記》的影響，《禮記》教誨他們：應該為客人打掃房間，不管客人是否願意。初來乍到的人，可能對他們的請客吃飯的禮節也很懼怕，不過長期居住在這裡的外國人已經習以為常了。在請客吃飯的時候，主人會熱情的為你盛上一大堆他認為你會喜歡的食物，無論你是否喜歡，是否吃得下。假如你一點也不想吃，主人就會有意無意的說，你這樣不大好噢。並且主人不會覺得自己這樣很失禮，也沒有人會指責他失禮。假如外國人不懂這種遊戲規則，那就是外國人的事，和主人沒有關係。

這種事不關己的原則還有不少例子。一位中國新娘照例去拜會一位外國夫人，見到夫人時，她背對著夫人，朝著完全相反的方向行禮。女主人覺得很奇怪，同時也很懊惱。事後一詢問才知道，新娘朝北行禮是因為那是皇帝所在的方向，而女主人是在房子的南邊，她完全沒有注意到。假如這位外國夫人不知道自己應該站在房子的什麼位置，那麼，這位新娘也不必在意女主人會怎麼想，最起碼她在表達自己知道應該朝什麼方向磕頭！

送禮也是中國人的禮貌表現。之前說過，這是給受禮人「面子」。通

常，所送的禮物有某種固定的老樣式。一位常與中國人打交道的外國人，總會收到一些禮品盒，這些禮品盒都是用紅紙包裹著，裡面裝著油膩的糕點；就算受禮人根本不會吃這些糕點，或者無可奈何的告訴他自己不願意接受，會把它轉贈給別人，送禮人還是不會收回這些禮品。

當然，中國人的禮貌也不完全是禁止人們對他的禮貌吹毛求疵。受禮人往往會問，這些禮物花了多少錢。去做客的時候，客人會在與主人告別的時候說：「給您添麻煩了，讓您破費了！」

一位外國人曾應邀參加中國人的一次婚禮。婚禮上的糕點非常豐富。婚宴進行的過程中，有人會端上一盤糕點，裡面只有兩、三塊，熱氣騰騰的，深受客人的稱讚，好像人們都喜歡熱的食物。因為這位外國人是貴賓，這盤糕點首先就端給了他，但是他婉言謝絕了。不知道為什麼，這為正在進行中的婚宴蒙上了一層陰影，那盤糕點也沒有再傳給別人了。事情是這樣的，原來按照當地的習俗，每一位參加婚宴的客人都要送一份禮錢當作婚宴的花費，照例是客人還在席上的時候就開始收錢。但是中國人認為向客人收禮錢是不禮貌的，所以就藉送糕點為託辭。中國人當然都知道其中的意思，只有這位外國人一頭霧水，因為他的拒絕，其他人也不便當時就掏出自己的禮錢。後來，他應邀參加另一家中國人舉行的婚禮。這一次，他居然聽到了比西方人還直接的話語，婚禮主持人對客人們說：「這是放禮錢的地方，請大家記住了！」很明顯，這是吸取了上次的教訓。

儘管中國人的這些禮貌聽上去很令人厭煩，但是在社會交際方面，我們還是需要向中國人學習很多應該注意的地方。我們應該保持我們的誠實，拋棄我們的魯莽。這其實很簡單，假如西方人懂得在自己堅定的獨立性中摻入東方人的溫文爾雅，那麼，一切將會變得更加美好。

但是，很多西方人完全不懂得用這種觀點看待事物。我的一位朋友曾

八、中國人的禮貌

在巴黎生活了很多年，當他回到倫敦時，他竟已經習慣於向見到的每一位朋友脫帽鞠躬。有一回，他向一位朋友鞠躬時，他的朋友居然嘲笑他說：「老朋友，這裡可沒有你的法國猴子可耍！」假如人們能融合東西方的精華，安然的走在狹窄的、荊棘叢生的中庸道路上，那將是多麼美妙的一件事啊！

九、中國人的面子

九、中國人的面子

　　從表面看來，說中國人的特性是整個人類所共有的「臉面」，似乎太誇張了。事實上，中國人所說的「臉面」具有多重含義，它不單指頭的前面部分，其中蘊含的意思遠遠多於我們所能描述或理解的。

　　中國人愛演戲的願望很強烈，這一點我們必須指出來，因為這有助於我們理解「臉面」的意思，至少可以從這個方面去理解。

　　可以這麼說，戲劇是整個中國唯一普遍流行的娛樂活動。就像英國人熱衷於體育，西班牙人酷愛鬥牛一樣，中國人對戲劇演出的熱情也是異常強烈的。中國人對扮演戲中的角色也是相當熱情的，只要稍微鼓動一下，他們當中的任何人都能扮演得活靈活現。西方人看到他們演戲的姿勢，看到他們鞠躬行禮，下跪叩拜的動作，可能會覺得很累贅，或者很滑稽。而且，中國人進行思考用的是戲劇化的語言。

　　假如他試圖為自己辯解，他對著兩、三個人說話就像對著所有眾人在說話，他會扯開嗓門說：「我可是當你們所有人的面說的，你，還有你，你們都在場哦。」假如他心情很好，他會說自己是光榮的「離開舞臺」；要是心情很沮喪，他又會說自己沒有臉面「退出舞臺」。仔細研究你就會發現，這一切與實際情況風馬牛不相及。這一切只是個形式問題，與事實毫不相干。

　　一幕戲劇出場，假如在適當的時候，以恰當的方式，說了一句漂亮的話，人們立刻就會給予熱烈的喝采。我們不打算進入幕後，因為我們不願意糟蹋世界上的任何好戲。在這個複雜的生活關係中，全然依據戲劇化的模式而行動，那麼，一切都會很有「面子」。假如他們在臺上表演，我們卻不予理會，輕視他們，或者喝倒采，那麼他們就會「丟面子」。

　　只要正確理解了「面子」所蘊含的意思，你就會發現，「面子」這個詞本身就是打開中國人諸多重要特性之鎖的鑰匙。

值得一提的是，西方人對於中國人怎樣做到有「面子」的技巧和造詣，只能望洋興嘆。西方人往往會只關心事實領域，而容易忘記其中的戲劇因素。西方人認為，中國人的「面子」猶如南海島的戒律，具有一種潛在的，實實在在的力量。不過「面子」可以反覆無常，當然，它不能簡化成規則，它只是按照公共的情理而取消或變更。

　　中國人與西方人都必須承認這一差別，實際上，他們不可能用同樣的眼光看待同樣的事情。就像過去歐洲政治家考慮權力的平衡一樣，「和事佬」在調解各個村莊之間時常發生的糾纏不休的爭吵時，通常都會仔細考慮「面子」的平衡。於是，執行公正只是個幌子，實際只是按照適當的比例對所有相關的「面子」進行分配。

　　對於東方人來說，執行公正的原則只是一種道理上的願望，而處理實際情況則另當別論。就連訴訟的仲裁中，按照比例分配「面子」的事也屢見不鮮，於是，很多裁決就在美其名曰難分勝負的比賽中不了了之。

　　贈送他人一份厚重的禮物，被稱作是「給面子」。可是，假如禮物是個人所送，受禮人最好只接受其中的一部分，全部拒絕不多見，可以說根本不可能。因為犯錯誤而受到指責，被稱作是「失面子」，於是不管論據有多充分，關鍵還是要保住面子，其他都置之不理，或通通否認。

　　很多保全面子的事例就可以說明這一點：網球遺失了，被一位苦力撿到了。就算你有證據，他還是會矢口否認，再跑到遺失球的地方，聲稱：「這是你『遺失』的球。」其實球是從他的衣袖裡掉出來的。一位侍女把客人的鉛筆刀藏在主人的房間裡，之後，她又在桌布下把刀子找了出來，並且謊稱是她找到了這把鉛筆刀。一位僕人無意中弄丟了主人的一件東西，他自己心裡清楚，他必須賠償，或者至少要被扣掉一筆不菲的工錢，於是他索性提出辭職，並故作傲慢的說：「用來賠償那支銀匙子的錢，我

九、中國人的面子

不要了。」這樣一來，「面子」保全了。一個人知道自己借出去的錢收不回來了，於是他找到欠債人，嚴厲的喝斥了一頓，並發出威脅的狠話，以顯示他知道該怎麼做。儘管欠款沒有收回來，但是他保住了「面子」，並以此宣稱自己以後不會再做這樣愚蠢的事。一位僕人失職或者拒絕做某些分內的事，當他得知主人打算解僱他的時候，他會故意再一次犯規，並主動提出要辭職，以保住他的「面子」。

在我們看來，寧死也要保住面子，完全沒有意義。但是據說中國的地方官享有一種特殊的恩惠，就是在砍頭時可以穿戴官袍，以保留他的「面子」。

十、中國人的慈善

十、中國人的慈善

中國人把「仁」列為「五德」之首。「仁」這個字是由「人」和「二」構成的，據此推測，或許包含著這樣的意思：仁，是在兩個人的互動之間應運而生。當然，中國人的實踐生活不一定就是這樣，所以，研究文字本身的意義，實在沒必要，我們對此不再多做評論，因為聰明的觀察者自會留心。然而，一些應該了解真相的人做出的論斷卻往往是膚淺的，說中國人根本就不仁慈，事實絕不是這樣的。孟子說過「惻隱之心，人皆有之」。儒教和佛教對中國人的思想觀念產生了深遠的影響，而儒教的宗旨是教人溫和、佛教則是勸人仁慈。再者，中國人在各方面都有一種注重實際的強烈天性，所以，他們在「行善」的時候，一定會盡量尋找行善的機會，並付諸行動。

在各種行善方式中，中國人頗為自豪的是他們設立的育嬰堂、癩瘋病院、老年人收容所和免費學校。由於中國實際上沒有戶口調查，因此不可能確切的知道這些善行的進展程度。李修善（David Hill）教士曾經調查過中國中部的慈善機構，他在報告中指出，漢口有 30 個慈善機構，每年的開銷約 8,000 英鎊。然而，我們稍微冒犯的說一下，比起中國如此龐大的人口數量，這些機構還遠遠不夠，特別是在人口集中的大城市，這些機構的需求量非常大。

每逢洪水和饑荒，經常可以看到處處設立了施粥棚，並捐贈衣物給沒衣服穿的人。不僅是政府在操心這類事，平民百姓也積極的配合，他們的行為值得高度讚賞，但是這種有仁有義的斥鉅資救災的人或事，卻很少能看到。饑荒泛濫的日子裡，城裡擠滿了一批批的難民，他們被允許住進車棚和空房等處，但這在很大程度上又是不得已而為之。因為當大隊難民湧來，卻又處處無法安身時，他們難免會採取暴力行為。這樣的情況下，明智的辦法是對他們做出讓步。

我們沒有把各省的會館當作中國的慈善機構，因為這些社團是照顧背井離鄉的人。離開這種幫助的話，他們就回不了家鄉，或者在客死他鄉之後無法運回家鄉安葬了。或許中國人自己也認為，這是一種保險性質的日常機構。

在某些勸人行「善」的書中，有人以自己曾經做過的惡行作為教訓，告誡人們實施善舉，當然，他們也會宣揚自己曾經實施的善舉。善惡相抵，顯示出他在中國判官的生死簿上的壽數。這種把一切記錄在生死簿上的做法，清楚的說明了中國人的實用特徵，以及他們總是忘不了考慮來世報應。如果有來世，也只是現世的延伸和擴展。這種為求來世有好報的明顯動機，在中國人的善舉中占了不小的比例。

而公開承認自己的自私動機，有時則會帶來意想不到的結果。西元1889 年4 月，杭州的地方官試圖從這個大城市的茶館的每一杯茶水中徵稅，籌款以幫助遭受黃河水災的災民。對這個古都的人們來說，這種做法有點像西元 1773 年波士頓人徵茶葉稅，官員竭力誘導人們，發布公告，告訴他們：「倘若樂善好施，當有好報。」然而，人們聯合起來不去茶館，最後完全獲得了勝利。全城的人聯合抵制這種強制性的「善報」的奇觀，我們確實是第一次看到。

這些都是中國人積德的善舉，為窮困的人買棺材，收埋野外暴屍，焚燒撿到的字紙，以免它們被褻瀆，把活鳥和活魚買來放生。有的地方還為病人貼上有神奇功效的膏藥，免費接種疫苗，提供廉價乃至免費的勸人行善的書籍。然而，據我們觀察，這些善行幾乎千篇一律，行善者自己不會有麻煩，也不費心思，他們只是站在河岸上看打魚人撒網打魚，然後把打魚人打上來的魚全都買下來，再把這些魚放回去。比起幫助家門口的乞丐，這種不帶感情色彩，不動腦筋的做法，的確要容易多了。

十、中國人的慈善

在講求實際的中國人心裡，還有一個很重要的意義。魚跳進了河裡，鳥飛上了天空，牠們就能完全自立，行善也就大功告成了。魚和鳥不會再指望放生的人去供養牠們及其眾多的「家庭成員」。由於行善的人只想讓自己的善行記錄下來，他們就可以去做自己的事情去了，不用擔心會出現煩心的結果。

然而，在中國，「善門難開」，關門就更是難上加難。沒有人能預見自己的好心好意在日後會有什麼樣的結果，而大家又都知道承擔責任的風險，所以，明智的做法就是小心謹慎。一位居住在中國內陸的傳教士，被一名當地的紳士請去行善，為一個全瞎的可憐乞丐治眼病。由於那乞丐患的是白內障，所以視力恢復得很好。治好之後，這位紳士又把傳教士請去，告訴他，這個瞎子靠的就是他的瞎眼乞討，現在失去了乞討的理由，因此這位傳教士要彌補這一過錯，把他帶回去僱作看門人。有時，一位好心的老人會招待一下她認為值得救濟的其他老年婦女，而這些老年婦女其實是殘酷命運的犧牲品。我們的確聽說過這個事例，但僅此一次，不過大概這樣的事也確實常有存在。我們必須承認，在中國人生活中，「誠心誠意的行善」確實不多見，甚至是沒有。

一旦有大災難降臨，比如大饑荒或者黃河決口，地方政府或中央政府的有關官員，一般都會先後迅速趕到災區，試圖幫助災民。但是，這些防範措施和賑濟措施不是大規模的統一實施，正如這些不斷發生的災禍本身所暗示的那樣，他們只是採取一些權宜之計，似乎災難以前從未發生過，今後也不會再發生。並且，對難民的救助偏偏在他們最需要救助時就停止了，也就是在早春時節，長期的困苦和人口擁擠已使他們極度虛弱，最容易得病的時候。就在這個時候，打發他們一點現錢，讓他們盡快回家去恢復原來的生活。當然，這樣做的理由也是顯而易見的：救災基金通常已經

發完了；田裡有工作要做，如果他們回去做農事，麥收時就能有飯吃。官員們知道，如果難民在天氣轉暖的時候還留在外面不返回家園，他們就可能會在瘟疫中死去。對政府而言，小範圍的災難總沒有大批的死亡更觸目驚心。

同樣的精神，也展現在「臘八施粥」這個熱鬧非凡的慈善活動之中。我們可以認為，這個活動是一種典型事例，說明中國人的行善流於表面。按照習俗，中國的農曆十二月初八，那些累積了大量行善願望而平素沒機會滿足的人，便在這一天白天大約 12 個小時都來者不拒的慷慨施捨最為質次價低的粥湯。這就是「行善」，是積德的一種途徑。如果碰到好年景，就沒有鄉下人來喝粥，因為即使最窮的人家裡也可以吃到這樣的粥，乃至要好一些的粥。然而，這並不能使施粥的人怠慢此舉，也沒有人讓他們把粥換得品質好一些。相反，施粥的人一如既往的宣傳自己的善意，即使他們不比往年更誇大。這天過去了，沒有一個人來要一碗粥，最後這些粥被倒進豬圈裡去餵豬了。而行善的有錢人則趾高氣揚的回家休息了，他會認為，儘管沒有一個窮人來出席他的「宴席」，但他也盡到了自己的責任，良心上覺得滿足。但是，如果遇到大饑荒，糧價漲得驚人，這些有錢人就不會做出任何善舉了，理由是他們「施捨不起了」！

我們曾經說過，在中國，成群結隊的乞丐到處都是。施捨本質上就是替自己交保險。婦孺皆知，乞丐通常會在城市裡組織起強大的幫派，因為他們一無所有，所以他們無所懼，也因此，其他幫會的戰鬥力還遠遠不能與他們爭鋒。假如一個乞丐，以日內瓦仲裁所特有的堅持不懈，長時間的向一個店主乞討，卻遭遇拒絕，那麼，這個店主就會因此受到大批乞丐的侵擾，他們賴在那裡不走，讓這個吝嗇的店主招抵不上，乞丐們得不到滿足就會不斷加碼的要求，店主的買賣自然就沒法做。店主與乞丐都知道拒

十、中國人的慈善

絕的後果，因此，這種施捨就會像涓涓細流那樣永不間斷。

同樣的原則，也適用於小規模的賑濟那些來來往往的難民。我們從所有這些事例中發現，賑濟的目的不是讓受惠人獲益，而是使行善之人獲取回報。中國人行善的目的，好比應付「小情人」一樣，所有的善舉都是為了自己在現在或者將來能生活得更安穩。

至於中國慈善事業的缺陷，一定補充說明一條。任何事情，無論好壞，幾乎都不可能逃避中國政體的壓榨，它與中國政府的其他部分一樣有著嚴密的組織。要把常備的救濟錢糧全部占為己有，那是非常不容易的。但是，人們完全可以看到，每逢大饑荒的緊要關頭，民眾的水深火熱絲毫不能阻止各級官員無恥的侵吞原本應該由他們發放下去的救濟款。此時，公眾的注意力都集中在災情和救濟款之上，假如外界對救濟款項的籌措和使用一無所知，那麼，不難想像，那些貪官會做些什麼。

當中國人終於開始了解西方文明時，他們時常被迫接受最壞的方面，在他們看來，基督教世界裡到處都是慈善機構，基督教世界以外的地方根本無法與之相比。然後，他們或許會想到去探究這個事實的本質。他們或許會注意這樣一個引人聯想的情況：漢語裡面的「仁」字，不像其他與情感有關的字那樣有「豎心旁」，它也根本沒有「心字底」。中國的善，沒有誠心的善，這種善所帶來的普遍後果，我們已經注意到了。本能的從事實際的慈善活動，不管何時何地，都自覺的要求有機會展示這個本能——這種心理狀態中國人完全沒有。人類的進步絕對不是這樣的。

假如中國人希望創造真正的仁愛善行，那麼，他們就必須像西方國家一樣，經歷曾經出現在西方的過程，使這種本能成為他們生命裡一個必不可少的成分。

十一、中國人的同情心

十一、中國人的同情心

我們已經討論過了居於「五德」之首的「仁」，它代表著中國人生活的一個側面。仁是祝福，而同情則是人們互相之間的夥伴之情。現在，我們要論述的是，中國人在行一定的善的前提之下，所表現的同情心的極度匱乏。

我們必須始終記住，中國人口密集，並且這個國家幾乎所有地區都會週期性的發洪水，鬧饑荒。中國人傳宗接代的願望似乎永遠無法遏制，因此能控制人口增長的環境在許多其他國家裡都產生作用，但在中國卻收效甚微。最窮的人也要繼續讓孩子們早早的結婚，而這些孩子又要生出很多孩子，似乎他們的糧食取之不盡，用之不竭。因為這些或其他原因，致使大部分中國人的生活，除了工作吃飯，還是工作吃飯。這可以解釋為何到處都有按日計酬的工作者，而這種狀況也是不可避免的。無論與什麼地方的中國人打交道，外國人馬上就會覺察到，幾乎沒有一個中國人有現錢。叫他們做事情，第一個要求就是給錢，工作就是為了吃飯，而前提是他們一無所有。甚至富人們在碰到急用時，往往也籌不齊最起碼的數目。有一句最為意味深長的話，說一個人被迫籌錢去應付官司、安排葬禮等諸如此類的事情，稱作「度饑荒」，也就是像一個飢餓的人急迫的尋求幫助。除了有錢有勢的人家，誰都無法應付這類事情而不需要幫助。中華民族最為突出的事實，就是貧困而又沒有希望，而這個事實對人際關係所造成的影響也是十分明顯的。生計之憂，以及隨之而來的各種習慣，即使在生計之憂不那麼急切的時候，人們也習慣過最艱苦的生活。在這個層次上只有錢與糧這兩個突出的事實。錢與糧是一對圓心，構成中國這個的橢圓，中國人的全部社會生活都圍著它們轉。

中國的廣大民眾普遍陷於深深的貧困之中，他們經常為最基本的生存條件而艱難求生。對於他人所遭受的各種可以想見而又令人同情的苦難，

他們都已經司空見慣了。一個中國人，無論怎麼具備仁慈之心，實質上都無能為力，哪怕是減輕無處不在的苦難千萬分之一，他都做不到，而荒年的苦難又要成倍的加重。一個善於思考的中國人肯定會意識到，減輕苦難是絕不可能的，不管是靠個人的善心，還是靠政府的干預。所有這些辦法，即使勉力為之，也只是治標而不治本。他們的治理方法，好比是向傷寒病人分發一些小冰塊，每個病人都分到好幾個盎司，但是醫院、食品、藥物、護理，通通都沒有。所以，毋庸置疑，中國人沒有更加仁慈的有效辦法。體制、預測和管理完全缺乏，而慈舉善行卻還能進行下去，則更是令人奇怪了。如果人們一直碰到無法防止也無力救助的苦難，這種現象哪怕是放在一個最有教養的人所產生的結果，我們也不難想像。現代的戰爭就足以說明這種現象。第一次看到流血，恐懼萬分，因而留下了難以磨滅的印象；但這很快就會過去，接著就會麻木不仁，但看見一次，就會永生難忘。在中國，總是有一場社會戰爭，大家對其後果都已司空見慣、熟視無睹了。

對身體上有任何殘疾的人的態度，最能說明中國人的同情心匱乏。對於跛子、盲人（尤其是瞎了一隻眼的人）、聾子、禿子、斜眼，中國人都是避而遠之的。好像身體有缺陷的人，品格也肯定有缺陷。透過觀察，我們發現那些人對待殘疾人倒不是冷酷無情，只是也沒有同情心。可能中國人會認為，那些殘疾人是因為犯有隱祕的罪惡才受到這樣的懲罰的，這種看法與古代猶太人不謀而合。但是西方人不是這樣，他們對殘疾人的同情都是發自內心的。

假如那些不幸先天殘疾或者後天致殘的人，忍受不了譏諷，那麼他們就沒法活下去。最溫和的方式是描繪他們的缺陷，以吸引公眾注意。藥鋪的店員對一個病人這樣說：「麻子大哥，你是哪個村的？」一個眼科的人

十一、中國人的同情心

經常會聽見別人說「眼睛斜，心地歪」；禿子則經常受到這樣的提醒：「十個禿子九個詐，剩下一個是啞巴。」有缺陷的人永遠會遭到嘲笑與譏諷，他們必須一輩子逆來順受，要想心平氣和的生活，除非他們對此毫無脾氣，充耳不聞。

對精神上有缺陷的人，中國人往往也是過分的坦率。「這個孩子是個傻子。」一位旁觀者說。但是，事實上，或許這個孩子並不傻，而這樣直接說他智力低下，那麼，他那尚未發展起來的心智很容易就會枯萎。而且這樣對待一切精神病人或者完全是別的病症的病人的現象，非常普遍。我們甚至懷疑，有些病症就是這樣產生的，或者加劇的。令人難過的是，他們的與眾不同之處，行為舉止上的細節，發病的原因、病情加劇的症狀，都成了公眾茶餘飯後的話題，而病人必須徹底習慣於別人稱他為「瘋子」、「呆子」、「笨蛋」等等。

一個民族把生男孩視為頭等大事，於是家裡沒有男孩就會不斷的遭遇譏諷，如同傳說中的先知撒母耳（Samuel）的母親，「必須大大激怒她，要使她生氣」。不管怎樣，一個母親悄悄的悶死了自己的孩子，大家也不會感到奇怪，因為那是一個女孩。

中國人缺乏同情心，在對待迎親那天的新嫁娘也是如此。新娘子通常都很年輕，膽怯，並且害羞，突然置身於陌生人群之中，自然會感覺害怕。儘管各地風俗有很大差別，但這個可憐的孩子突然暴露在大庭廣眾的注視之下，卻沒人顧及她的感受。有的地方還允許掀起轎簾瞪大眼睛看新娘。另外一些地方，尚未出嫁的女孩們會在新娘子必經之路旁占好一個有利地形，滿手捧著草屑或者米糠，撒在新娘子費時費力的打扮過的頭髮上。當新娘子到達公婆家起身出轎的時候，她得像一匹剛買來的牲口一樣，接受各式各樣的評頭論足，新娘當時會有怎樣的感受，可想而知。

中國人十分看重繁文縟節，但他們顯然顧及不到會讓人不快的事情。我有一個中國朋友，他根本沒有意識到自己在講失禮的話，說他第一次看到外國人，最感驚奇的是外國人臉上長滿了鬍子，像猴子一樣，但接著他又拍著胸脯保證的說：「現在我已經很習慣了！」老師當著學生的面評論這些學生的能力，他說：在他們面前離門最近的學生最聰明，20歲就會學業有成，但旁邊那張桌子的兩個孩子是他見過最笨的。他們從沒有想過，這樣的評論會對學生帶來什麼樣的影響。

　　中國人的大家庭生活之中，也能展現出他們同情心的匱乏。不同家庭雖有很大不同，但究其本質都不太樂觀，很容易看到大多數中國家庭根本就不幸福。之所以不幸福，是由於他們缺乏感情上的連結，而這在我們看來，是現實的家庭生活中最關鍵的部分。中國家庭通常是個人的聯合，持久而又穩定，他們有著共同的利益，也有各自的私心。我們認為，中國的家庭不是家庭，中國家庭裡不存在同情心。

　　中國的女孩，一生下來就或多或少的遭遇冷眼。這一現實對她們之後的全部經歷，都有很重要的影響，並且進一步的證明了中國人缺乏同情心。

　　母親與女兒在狹窄的院落裡生活，不免會發生口角，隨口亂罵是日常生活中隨心所欲養成的自由。有一句特別的俗話，了解中國家庭的人會覺得意味深長。媽媽怎麼罵女兒，仍是親閨女。女兒一旦出嫁，除了無法脫離的血緣關係，就不再與娘家有多大關係了。所有家譜都略去女兒的名字，其理由很簡單：她已經不再是我們的女兒，而是人家的兒媳婦了。各地方的風俗會要求新娘經常回娘家，這也是人的本性的要求。有的地方，女兒回娘家的次數比較多，而且住得久，還有的地方則回去得比較少，如果娘家的人都死了，那麼，她就不會再回去了。不管是哪種風俗習慣，媳

十一、中國人的同情心

婦都是婆家的人，這個原則是不會變的。想要回娘家，就得帶上不少工作回去，可能是大量的針線工作，娘家人還得幫著做。並且盡量要帶上孩子一起去，這樣一來，就不怕孩子沒人照看了，關鍵還在於這些孩子的開銷將由外婆家負責。在女兒經常這樣回娘家的地方，那些女兒比較多的家庭，娘家人通常都會擔心這種頻繁的省親，龐大的日常的開銷讓他們感覺這簡直就是一種剝削。因此，這類訪問經常受到父親和兄弟的阻止，母親則非常歡迎。但是，由於各地的風俗規定了女兒回娘家的時節，比方說在新年之後的特定日子以及特殊的節日等等，所以，這類訪問不受限制。

媳婦回到婆家，用句形容賊的俗話來說就是 —— 絕對不能空手而歸。她必須帶一些禮物給婆婆，通常是一些吃的東西。如果兒媳婦忘記帶禮物，或者沒有能力帶回禮物，不久她就會招來婆婆無緣無故暴躁脾氣。如果女兒是下嫁到窮人家，或者嫁去之後變窮了，如果她又有幾位已經成家的兄弟，她就會發現自己回娘家，用醫生的話來說，就是「禁忌」。娘家的幾個兒媳與已經出嫁的幾個女兒，她們之間一定會有一場較量，比如非利士人與以色列人的子孫，各自把某個地方當作自己的領地，而把對方當作侵略者。如果幾個兒媳占據了領地，他們會像非利士人那樣，對無法徹底消滅和驅逐的敵人索取貢品。兒媳婦通常被視為婆家全家的僕人，這一點也不誇張。而要找僕人，顯然要找健壯的，發育完好的，而且必須得知道燒飯縫補這類生活技巧。從謀生的角度說來，比起那些手無縛雞之力的孩子，她們總是要強得多。這樣，我們就不難理解，為什麼一個健壯的女孩，豐滿而年輕，卻要嫁給一個比她小十歲的瘦弱男孩，他們成親後的頭幾年，女孩們通常都得照顧這些出天花的小丈夫。幼兒常犯這種叫天花的疾病。

中國媳婦的苦難，說上幾天幾夜也說不完。所有的中國女子都要出嫁，通常在很年輕的時候出嫁，她們一生中很長的一段時間裡完全受到婆

婆的控制，不難想像，她們生活在受虐待的家庭中會遭受多少難以忍受的苦難。自家父母對已經出嫁的女兒鞭長莫及，只能口頭上抗議婆家的種種惡行，或者女兒真的被迫自殺之後索要一大筆喪葬費。如果丈夫把妻子打成重傷甚至殺了她，只要婆家控告她對公婆「不孝」，那麼，婆家便可以推卸責任了。我們需要反覆強調，在中國，年輕妻子的自殺現象十分常見，有的地方，甚至在短期內，就會發生幾起類似事件。一位自殺未遂的女兒被母親這樣斥責：「妳不是沒有機會啊，為什麼沒死成？」沒有什麼話比這句話更讓人心痛了。

《邸報》幾年前發表了河南巡撫的一份奏摺，偶然披露這樣一個事實，除了父母殺死孩子無罪，甚至婆婆惡意謀殺了她年輕的兒媳，也不需要負法律責任，只要她肯付一筆罰金。報紙上描述了諸如此類的案例，如一個婦女用點著的香燭燙她的童養媳，再用燒紅的鐵鉗烙她的臉頰，甚至最後還用沸騰的熱水把她煮死。這份奏摺裡還提到幾起相似的案例，寫進奏摺裡的案例，肯定是確實無疑的。這種極端野蠻的事或許非常罕見，但虐待嚴重到導致自殺或企圖自殺，這樣的事並不罕見。

給人做妾的中國婦女的命運也十分辛酸。她們所在的家庭，能使她們覺得幸福的，實在屈指可數，不斷的爭吵與公開打鬥似乎是家常便飯。「我住的城市的長官」，一位久住中國的外國居民寫道，「他十分富有，並且學識淵博，擅長舞文弄墨，為官幹練，能引經據典。但他經常欺騙、咒罵、搶掠，甚至折磨他人，以滿足他的邪惡念頭。他的一個妾逃跑，抓回來之後，被剝光衣服，兩腳倒吊在屋梁上，往死裡打。」

在中國，窮人最好不要生病。男人們根本不把婦女、兒童的病痛當一回事，時常任其發展到無可救藥的地步，可能是因為沒時間去管，或者是因為男人「無力支付昂貴的醫藥費」。

十一、中國人的同情心

在談及孝心的時候，我們已經說過，年輕人沒有發言權，他們的地位無足輕重。年輕的人，其價值主要取決於他們可能成為什麼，而不是他們現在是什麼。大多數西方國家的做法，中國正與之相反，三個旅行者之間，最年輕的人總是最先去承受勞苦。而最年輕的僕人，總是做最苦最累的工作。在貧困中歷經煎熬的中國男孩，總是不堪忍受各種嚴重的欺壓，奮起反抗，或者離家出走，而這一點也不奇怪。那些下定決心逃跑的孩子，幾乎都可以找到志同道合的人一起生活。造成他們離家出走的原因有多種，但據我們觀察，最為普遍的原因是備受虐待。有一個此類事例，一個男孩剛從斑疹傷寒中復原，這種病人大病初癒之後胃口都特別大，而家裡的粗黑麵食實在難以下嚥，於是他便跑到市集上，花了約 20 個銅錢，買了一些點心充飢。因為這個事情，他被父親痛罵了一頓，一氣之下，他跑到東北去了，從此再也沒有任何音信。

喬治‧D‧普倫蒂斯（George D. Prentice）曾經說過：男人是掌權者，女人則是「無足輕重」。這種說法形象的反映了中國妻子在家庭中的地位。婚姻的目的，在女方家庭看來，是可以不用再撫養這個女兒了。男方家庭的目的，則是延續香火。這一切就像吃飯一樣平常，除非去一味的追究人們的動機，否則，沒人會關心這個問題。

普通人家男婚女嫁的目的尚且如此，對窮人來說，這個目的就更為突出了。人們一般這樣評論寡婦再嫁：「現在她不會挨餓了。」俗語說：「再婚再嫁，只為吃飯；沒有飯吃，散夥完蛋。」在賑濟饑荒時，常常看到不少丈夫索性撇下妻子兒女不管，讓妻兒們去要飯，或者餓死。許多情況下，兒媳婦被送回娘家，娘家有吃就吃一口，娘家沒吃就餓死。「她是你的女兒，你去管她吧。」還有幾例中，分發給哺乳婦女的救濟糧，有時也被男人奪走，儘管這些例子或許只是個例外，可是真的是時有發生。

或許只從大饑荒的年分的種種現象去判斷一個民族，明顯不公平，但這種情況是一塊試金石，它所反映的社會生活的深層準則，比尋常年景所反映的更準確，更確實。在中國，並不只是荒年才有賣妻子兒女的事件，只不過荒年更加平常。熟悉這些事實的人都清楚，近年來許多鬧饑荒的地區，婦女兒童像騾和驢一樣被公開拍賣，唯一的根本區別只在於前者不趕去市場。西元 1878 年那場大饑荒，波及整個東北三省，甚至還有向南蔓延的趨勢，路上的車輛上幾乎全都坐著賣往中部省分的女人和女孩，以致有的地方已經很難僱到馬車，因為所有的車輛都正忙於把新買來的女人轉賣到別的地方去。在這種情況下，這些年輕婦女從饑饉之鄉或人口過剩的地方，賣到因動亂而人口減少的地方，以及常年娶妻困難的地方。這種稀奇事情最令人覺得悲哀的是，這些中國家庭的成員被迫賣到各個遙遠的省分，而這或許是全家人的最好出路。對於被賣者和賣者來說，能活下去的唯一辦法大概就是這樣。

　　我們曾經提到過，漠不關心家人的病情，是因為得病的是「女人和小孩」。天花在西方被當作可怕的瘟疫，它也不斷造訪中國，以至於中國人已經不指望逃脫其蹂躪了。但是，他們不願多想，因為得天花的主要是孩子。人們經常可以遇見因小時候得天花而兩眼全瞎的人。無法容忍身體髮膚受到絲毫毀傷的中國人，卻對孩子生命的價值看得如此無關緊要，這是我們始料未及的。小孩死了，甚至根本就不去掩埋他的屍首，他們的口頭禪是：「扔了！」草蓆一捲，隨意的拋在荒郊野外，鬆散的蓋著，很快就成了野狗的美味。有的地方，還有流行一種恐怖的風俗：把孩子塞進亂墳崗的死人堆裡，以防止「鬼魂」回家騷擾！

　　中國人對天花滿不在乎，他們自然體會不到我們對天花的恐懼，但是，他們害怕傷寒和斑疹傷寒，就像我們害怕猩紅熱一樣。如果一個人出

十一、中國人的同情心

門在外，得了這其中的任何一種病，那麼，他就很難受到適當的看護，甚至完全沒有看護。面對所有懇求幫助的人，人們通常都會簡要的回答說：「這病會傳染的。」許多發熱病症確實也會傳染，而雲南某些山谷裡，最可怕的疾病或許就是這種疾病了。貝德祿（Edward Colborne Baber）先生在《華西旅行考查記》中描述說：「很快，患者就會感到極度虛弱，接下來的幾個小時全身上下極度疼痛，不久即陷入精神狂亂，十有九死。」據當地人講述：「病房裡到處都是鬼魂，甚至桌子和床墊也在扭動，發出講話聲，會回答所有的問題。不過，也有幾個人冒險走進房間。傳教士確切告訴我說，在大多數情況下，因為怕傳染，患者就像麻瘋病人一樣的遭人嫌棄。如果家裡有個長輩染上病症，最好的看護就是關進一個孤零零的房間，並在他旁邊放上一壺水。房門緊閉，門的一側放著一根竹竿，焦急不安的親戚每天兩次用竹竿捅一下病人，檢查他是否還活著。」

中華民族是一個性情溫和的民族，家庭內部肯定處處洋溢著關愛，可能我們觀察得不夠仔細。疾病與麻煩特別能喚醒人性中的最好一面。在一家為中國人開辦的外國醫院裡，我們親眼見證了許多事情，不僅父母對孩子、孩子對父母充滿摯愛，而且妻子對丈夫、丈夫對妻子也充滿摯愛。甚至陌生人之間也會相互關心。中國母親非常具有同情心，她們不忍心看著別人的孩子餓死，於是，就會用自己充溢的奶水去哺育那些失去母親的嬰兒。

沒人願意幫助別人，除非有特別的理由。這個特點反映了中國社會關係的多重特點。一個聰明的男孩，儘管沒有機會上學，但是他希望盡量讀點書。儘管他身邊有不少讀書人，可是就是沒人願意教他，原因很簡單，他們那麼辛苦學來的知識，不願意輕易傳授給別人。只要這個男孩一提出想學習的意願，那麼，他肯定會招人冷嘲熱諷。這些在私塾裡苦熬了十幾

年的讀書人彷彿在說：「這個小傢伙憑什麼想走捷徑，幾個月就想學會我們多少年苦讀的東西，然後過幾天就忘記？讓他像我們一樣自己請老師好了。」儘管「自學」成才這樣的事情時有發生，但是，真正學到知識的人實在是鳳毛麟角，有的人甚至最起碼的識文斷字都不會。

住在中國的外國人都很吃驚，中國人對於落水的人通常都是見死不救。幾年前，一艘外國汽輪在長江上起火，成群的中國人目擊了這個事件，他們幾乎沒有營救乘客和船員。當落水者盡快逃到岸邊之時，許多人連衣服都被搶走，有的還被當場弄死。應該把不久以前在英國發生的一起沉船事件，與中國的這一事件做一個比較，然而，英國的人民紛紛伸出了援助之手。當然，也不是完全麻木不仁，西元 1892 年秋天，一艘英國大汽輪在中國海岸擱淺，當地的漁民和官員都不遺餘力的營救倖存人員。只不過，整體來說，中國人對幾乎到處存在的各種苦難還是抱著冷漠的態度，這樣的事情仍然存在，尤其是人在旅途之時，有句諺語說：「在家千日好，出門一時難。」

在中國旅行，人們對陌生人缺乏幫助和友善，這極為明顯。一場夏雨之後，地面道路無法行走。不得不起身趕路的人會發現「天、地、人」聯合起來與你作對。沒有人會告訴你，你走的這條路前面馬上就是泥沼。如果你陷在裡面，修路的人也不會覺得這是自己的責任，我們已經談到過中國的公路沒人關心。所有這樣的路在一定季節裡都是坑坑窪窪，每當出門人一頭栽入泥坑而又無力自拔的時候，便會發現不知從哪裡圍攏過來一大群看熱鬧的人，而他們自然是「袖手旁觀」，除非你跟他們說你會報答他們，特別是答應給他們錢，那麼，這些旁觀者一定會踴躍幫助你的。更令人髮指的是，當地人還經常在難走的地方挖個深坑，特意讓旅行者陷進去，因為這樣，出門人就不得不出錢來僱他們幫一把！如果對這樣地方的

十一、中國人的同情心

道路有任何疑慮，最好繼續往前走，不要去理會當地人的勸告，因為你永遠都不能肯定，他們為你指的路是「明道」還是「黑道」？

我們聽說過這樣一件事情：一外國人舉家搬往中國一個內陸城市，受到當地人親切熱誠的歡迎，不少鄰居甚至還主動把日常用品借給他們，讓他們用到自己備齊之後再還。這樣的例子肯定存在，但這絕對是個例外。很明顯，最為常見的接待是，周圍人們完全漠不關心，除非他們感到好奇，想來看看新來的人是什麼樣子。那種恨不得把新來的人的底細摸透的勁頭，就好比貪婪與敵意一定會去招惹肥鵝，甚至拔光肥鵝的羽毛。對於那些遭遇不幸的外國人，我們從沒聽說中國人有任何主動幫助的舉動，儘管自然也會有這樣的事情。我們聽說不少事情，說一些水手在陸上旅行時，從天津到煙臺，或者從廣州到汕頭，期間沒有任何人免費贈送他們一些食物，或者是留他們住宿一晚。

那些運送死人回家的人，想得到店主的允許去住店，通常很困難，實際上，這根本不可能。我們知道這樣一件事情：死者的兄弟被迫整夜守在街上，因為店主不許棺材進門。把死屍擺渡過河，則要索取高價，而且我們也已經聽說過幾件這樣的事：把死屍雙層包好，再用蓆子裹起來紮好，讓它看起來像貨物，以免別人懷疑。還有一些駭人聽聞的事，說某嚴冬，山東濰縣的一個店主，拒絕幾個凍得半死的出門人進店，害怕他們死在店裡，硬是把他們趕到街上，結果這幾個旅客真的都凍死了！

中國的罪犯往往不會受到懲處，原因是負擔不起告狀的費用，或者是不想被公開。不少通姦案就這樣按鄉規民約解決的。犯規的人要遭受一大群男人的痛打，這是條非常熟悉的中國原則。「人多勢眾」，有時打斷腿，有時打斷手臂，更常見的是眼睛被抹上生石灰，雙眼被活活弄瞎。我確實親眼見到過這樣的事情，並且時有發生。有一個極其聰明的中國人，

他不熟悉西方人的思考方式，當他聽到一個外國人責備這種做法極其殘忍時，竟然毫不掩飾他的驚訝說，這樣處理案情，在中國已經是「很寬大了」，就比方說他自己，他只是被弄殘廢，實際上，把他殺了也不過分。

「為什麼你老來這裡混飯？」一個大嫂對她丈夫的兄弟說，這個兄弟離家數年，在外頭惹了事，並被人用生石灰抹瞎了雙眼。「這裡沒你的分。要硬的有刀子，要軟的有繩子，你自己看著辦吧。」這段談話，是這位無法醫治的盲人親口告訴我的，他只是想解釋一下，他希望恢復一點視力，如果一點都恢復不了，他將在「硬」或「軟」之中選擇一個，以便他脫離苦海。並且這種暴行的受害者去告官的話，通常是徒勞無功。不利於他的明證簡直是鋪天蓋地，審判的官員也會認為他罪有應得，而且加重刑罰也不為過。即使他打贏這場官司，境況也不會比過去好，通常只會是更糟糕，他的眾多鄰居更是怒氣沖天，這樣一來，想保住性命都是一種奢望。

必須理解的是，儘管中國人認為人命關天，但事實卻是，人的生命猶如野草一樣卑微。偷盜是中國人最為惱怒的罪行之一。在一個人口多得難以維生的社會裡，偷盜對社會的威脅，其嚴重程度被視為僅次於殺人。

有個分發救濟饑荒的錢糧的人，發現有個瘋女人偷盜成癖，被人用鏈條拴在一個大石磨上，彷彿她是隻瘋狗。如果公眾知道某個人是小偷，或者公眾討厭某個人，那麼，這個人就可能有被簡單訊問一下就處死的危險，這與加州早期的維持治安的做法如出一轍。有時是用刀，最常用的方法是活埋，並且美其名曰 ——「吞金自盡」。實際上，這是一件非常殘忍的懲罰。我認識的 4 個人，就都曾受過這種死亡方式的威脅。有兩例已經進行了第一步，被捆了起來，其中有一次坑都挖好了。他們之所以沒有被活埋，只是因為行刑一方某個長者出面干預了。還有一次，發生在我熟

十一、中國人的同情心

悉的一個村莊裡，一個大家都知道是瘋子的年輕人，是個不可救藥的小偷。住在那個村子裡的他家的親戚，只與他母親「商量」了一下，就把他綁了起來，在村子附近結冰的河面上鑿了個洞，然後把這個年輕人扔了進去。

太平天國風起雲湧的那幾年，波及甚廣，人人自危。這樣的時候，一個陌生人稍有嫌疑，就要接受嚴厲的審問。如果他的回答沒有說服抓捕他的人，他就不好過了。

就在距離我寫這些文字的地方幾百碼處，20 年前不久，發生過兩起這樣的悲劇。當時的各級官員發現自己執法時力不從心，就發了一份半官方性質的通告，要求捉拿一切可疑人等。有一次，村民們看到有人騎馬而來，看上去似乎是個外省人，而他又沒說清楚自己的來歷。而人們又發現他的被褥裡包的全是金銀珠寶，那麼，毫無疑問，這是從哪裡偷來的。這個人就被綁了起來。村民挖了個坑，把他推了下去。與此同時，村民又發現一個人在驚慌逃竄，只是因為有的旁觀者認為他有可能是同謀，於是，這個人的命運便與前面那個人一樣了。有時候，這些陌生人還被迫自挖墳坑。中國各省各地的人，對沒有法律的年代裡的肆無忌憚深有感觸，上了點年紀又能回憶起當時情形的人，都可以證明這類事情數不勝數。西元1877 年的一次匪夷所思的剪辮子事件，一時間人心惶惶，這個國家的大部分地區都瀰漫著緊張和驚慌，毫無疑問，有許多受到懷疑的人也被這樣除掉了。不過，在一定條件之下，任何民族都會有這樣的惶恐時期，這不是中國人的獨有現象。

中國人極度的殘酷，最為突出的表現了中國人的同情心匱乏。不過，中國人普遍相信，在中國的穆斯林比中國人自己更殘忍。然而情形也許是這樣，任何一個了解中國人的人，心裡都確信，中國人對別人所受的痛苦

所表現出來的冷漠，任何別的文明國家都望塵莫及。儘管孩子在家中全無管束，但他們的受教育生涯一旦開始，那種寬鬆的日子也就一去不復返了。《三字經》是這個國家最為普遍的啟蒙教材，裡面有句話：「教不嚴，師之惰。」這條箴言的執行情況各不相同，得看老師的脾氣與學生的天賦，當然，嚴厲的處罰肯定很普遍。

我們看到過一個剛從老師那裡出來的學生，老師拳打腳踢的教學生科舉文章的祕訣，此時這個學生的樣子就好像剛剛經歷了一場廝打搏鬥，頭破血流。學生因老師生氣而受辱罵的情況，非常普遍。另一方面，遭到辱罵的孩子又讓母親極為氣惱，於是，一氣之下，孩子又被母親打了一頓，這也不是什麼稀罕事。不難想像，因為孩子闖禍而責打孩子的母親，很可能會在特別惱怒的時候，對孩子實施了一些殘酷至極的舉動。

中國人的刑罰制度，也反映出了中國人缺乏同情心。很難從這個國家的法制出發去確定什麼合法什麼不合法，因為地方風俗會認可許多違法的事情。其中最為有意味的是竹杖刑罰，杖責的數目時常是法律規定的十倍甚至百倍。我們還沒來得及提到中國監獄裡的犯人所受到的令人髮指的刑罰。任何一本關於中國的優秀作品中都有不勝枚舉的例子，比如《中國總論》和《古伯察遊記》。

古伯察曾經提到，他有一次看到一批犯人在被押解去衙門的路上，雙手被釘在囚車上，因為押解人忘了帶腳鐐。中國犯人若不能買通關節，就要受到故意的殘酷折磨。下面這個說法最能證實上述看法了：儘管中國人有「心肝」，但絕對不「仁慈」。幾年前，上海有家報紙報導了該地衙門因為他們敲詐一個新來的囚犯，官員判處了這兩個老囚犯，他們挨了3,000竹杖，還用鐵鎚敲斷了他們的腳踝骨。中國有句俗話勸告說，「死不進閻王殿，活不進衙門」，這個說法其實就是真實的寫照。

十一、中國人的同情心

　　也許有人會質疑上面的實例，那麼，下面這段文字引自西元 1888 年 2 月 7 日的《邸報》：「雲南巡撫說，該省的一些農村地區，村民們有一個令人恐怖的做法：抓到在地裡偷糧食或果子的人，都要活活燒死。他們同時強迫小偷的家屬訂立個字據，同意這樣做。然後，再強迫他們親手點火，以防止他們以後去告官。有時實行這種可怕的懲罰，只是因為弄壞了一株莊稼，甚至為洩私憤而故意編造，來置人於死地。這種令人恐怖的做法，簡直駭人聽聞，但在雲南動亂期間確實存在。當局在不斷竭力剷除這一瘋狂陋習，但沒有成功。」

　　福州附近的某地方還有強迫寡婦殉夫的習俗，當地中國報紙幾年前有過詳細報導。寡婦被迫懸梁自盡，然後焚燒屍體，最後立一道貞節牌坊！政府極力制止這種殘酷的習俗，但是收效甚微，只有少數地區遵從了這一規定，不過那也是短暫的執行。

　　中國人有許許多多的需求，政治家們認為陸軍、海軍和軍械庫是必需的，睦鄰友好的外國人說，中國需要貨幣、鐵路和科學的指導。但更加深入的研究這個國家的情況，不正說明中國最為深刻的需求，就在於更多的同情心嗎？中國需要同情兒童，這種同情 18 個世紀以來已經成為全人類最珍貴的財富，而人們卻並不知曉。中國需要同情妻子和母親，這種同情 18 個世紀以來已經有了長足的發展和深入。中國需要把人當作人來同情，明白仁慈的降臨如同天降甘霖，既保佑祝福者也保佑被祝福者 —— 神的感情，塞內卡（Seneca）稱之為「心靈的缺陷」，但基督教的影響已經培育了它，直到它開遍世界的每一個角落，而在表現同情心的時候，人類才最接近於上帝。

十二、中國人的優越感

十二、中國人的優越感

廣州是中國的一個商業中心，第一次到這裡來旅行的歐洲人怎麼也想不到，這一商業中心居然早在 360 多年以前就與歐洲有了貿易往來。而歐洲人在與中國人打交道的這些年來，並沒有感覺到有絲毫的引以為榮的方面。無論其他民族出於何種目的來到中國，中國人就像當初希臘人對待其他民族一樣，他們把其他民族通通看作是野蠻人，甚至在中國的官方文件中，也直接用「野蠻人」來稱呼我們這些外國人。直到西元 1860 年，才在一份條約中專門補充了這一項規定，禁止中國人在正式文件中用「野蠻人」來指稱「外國人」。

為什麼中國人對待西方外族的態度會是這樣呢？那是因為中國人的周邊民族明顯不如中國繁榮，而中國人也因為一直受到這些民族的奉承而變得自以為是。這些奉承自然是天花亂墜、不懷好意，但當中國人發現與自己有來往的外國人，可以在威脅哄騙之下遵循自己的意願做事的時候，中國人就更加相信自己的民族具有毋庸置疑的優越。於是，他們就這樣一直帶著他們的優越感說話辦事，直到北京被外國人占領。從那時起，短短的 30 年，中國卻已經發生了極大的變化。可以這樣認為 —— 中國人最終認知到了外來文明和外國人的價值。但是，任何一位誠實的觀察者只要接觸了部分的中國人，他就會發現，無論官方和非官方的，中國人對外國人的態度和給外國的感覺，都不夠尊敬。即使中國人實際上並沒有瞧不起我們，他們也會在互動中經常有意無意的表現出恩賜的神情。我們現在面對的，就是這樣的情形。

外國人的服裝是中國人覺得外國人最奇怪的地方。事實上，我們也沒有說自己的服裝有什麼超凡之處。不過，在我們看來，各種東方服裝都是臃腫的，擺來擺去的限制了「個性自由」，這是因為我們要求動作靈敏，不同於東方任何一個民族。我們也必須承認，東方人的服裝樣式非常適合

他們。然而，當東方人尤其是中國人，他們在審視我們的服裝時，看不出任何值得稱讚的地方，甚至是毫不掩飾的批評與嘲笑。東方服裝的特點就是寬鬆，寬鬆得可以遮住身體的曲線。中國稍微有身分的人都不會貿然穿件緊身短上裝就出去拋頭露面，但在中國的外國租界，來來往往的外國人都穿著緊身短上衣。這種短上衣，還有雙排扣禮服（實際上一粒鈕扣都用不著扣），最讓中國人覺得不可思議的是，那些難看的、沒有樣式的「燕尾服」，而那些都不能遮住胸部的、露出內衣的服裝，更是令中國人覺得驚訝。在中國人看來，外國人在衣服的尾巴上牢牢的釘著兩個扣子，純屬多餘，那裡又沒什麼東西可扣，這樣也不美觀。

如果外國男子的服裝對普通中國人而言是不可理喻的，那麼，外國女子的服裝就更是荒謬的。在很多方面，這些服裝都違背了中國的傳統道德觀念，更談不上合乎禮儀了。事實上，正是西方兩性的往來自由，才產生了西方的文明。而中國人對男女往來的限制，又使我們很自然的想到，中國人只按傳統標準評判是非，絕對會誤解和曲解他們眼睛所看到的一切表象。

讓中國人頗具優越感的其中一個主要原因，就是外國人聽不懂中國話。哪怕是一個會用現代歐洲每一種語言流利的進行交談的外國人，只要他聽不懂一個目不識丁的中國苦力講的話，那麼，甚至是這個苦力也會因此而輕視他。事實上，這樣做只會更加證明苦力自己的無知，但他那不恰當的優越感卻是真實存在的。如果這個外國人試圖繼續與這個環境相抗爭，試圖掌握漢語，那麼，他會不斷的受到諷刺，甚至他的傭人也會大聲的說：「噢，他會聽不懂的！」而造成聽不懂的障礙，卻恰恰是中國人自己沒有講清楚。但是，中國人意識不到這個事實，即使能夠意識到，也絲毫不會削減他那天生的優越感。任何學習漢語的外國人，永遠不可避免這

十二、中國人的優越感

種情況，因為不管他知道的東西有多麼的淵博，他總是還有很多不懂的東西。所以外國人已經習以為常了，他們不會再因為對某物某事一無所知而羞愧了。用強森（Johnson）博士的話來形容，中國人對外國人的漢語和中國文學知識的評價，就好比是婦女嘮嘮叨叨的勸誡比作狗用兩條後腿走路，雖說不可思議，但是能這樣做好實在令人嘖嘖稱奇了！

造就中國人優越感的另一個原因，是外國人對中國風俗的無知。如果有人不知道中國人一直知道的事情，中國人就會認為這簡直令人難以置信。

外國人時常受到中國人的間接怠慢，而外國人還察覺不出來，於是，中國人更加有意的輕視他們渾然不知的受害者。我們不把「當地人」對我們的態度當回事，可以帶給他們恰當的懲罰。

許多中國人喜歡半開玩笑的拿外國人逗樂，就像一位先生看著大衛·科波菲爾（David Copperfield），似乎心裡一直在說：「幼稚，先生，太幼稚了。」當然，並非所有外國人都經歷了這些階段，只有那些敏感的觀察者或多或少的累積了不少經驗，到那時，情況或許能有所改變。然而，不管一個人有多少經歷，肯定會有不明白和未曾聽說過的事情。

另外，中國人看低我們的原因就是，普通中國人都能輕鬆的辦到的事，外國人卻辦不到。我們無法吞嚥他們常吃的食物，我們無法忍受太陽的曝晒，在擁擠、吵鬧和氣悶的地方我們根本無法入眠。搖船時，他們的櫓我們用不習慣，也不會用「吁——吁——」使喚牲口工作。大家都聽說過這件事，那年，英軍的砲兵部隊在去北京的路上，被當地馬車夫扔在河西務附近，弄得叫天不靈、求地不應，因為英軍中沒有一個士兵有能力叫中國的牲口挪動一步。

外國人不能適應和遵守中國的觀念和禮儀，也不能適應在我們看來是

110

很重要的規矩，這使得中國人更加蔑視我們這些不懂「禮貌」或者根本沒有「禮貌」的民族。外國人不是不會鞠躬，而是整體來說覺得難以用中國方式鞠一個中國的躬，身體上和倫理上的困難都很大。外國人的禮儀觀念沒有他們重，所以給人感覺舉止輕浮，即使有精力，也不會有耐心花上二十分鐘，耐心的把這些規矩做好，這樣的結果無論是中國人還是外國人早就能夠預見。外國人討厭用「老半天」時間去空談。他們認為，時間就是金錢。而中國人則認為，事情遠非如此簡單，因為在中國，人人都有大量的時間，卻很少人有錢。中國人應該要認知到，當他消磨時間的時候，這時間是他自己的時間，並非別人的。

外國人取消了任何令人厭惡的繁瑣禮節，好把時間去用在其他有意義的地方。於是，與彬彬有禮的中國人相比，外國人顯得特別不協調。比較一下中國官員與外國來訪者的服裝、風度、舉止：前者是長袍飄逸、行為優雅，後者則是舉止笨拙、跪拜生硬。出於禮貌，中國人只能拚命克制，不去嘲笑他們，卻也難免忍俊不禁。需要提醒大家的是：在中國人輕蔑外國人的時候，沒有什麼比忽視禮儀更能回應他們分外注重的禮儀了。設想一下，中國人得知將看到「美國的皇帝」，並且他們真的看到他身穿平民的服裝，嘴叼一支香菸，行走在大街之上，他們會作何感想呢？想像一下這樣的情景：一位外國領事，職位相當於中國的道臺，到一個省會城市去見巡撫大人，以便解決一項國際糾紛。成千上萬的人會擁上城牆，想看一看這位外國大人的隨行隊列，卻只看到兩輛馬車、幾匹馬、一個翻譯、一個專門送信的中國人和一個中國廚師。看到這樣的情形，中國人的看法一定會由好奇而冷漠，由冷漠而輕蔑，難道不會嗎？

我們認為自己在許多方面都比中國人優越，卻無法如願以償的讓他們看到這一點。他們對我們在機械設計發明方面占有的優勢讚嘆不已，不

十二、中國人的優越感

過在他們看來，我們的設計就好比變戲法——妙不可言，卻沒有任何用處。他們說，我們的成就來自某種超自然的力量。還是要提醒人們注意，孔子曾經拒絕談論魔力。許多來中國的承包商都非常失望，他們發現中國人對蒸汽機與電氣化所創造的奇蹟，完全不放在眼裡。中國人甚至拒絕採用外國人的樣本，也有例外，可能會被迫採用。關於衛生設備、空氣流通，以及生理學，他們絲毫不關心。他們也會喜歡西方一些進步的產物，卻不願意採用西方的方法。如果一定要讓他們採用西方的方法，他們寧願愉快的放棄這些成果。無論何種進步，都有可能讓中國進步，能讓中國成為他們期盼已久的、令人敬畏的「強國」，這種趨勢是直接而又明確無誤的，可是，只要中國人見不到立竿見影的效果，那麼這些成果都會被擱置一邊。如果沒有一種時代精神來勝過中國人，任何改良都會被拋棄。中國的一些學者和政治家，顯然是意識到了中國所處的不利地位，然而，他們聲稱西方民族只不過是利用了古代中國人累積的資料，古代中國人就已經把數學和自然科學發展到了很高的程度，不幸的是，現代中國人讓西方人偷走了這些祕密。

外國人在應用領域中表現出來的毋庸置疑的能力，中國人不以為然。撒克遜人欣賞「能」人，就像卡萊爾喜歡人們稱呼他為「王」。對中國人來說，外國人的技藝是有趣的，或許還是令人讚嘆的。如果下一次有機會做什麼事，他們絕不會忘記外國人會的這項技能。只是，這不能代表著他們就會把外國人作為模仿的榜樣，他們之中甚至沒有一個人會動這種念頭。在他們看來，理想的「能」人應該是咬文嚼字的老學究，博聞強識，獲得過好幾個學位，廢寢忘食。他們的手不會做任何事情（除非教書），依靠教書保持著身體與精神的一致，所以人們常常稱他們不食人間煙火。

西方各國作為一個整體，沒有讓中國人認知到自己的落後。前任中國

駐英大使郭大人曾經說著這樣一段話，非常明確的證實了這個看法。理格（Reiger）博士認為，英國的道德狀況要比中國的好。當他要求郭大人回答這個問題時，他略微停頓了一下，認真的聽取了這個評價，然後，帶著飽滿的情緒，回答說：「我深感震驚。」這種膚淺的比較確實不恰當，特別是從外交方面說來，這是不大成功的。這種比較涉及這兩個民族的內部生活，還包括有能力去辨別各式各樣的原因如何導致各式各樣的結果。這裡，我們並不打算進行這種比較，那樣會脫離我們的目的。我們已經深切的認知到，中國的知識界是外國人的強勁對手。儘管外國人在機械方面的應用遙遙領先中國人，但是在中國的文人學士看來，他們依然無法欣賞中國道德的宏偉。這種既嫉妒又輕蔑的態度，展現在典型的中國學者身上，他們的「思想在宋代，人在今天」。近年來，這個階層的人，寫作並傳播了竭力排外的文章，使得整個中國都充斥著排外的文章。

有人預言，西方的發明可能會占領中國的任何角落。刀、叉、長統襪和鋼琴，會從英國運到中國，他們宣稱，在這種力量作用之下，這個國家將被「歐洲化」了。假如說確實曾有一段時間中國受到了這種風暴的襲擊，那也是遠古時代的事情，而今天絕不可能發生。中國和中國人不是任何風暴可以吞沒的，中國和中國人也不是任人宰割的國家與民族。要讓中華民族對西方民族保持穩固持久的尊敬，只有一個辦法，那就是用事實來證明，證明基督教文明帶來的各式各樣的成就，是中國現有的文明所不能企及的。如果沒有這樣的實例，那麼，中國人在與外國人的往來中，依舊會展現他們的恩賜和輕蔑。

十二、中國人的優越感

十三、中國人的間接方式

十三、中國人的間接方式

　　我們盎格魯－撒克遜人歷來以我們喜歡的直來直去的習慣為驕傲，我們心裡想什麼，嘴上說什麼。當然，如果是社交禮節和外交需求，我們可能會改變一下我們的習慣，儘管在不同的場合我們的表現不一樣，但是，直來直去的本性依然支配著我們。在經過與亞洲人的一段時間接觸以後，我們相信，亞洲人的天性與我們的天性截然不同，甚至是兩個相反的極端。關於亞洲各國語言中敬語的繁瑣累贅，我們姑且不討論了，因為在這一方面，還有一些國家的語言比漢語更加複雜累贅。至於他們是怎樣使用遁詞、迂迴的說法和替代詞去表達自己的思想，我們也不做討論，因為他們壓根就沒想過要用簡單的表達方式。

　　一個人死了，漢語可以用各式各樣的詞語來表達，人們絕對不會說這類詞語的使用是不合情理的，並且使用這類詞語的方式與死者的身分無關。不管死者是皇帝還是苦力，在這兩種場合中，唯一的區別就是措辭。而語言的準確性也在這裡被忽略了。當「在特定意義上」，所有的人都同意使用某些詞語，並且能相互理解時，那麼問題的關鍵就在於怎樣運用，而不在於使用得是否準確。

　　外國人通常不需要對中國人有太多了解就能得出這樣的結論：只是聽中國人的說話，根本就無法理解他所說的意思。並且這一結論從來沒有被否定過。不管你的漢語會話熟練到什麼程度，可能你聽得懂他們說的每一句話，假如聽錯了，你也可以把你聽到的都記錄下來，然而，你還是無法準確的理解說話人心裡的意思。為什麼會這樣呢？原因非常簡單，因為說話人壓根就不打算把心裡的意思直接告訴你，他最多只是告訴你一些相關的事，然後希望你能推測出他的真正含意。

　　當你有了充足的漢語知識，那麼，接下來，順暢的與中國人打交道的關鍵就在於，你是否具有非常強的推測能力。必須提醒你的是，不管你的

116

這種推測能力有多麼強大，大多數情況是，你依然會迷路，問題的根源就在於，你的這種能力滿足不了實際的需求。

我們再舉一些例子，以便能更好的說明中國人日常生活中這種現象的普遍。例子就在我們身邊，是關於我們的僕人的事。在我們看來，他們非常重要，因為他們是我們最早接觸的中國人，也算是中國民眾的部分代表。有一天早晨，「男僕」帶著一副與以往不同的表情出現在我們面前，他簡單的說了一句，他的「姨媽」病了，他必須請幾天假。可是他不跟我們說清楚他「姨媽」的病情狀況。我們總不能就此推測這位「男僕」沒有姨媽，或者說他的姨媽沒有生病，甚至說他壓根就沒去看望他的姨媽。恰當的推測應該是這位「男僕」與廚師發生了某種衝突，而廚師似乎更有理有據，並間接的指責他的過錯，所以，他找了個藉口避開了。

一個人幫助了你，你不能立刻給他錢作為答謝；如果你覺得應該送他一些賞金表示自己的謝意時，他會委婉的拒絕你。通常他會說，因為這麼一點小事就接受你的禮物，那就是冒犯「五德」；假如你一定要他接受，他會說你看錯了他，使他難堪。我們簡直不能理解，就像奧利佛·崔斯特（Oliver Twist）說的，他「想要更多」，也許他是在嫌棄你給的賞金不夠多；也可能暗含著別的意思，或許是在暗示你，他想先不談賞金，等到以後他做得更好時再說這件事，因為到那時，你送給他的東西很可能就是他想要的，而現在收下了這些「小」禮物，那麼，他以後就不好意思再收其他的「大」禮物了。

只要涉及自己的利益，中國人就會特別謹慎，而在談論別人的時候，特別是可能會因此為自己帶來麻煩的時候，他們會更加謹慎小心，生怕得罪人。喜歡講閒話是中國人的一大特點，不過他們有著一種特殊的直覺，能辨別出在什麼場合說什麼話。每當遇到這種場合，特別是涉及外國人的

十三、中國人的間接方式

時候，他們會假裝不知道任何事，也沒有說過任何相關的話。通常都是這樣的，我們身邊的人總是表情麻木，於是我們得到了一個「啟示」，只要我們改變我們對待他們的態度，事情就會發生大的變化。只要他們認知到了這對他們是有利的，不會引起麻煩的，他們才會不再沉默，並且侃侃而談。

一個中國人要是決心把一個不好的消息告訴別人時，他的舉止動作非常滑稽。實際上，當時的情況往往都是，這件事情已經眾所周知，甚至可以公開談論，不過，傳消息的人還是會以一種拐彎抹角、毫無邊際的說話方式說一件千萬不能說的事情。他彷彿心神不寧，看了看四周是否有偷聽者，再壓低聲音神祕的竊竊私語；他還會做手勢，伸出三個手指，好像在暗示他沒說出來的人名就是他家的老三。他一般會在開始的時候含含糊糊的說了一堆，再說明事情的重要性；可是說到關鍵時候，他會暫停，不再講關於這件事的起因，最後則會意味深長的點了點頭，大概是在說：「那麼，現在你懂了吧？」而對外國人來說，整個過程他怎麼也弄不明白。傳消息給你的人覺得自己已經說得非常明白了，如果你還是不明白，那也沒什麼大不了，他會明確的對你說，你早晚有一天會發現他說的是正確的。

與其他民族一樣，中國人也總是盡量隱瞞壞消息，然後再以一種間接的方式表達出來，彷彿這是人類的一個共性。然而，中國人隱瞞的程度更深，甚至會讓我們覺得驚訝和多餘。我們曾經聽說，一位慈祥的老奶奶遇到了兩位朋友，其實這兩位朋友是專門趕來告訴老奶奶關於她的孫子不幸去世的消息。可是當他們面對老奶奶的時候，他們卻不說消息，只是一個勁的閒聊，實際上，半個小時後，這個消息已經傳遍了街頭巷尾。

還有，一位離家好幾個月的兒子在回家的路上，他的朋友勸他快點回家，別再逗留在外面只知道看戲了，他立刻推斷出他的母親去世了！而

實際情況正如他所料。我們曾幫助一個中國人把一封信轉交給離家很遠的人，信的大概內容是：他出門在外的時候，他的妻子不幸突然去世，鄰居發現他家沒人照看，就把他家的東西都拿走了。令人覺得不可思議的是，這封信的信封上卻有幾個醒目的大字：「平安家信！」

在該用數字的地方不用數字也是中國人善於間接的一個表現。比方說，一部五卷本的書，每一卷不是用數字分別標上第幾卷，而是分別標上「仁」、「義」、「禮」、「智」、「信」，因為這是「五德」的恆定順序。40 多冊的《康熙字典》，也不是用數字來區分的，而是分別標識著「天干地支」。而每個學生在考場的間隔標識，也是分別按照《永樂大典》的字目次序安排的。

還有一個事例，當有人向已婚婦女了解她的家庭成員和其他人的情況時，這位婦女所表現的拐彎抹角簡直匪夷所思。她居然不用原名稱呼，反而用丈夫的姓和娘家的姓合成的兩字姓氏來稱呼，而日常生活中，她被人稱呼為「某某他媽」。比方說，一位熟悉的中國人對你說，「小黑蛋他媽」生病了，或許你根本就不知道他家有一個小孩叫「小黑蛋」，但他認定你是知道的。可是假如沒有小孩，那問題更加複雜了。這位婦女可能會被稱為「小黑蛋他嬸」，或者其他稱呼，總之，她是一定會有一個拐來拐去的稱呼的。通常已婚多年的婦女會非常自然的稱呼自己的丈夫是「在外的」，意思就是，丈夫是專門操心家務以外的事情。新婚婦女還沒有孩子的話，稱呼自己的丈夫時往往因為找不到合適的詞而有些尷尬，有時候，她就稱自己的丈夫為「先生」。有一回，她實在想不出別的稱呼，索性就稱呼自己的丈夫為「油坊是這麼說的！」—— 油坊是她的丈夫工作的地方。

中國一位著名的將軍，在去戰場的路上，他對著一片沼澤地向那裡的青蛙深深的鞠了一躬，他在示意他的士兵們，應該像那些青蛙那樣英勇，

十三、中國人的間接方式

那樣才值得尊敬和讚美。一般的西方人都能理解這位將軍，知道他是在以某種「強大的動力」鼓勵他的部隊；但是居住在中國的外國人會覺得，這沒什麼了不起。

中國的春節前夕也是一年一度的借債時期。我的一位熟人前來看望我，他做了一些手勢，彷彿蘊涵著某種意義，他用手指指天，指指地，又指了指我們，最後還指了指自己，可就是不說話。我們很慚愧的告訴他，我們不知道他的意思。他非常憤怒，他認為他的手勢已經非常顯而易見的展示了自己的意思，其實他想向我們借些錢，並且希望我們能幫他保密，也就是說，「天知」、「地知」、「你知」、「我知」！

「吃、喝、嫖、賭」是四種最常見的惡習，後來又多了一個惡習──抽鴉片，所以，有時，人們張開五個手指，說：「他五毒俱全」，意思就是說某個人所有這些惡習都沾染了。

中國人的禮儀規定非常複雜，所以他們可以採取一種我們認為拐彎抹角的方法去冒犯別人，這也是中國人善於繞圈子的一種表現。例如從疊信的方式就能看出對方是在故意冒犯。故意把一個人的名字擺在其他字行中間，而不放在這些字行上面，那就是對這個人的一種侮辱，甚至比英語中沒有用大寫字母拼寫一個人的名字更具有冒犯意味。在社交場合一言不發，那就是一種侮辱，即使是一句難聽的話也好過於一言不發，這種侮辱就好比沒有在合適的地點迎接客人、沒有按照客人的身分送客一樣。

規矩多如牛毛，少了任何一個簡單的動作或複雜的程序，都意味著一種輕微或者嚴重的隱含的侮辱。當然，中國人在這方面絕對是高手，一看就能掌握事情的全局，而我們這些可憐的外國人卻因為這些屢次遭遇傷害，還傻呵呵的以為是受到了特殊的熱情對待呢。

中國人生氣的時候會互相辱罵，簡直可以堪稱是「文學才子或佳

人」，他們非常得意的用一種精緻的暗諷代表某種惡毒的意思，這種暗諷的水準相當的高，人們在當時往往聽不出來其中蘊含的諷刺意味，經過一番仔細推敲後，猶如糖衣藥丸一樣，裡面簡直汙穢不堪。還有，比方說「東西」——從字面意思去理解，它表示東西方向，也經常用來指一件物品，但是稱呼某人是「東西」的話，那就是在罵人。而拐彎抹角的說別人是「南北」，其實就是在說，他不是「東西」！

哪怕是最沒有知識的中國人，他依然會隨機應變的憑空虛構很多聽上去合理的藉口，我們每個人都會注意到這種高超的技能。而且也就只有外國人會認真的對待這種藉口，為了保全自己的「面子」可能也會認真的對待這種藉口。實際上，外國人完全沒必要花大力氣弄清楚這件事，完全沒必要上天入地的追究他們，我們說過，他們習慣於把事實做簡單的處理。哪怕是最無知的中國人，當他被追得走投無路時，他也懂得裝作全然不知道任何事情，以此保證他能逃脫。「不知道」、「我不懂」，就像上帝的仁慈與愛，可以掩蓋無數的罪惡。

每天都發行的北京《邸報》上面，報導了很多事件，都可以拿來作為我們的論據。雖然不是很全面。但是這張報紙卻反映了中國政府的真實情況。古語「指鹿為馬」經常出現在這些報紙上，這一古語的運用也變得更加高級，更加廣泛了，什麼「事情不是這樣的，它沒那麼簡單」，報紙上的形容更具有別的媒介無法比擬的真實效果。假如一個中國人真的不願意講出事情的真相，那麼，你只好去猜測。

從中國政府的官員身上，你可以找到更好的事例，拘泥於形式和矯揉造作在他們身上發展到了極致。我們完全不能理解，為什麼那些「官方報紙」整版都登載著一些渴望退出官位的年老官員的各種痛苦境況。而他們的請求被拒絕，並被要求馬上回到他們的職務職位，我們又不能理解。那

十三、中國人的間接方式

些長篇的編年史作為真實的資料被披露出來，有什麼真正的含意呢？我們也不理解。當一位被指控犯了罪的高官被重新判定無罪，而被判定是犯了一些稱不上是懲罰的過失時，這是在告訴我們起訴人已經不能夠影響到判定結果，還是被指控的官員確實犯罪了？誰也說不清楚。

事實上，我們完全相信，任何仔細讀過北京《邸報》上每份文獻的人，都可以領會到其中的真正含意，其實，比起其他作品，這是最能了解中國的作品。可是，直到現在，外界的野蠻人都是採取一種根據表面意思去了解中國，並且以為這就是真正的中國人。實際上，我們的漏洞很多，我們早應該對此表示擔心，不是嗎？

當外國人學了很多漢語並能夠準確的表達自己的思想之後，你發現的第一件事就是 —— 中國人在語言方面非常有天賦。你會很驚訝並感覺到痛苦，因為你說的話，他們聽不懂。沒辦法，你只能更加勤奮的重新學習；若干年之後，你覺得自己能夠自信的與他們交談各種複雜的問題。可是，當你和一個完全陌生的人交談時，特別是那些從來沒有見過外國人的人交談時，你就會恢復那種很驚訝並感覺到痛苦的感受。因為對方顯然是聽不懂，甚至是完全不想去聽懂。他們彷彿注意不到你的說話，也不理會你談話的思路，並且會非常沒有禮貌的打斷你的話，說：「我們聽不懂你說的。」他們帶著一種具有優越感的微笑，彷彿在期待啞巴開口說話，就像在說：「我們聽不懂你的話，你天生就不會講中國話，這是你的不幸，但不是你的過錯。不過你得承認自己的無能，請不要為難我們，誰能聽懂你說的話啊？」面對這種情況，大概誰也難以平靜，於是你發火了，衝他們吼道：「我現在說的，你也聽不懂嗎？」他立刻回答說：「不懂，我聽不懂你說的。」

有的時候，中國人即使是聽清楚了你所說的話語，但因為忽略了一些

細節，你所表達的意思他們還是不明白，或者至少不能完全明白。比方說，「外國人在中國」這個短語一定要放在表達「在某種條件下」、「有條件的」、「根據這種條件」之類的眾多短語之中。可是，中國人不同於外國人，他們並不常用這類短語，說這樣很囉嗦，完全沒必要。另外，中國人不在乎時態，他們從來不用時態，而外國人十分注重時態。

中國人最注意的問題，也是最需要防止發生的問題，那就是不要在錢上造成誤會。假如外國人要為所購買的商品付錢的時候，將來完成時態就像「軍事急需品」──「你將來做完工作，才會得到錢。」奇怪的是，漢語中沒有將來完成時態，也就是說沒有任何描述說某事在什麼時候發生的時態。簡單的「做事，賺錢」，是中國人的目標，當然，在他們看來，後面半句話最重要，還沒有「時間關係」的限制。所以，他們替外國人做事的時候，通常都希望馬上能拿到工錢，這樣才能養家活口，彷彿要不是偶爾遇到這個工作，他完全沒有別的養活自己的方法。

有一點我們必須反覆告誡讀者，和中國人做生意特別要避免在錢方面造成誤會。誰負責收錢，誰收了，收了多少，什麼時候，是銀錠還是銅錢；如果是銀錠，成色怎樣，重量多少；如果是銅錢，「一串」有多少個，總之，諸如此類細節，一定要記得清清楚楚，因為一般情況下，這些都不容易說得清楚。假如和營造商、經銷商和船東簽訂合約，對方應該做哪些事，履行哪些條款，一定要在一開始就做好充分準確和詳細的說明，不然以後一定會出亂子。

在中國，「自作自受」是司空見慣，完全不會引起人們過多的關注。外國人僱用了一位船夫或車夫，原本應該是僱員遵照僱主的意願，但經常會發生僱員斷然拒絕履行合約的現象。那個時候，車夫固執得就像他的騾子，那匹騾子躺在泥濘之中隨心所欲的洗著泥巴澡，車夫揮舞著鞭子使勁

十三、中國人的間接方式

的抽打著牠，費盡了力氣，騾子仍然無動於衷，而在騾子看來，那些抽打就像蒼蠅在撓癢癢。這樣的情景使我們想到了德昆西（Thomas De Quincey），他諷刺中國人「像騾子一樣固執」。顯然，他的說法未免有些誇張。實際上，中國人才不像騾子那樣固執，騾子是死不悔改的倔脾氣，可是任性的車夫不會一成不變。儘管他在半路上會拒絕聽從雇主的意見，甚至全然不理會雇主對他的警告，什麼扣掉他的「酒錢」他壓根不予理會，然而一到終點，他卻會拚命的辯解，並且賠禮道歉。所以，旅行者與他的車夫或船夫訂立字據證明，是非常明智的一件事，這樣的話，就能避免很多誤會與麻煩。

中國人有一句謹慎處世的至理名言 ——「有言在先」。只是，這些費盡心思訂下的字據往往也會蒼白無力，並出現誤解。而在中國的外國人發現碰到這樣的情況時，不管其中有什麼原因，錢始終是引發問題的重要原因。而且這與對方的身分無關，不管對方是受過良好教育的學者，還是大字不識一個的苦力，情況都是如此。

任何一個中國人在誤解中獲得優勢的天賦都相當高，他們如同臘月的北風鑽進門縫，如同河水滲進了船洞，那迅雷不及掩耳的速度，熟練而又輕鬆。盎格魯－撒克遜民族為了適應需求，獨立的發展了中國人在某些方面的天賦。如同古波斯人具有拉長弓和講真話的兩種技能一樣，盎格魯－撒克遜人具有對敵人和對朋友一樣的忠誠和公正，這是我們的天性。關於這些，中國人很快就會察覺到的。中國人認為，這些特質類似於猶太人曾有過的某種獨特的習慣。猶太人在攻擊羅馬人時，不管形勢多麼危急，還是每隔 6 天都必須暫停一次。而盎格魯－撒克遜人的那種天性對中國人的益處，就像猶太人的習慣對羅馬人一樣有益處。

中國人易於誤解的習慣，充分表現在西元 1860 年之前西方與中國人

所進行的一個世紀的外交來往中。在往後的年代裡，這種習慣也一直存在。而與中國的外交交流歷史，更多的時候就像一部總是力求解釋清楚被完全誤解的歷史。不管怎樣，中國人確實越來越清楚的看到，外國人是遵守諾言的，不排除存在某些例外。儘管某些個人和國家會反對我們的說法，但是大部中國人還是非常相信外國人辦事是公正平等的。不過，無論如何，中國人有能力對付外國人，哪怕是最頑固的外國人，「你是這樣說的」，「抱歉，我不是這樣說的」，「可是我認為你是這樣說的，我們的理解就是這樣，不管怎樣，請付錢，因為你說過你會付錢的」。中國人與外國人爭論了無數次的實質就是這樣，而結果通常就是外國人付錢了事。因為中國人知道，外國人為了表現自己的誠實與公正必然會給錢。

接下來的三個例子會向讀者展示，中國人如何利用其他手段達到目的，而且大部分都成功了。

有過類似經驗的讀者都知道，每天都有很多各種誤解的事情發生。你要求一個苦力去拔掉院子裡的雜草，記得保留剛開始抽芽的草皮，好讓你能看到你盼望已久的珍貴草地。但是，這頭粗心大意的牛揮起鋤頭，把所有的綠草都給剷除了，草地變荒地，他居然還說這樣乾淨。他完全不去領會你的意思。你叫廚子去很遠的市場買一條鯉魚和一隻雞，他買回來的居然是三隻大鵝，他還辯解說，這就是遵照你的吩咐去買的。他不僅理解錯了你的意思，還口口聲聲說沒有理解錯誤。你囑咐送信人在收信之前把一包重要的信件送到法國領事館，他回來告訴你，法國領事館不接收這封信件，後來才弄清楚了，原來他把信件送到了比利時領事館，於是收信時間也被耽誤了。你的意思他不理解。

我的一位朋友親身經歷的一些事更能恰當的說明，外國人真可憐，總是被誤解或者誤解他人。我的這位朋友去拜訪一家中國的銀行，他和銀行

十三、中國人的間接方式

老闆的關係非常好。當說到最近銀行附近發生的一起可怕的火災時,這位外國人就為這家銀行沒有遭遇到火災的蔓延而向老闆表示慶賀。話剛說完,老闆立刻變了臉色,生氣的說:「怎麼能這樣說,這麼說不好!」後來我的朋友才明白了,因為他的話可以理解為:大火再近一些,銀行就會被燒掉,這樣多不幸啊。所以,一句慶賀的話其實已經犯忌了。

一位剛到京城的外國人看到一群駱駝,包括其中的一隻小駱駝,就對長期受僱於他的車夫說:「你回家去通知我的孩子,讓他出來看這隻小駱駝,他從來沒見過,看見了一定會很開心的。」車夫沉默了片刻,像是在思索什麼,幾分鐘過後,他才一本正經的說:「即使你打算買下那隻駱駝,也不能抬舉牠,不然就害了牠!」

我參加過一次有中國人參加的禮拜,布道者講的是關於乃縵(Naaman)的事跡。他描述的情景是:敘利亞大將軍來到埃利沙(Elisha)的門前,並代表隨從人員請求進見主人。布道者為了盡量說得生動形象,就像演戲似的模仿敘利亞的僕人高喊:「守衛,開門,敘利亞將軍來了!」突然,布道者發現坐在後排的一個人不見了,彷彿被槍擊倒了。布道者非常震驚,後來才知道,這個人誤會了。他是教堂的守衛,因為前面的內容聽得不是特別清楚,於是當他聽到布道者高喊要守衛開門時,他就迅速衝了出去,要為乃縵開門。

還有一個例子,發生在某省,一位傳教士的聽眾產生的誤解。傳教士用幻燈機顯示了一隻放大的普通寄生蟲,目的就是為了讓他的聽眾留下深刻的印象。這隻蟲子斜著放映在螢幕上,身軀龐大得猶如埃及的鱷魚。突然,傳教士聽見一位觀眾低聲的說:「看,外國的大虱子!」他的語氣飽含敬畏,彷彿在宣布他的新發現。

十四、中國人的責任感

十四、中國人的責任感

中國社會的一個典型的特點，那就是富有「責任感」。這個詞的意義之重大，內涵之豐富，西方人是無論如何也理解不了的。在西方，個人就是國家的基本單位，而國家則是個人的集合。但是在中國，社會的單位則是家庭、村莊、宗族，而且這些詞語還可以交替使用。整個中國都是由成千上萬的村莊所組成，村莊裡通常都是由同一個姓氏同一個宗族的村民所組成。從一開始安家生活，他們就居住在一個地方，他們的子孫後代也一直居住在這一方屬於他們的樂土，他們的祖輩可以追溯到好幾百年前的最後一次政治大動盪，比方說明朝被推翻，或者是明朝的建立。在他們的村莊裡，最遠的親戚關係也不過就是堂兄表妹而已，每一位男性長輩，不是父親，就是叔伯舅舅，或者就是「爺爺」。有的時候，特別小的一個村莊裡就會有 11 代人同時生活在那裡。通常不是我們所理解的那樣 —— 年齡大，輩分就高，因為中國人結婚早，甚至在晚年還經常娶妻納妾，終其一生都在不斷的生孩子。於是，親戚關係錯綜複雜，不經過一番專門的詢問與仔細注意那些同「輩」人名字裡特定的那個字，根本就無法搞清楚晚輩是誰，長輩是誰。一個年近 70 的老人，往往會稱呼一個 30 歲的年輕人為「爺爺」。同輩的許多「堂表兄弟」都稱為「兄弟」，如果一個毫不知情的外國人堅持要問清楚，他們是不是「自家兄弟」，他們回答說是「自家堂（表）兄弟」。還有一次我也這樣問過他們，那人乾脆俐落的回答說：「是的，可以說他們就是自家兄弟。」

這些都能充分的證實了中國人的社會團結。正是因為這種團結，中國人才會如此具有責任感。父親不僅要把孩子撫養「成人」，而且要終生負責，而孩子則有責任償還給父親。兄長需要對弟弟負所有責任，而「家長」 —— 通常是最老一輩中年齡最大的人，他要對整個家庭或家族負責。根據情況的不一樣，承擔的責任也各有差異。

各地風俗習慣迥異不是問題，但「個人」非常重要，關於這一點，不是理論所能左右的。所以，儘管那個聲望顯赫的大家庭裡，不乏有受過教育的人，甚至有的還是當地顯貴，或許還中過科舉，但是「族長」卻通常只是一個頭腦糊塗的老人，甚至是個文盲，一輩子都沒走出過 10 英里以外的地方。

　　在整個家庭中，哥哥對弟弟的影響，或者說是年長者對年幼者的影響，都是最為直接和絕對的，這完全不同於我們西方意義上的個性自由。弟弟像一個傭人似的被使來喚去，他天天都在期盼改變這種狀況，但哥哥是不會讓他如願以償的。弟弟想購置一件冬裝，哥哥說太貴，不給他這筆錢。就在我寫這本書的時候，我讀到這樣一篇報導：一個中國人擁有一些稀罕的古幣，有個外國人想買。這個外國人擔心錢主不賣（中國人就是這樣的，一個人有樣東西，另一個人想買時，賣主總是不情願），發現古幣的那位中間人就建議外國人送點外國糖果之類的小禮品給賣主的叔叔，這種間接施加的壓力，會使賣主不得不把古幣賣給這個外國人！

　　還有一個滑稽的故事，有個旅行者在西方某地看到一個長著長長的白鬍子的老人，很傷心的在哭。這個少見的情況使這個旅行者感到奇怪，他就停下腳步，問這個老人哭什麼。老人的回答令他大吃一驚，說他父親剛剛鞭打了他一頓！「你父親在哪裡？」「在那裡。」老人回答說。旅行者騎著馬朝著那個方向走了一段，發現的確有個更老的老人，鬍子更長更白。「那個人是你兒子嗎？」旅行者問。「是我兒子。」「你打了他？」「打了他。」「為什麼要打他？」「因為他不尊敬爺爺，他下次還這樣，我還要打他！」可是如果把這個故事的人物換成是中國人，那將一點也不滑稽了。

　　不只是家庭成員之間有責任，即使是鄰居之間的也存在相互的責任。

十四、中國人的責任感

鄰居之間是否有親戚關係不要緊，他們相互要承擔的責任只取決於他們是否住在鄰近。依據他們的善惡會互相傳染的理念，好鄰居會造就好鄰居，而壞鄰居也會把鄰居帶壞。所以，「孟母三遷」，為的是找一個合適的鄰居。因為盎格魯－撒克遜人信奉民族共和的觀念，所以對我們來說，與誰做鄰居都絲毫無關緊要，通常我們住在城市裡的人，可能一年過後還是不知道隔壁鄰居叫什麼名字。然而，中國卻是截然不同的一番景象。如果有個人犯了罪，他的鄰居也難逃其咎，這種罪有點像英國法律所說的「知情不報罪」，因為他們知道犯罪企圖，卻不向官府報告。說「我不知道」沒人會相信。你是鄰居，所以你一定知道。

如何處理父母被殺的罪案鮮明的證明了中國人的負責理論。我們在談孝心的時候就已經說過，這種案子的罪犯就是個瘋子，他原本可以用自殺來逃脫懲罰，而他卻甘願被凌遲處死。據幾年前的《邸報》報導，中部某省的巡撫報告說，他處理了一件父母被殺的案子，判決是推倒這個罪犯鄰居的房屋，理由是他們沒有用好的道德教化去改造這個罪犯。而這樣的處理方式，在一般的中國人看來，完全合乎情理。有的時候，某地發生一起罪案，除了懲罰所有相關人員之外，還要推倒一段城牆，或者把城牆的樣式修改一下，如：圓的轉角改為方的、或者把城門換個新的位置，或者甚至關閉城門。據說如果某地接二連三的發生罪案，那麼，那座城市都要夷為平地，擇地另建新城，但是，我們沒有親眼目睹過這種事情。

除了鄰居之間要共擔責任之外，村莊裡的甲長或保長的職責也是相當繁瑣，他管的事最雜，有時只管一個村莊，有時職責範圍擴大到許多村莊。無論哪種情況，他都是當地官員與老百姓之間的一個溝通媒介，任何一種糾紛隨時都可能把他捲入其中，經常可能會由於未能通報他不可能知道的事情，而被處罰得皮開肉綻。

知縣的職位要比保長、甲長高很多，對於他所管轄的老百姓來說，中國最重要的官員就是他們。百姓們視他們為老虎；而在上級官員面前，他們其實就是老鼠。一個知縣的職責，至少應該分給 6 個不同的官員。一個人集民政事務審判官、行政司法長官、驗屍官、司庫和稅務官於一身，不可能做到滴水不漏。這些職責被錯誤的集中在一起，使官員在身心上都不可能順暢的履行職責。不少官員對分派給他們的工作不感興趣，除了從中得到的好處，並且這些職責本身也是繁雜而相互牴觸，使得他們在很大程度上需要依靠師爺和下屬。公務多如牛毛，即使這些官員有良知，也難免出錯，當然，他們要為此負責。知縣與所有中國官員一樣，被認為理應對轄區內的一切事物瞭如指掌，而且能未雨綢繆，阻止一切應該被制止的事情。為了讓知縣和保長、甲長掌握這一切，每一個城鄉都是由 10 戶一甲所組成。在每戶門前掛上一個小牌子，標注好戶主的姓名及家庭人口數目。這種戶籍管理方式，好比盎格魯－撒克遜人古老的 10 戶區或 100 戶區，非常方便確定職責範圍。面目可疑的人一旦出現在某甲，首先發現的那個人會立刻報告甲長。甲長再立刻報告保長，保長再報告知縣，知縣則會立即採取措施「嚴密搜捕，嚴懲不貸」。不過透過這一簡單的程序，確實能對地方上的所有犯罪產生預防作用，當然，「面生可疑」不是發現犯罪的主要原因，是住戶的固定幫助了人們在犯罪實施之前就能靈敏的察覺到，於是，良好的民風世代相傳。

　　可想而知，沒有固定的住所這一預防效果很難產生。同樣顯而易見的是，即使像中國這樣一個住所極為固定的國家，保甲制度在很大程度上也只是一種法律上的假設。因為，很可能有的時候，那些人家的門牌一直沒有掛上去，然後一夜之間門牌突然又被掛上了，這表示知縣要來落實這些規定了。有的地方，只有在冬季才能看到這些門牌，因為冬季最容易發生

十四、中國人的責任感

犯罪事件。但是就我們所了解的，保甲制度已經淪為一種舊時的理論了，即使看到也可能只是一個形式。事實上，這些門牌早就消失了，你可以走上一千英里，走上幾個月，也不會在沿路城鄉發現百分之一的掛門牌的人家。

之前我們提到過：中國的保甲制度與所謂的人口調查密切相關。如果每家每戶掛出準確而且是一直在根據變化而更正的家庭人口數目；如果每個保長持有他所管轄各戶人口確切數目的清單；如果每個知縣能再把它們確切的匯總，那麼，很簡單，只要把這一長串數字加起來就知道這個國家的總人口了。但這一切都只是不著邊際的「如果」，事實上這些條件都不能實現。實際上沒有門牌，偶爾問一位知縣，他或者他的眾多保長們都沒有興趣保證數目是精確的，當然他們也提供不出這些精確的資料了。從人口調查之中，又「壓榨」不出什麼來，僅此一點，就足以使真正準確的中國人口調查成為想像和虛構。即使在文明程度較高的西方國家，人口調查也與稅收緊密相關，所以，這樣的想法基本無法根除。在中國，這更是讓人們疑心重重。因此，除非保甲制度在各地都徹底的貫徹下去，否則就不可能有準確的人口數字。

地方官員通常會觸犯法規，為此可能會有麻煩，不過他們不會為此心神不寧。因為他們可以透過幾個靠山朋友，或者透過明智的花點銀子，繼續逍遙法外。假如被免官去職，他們會說那是因為轄區內發生了無法避免的事情。這種現象在中國屢見不鮮。

責任的制度是如何在各級官員中實施的，我覺得有必要向大家闡述了，《邸報》的每一期譯稿中，類似的報導多如牛毛。幾年前曾提到這樣一件事情：一個值班的士兵監守自盜了大約 30 箱子彈，賣給了一個白鐵匠，白鐵匠以為這些子彈是沒用的剩餘物資。案情被調查清楚之後，這個

士兵被重責100大板，並被發配邊疆做苦役。負責看管倉庫的小官被判杖責80大板，遭到革職，雖然允許他支付罰金以減免這些刑罰。考慮到買主不知情，因而免於處罰，但也按例杖責了40小板。負責的尉級軍官，也被撤職查辦，以懲罰他「縱容」這次偷竊，不過他聰明的逃匿了。這份寫給刑部的奏議，甚至還請求刑部對將軍定刑，關於此案他也有責任。如此這般，每一個人都是這根鏈條中的一部分，誰都不能以不知情或不可避免來推卸責任。

每年刊登在《邸報》上的關於河流泛濫的奏摺，都是中國人共擔責任的典型例子。西元1888年的夏天，直隸省附近的永定河泛濫，河水從山上奔流直下，氣勢洶洶，根本無法阻擋。許多官員立刻趕到現場，冒著生命危險拚死抗洪。他們是那麼的無助，就好比暴風雨中的螞蟻。面對如此洪流，李鴻章毅然請求皇帝摘掉他們的頂戴花翎，要麼就削除貴族身分，只保留官職（這是朝廷懲罰官員常用的方式），而直隸總督也再三請求懲罰自己的那部分失責。類似的泛濫後來又發生過幾次，每次都有類似的奏議被呈上去。而皇帝也總是命令相關部門「備案」。就在前幾年，河南省為黃河修復堤防，最後失敗了，這意味著河南巡撫以下的眾多官員都要被免職或流放。

「天子犯法與庶民同罪」，所以，天子也會與百姓一起共同承擔責任。皇帝時常發布詔書，開誠布公的陳述自己的過失，把洪水、饑荒、暴亂等責任通通承擔下來，並乞求上蒼的原諒。他對上蒼的責任，就像他的官員對他的責任一樣，非常真實。如果皇帝龍椅不保，那只能說明他已經失去「天意」，「天意」，也就是上蒼要讓他把帝位交給下一位順應天命統治這個國家的人。

一人犯罪、滿門抄斬的做法，是中國人共擔責任的教條之中與西方思

十四、中國人的責任感

想標準最為牴觸的一面。太平天國起義的相關人全都滿門抄斬，這是耳熟能詳的，而近來在土庫曼斯坦發生的起義，其首領被滿門抄斬，則又是另一個事例。並且，這種殘暴的做法不但是只針對公開造反的人。據報導：「西元 1873 年，一個中國人被指控和判刑，因為他盜竊了皇陵中的陪葬品，於是罪及全家四代人，不管是 90 多歲的老人，還是只有幾個月大的女嬰，通通都被處死。」就這樣，有 10 個人因為一個人的罪而被處死。沒有任何證據足以證明其中任何一個人是同謀，或者對他的罪行知情不報。

中國人共擔責任的觀念，通常被視為中國各項制度得以長久保持的眾多原因之一。這使得中國社會的每一個成員都被帶上了無法掙脫的腳鐐和手銬。他們往往會因為一件完全沒有參與，或者如同上述例子中那樣全然不知的事情，而被受到牽連和處罰，實際上，這大大的違背了所有的公正原則。其實各級官員沆瀣一氣的故意而有系統的弄虛作假，也與這一做法有著直接關係。如果一個官員要對某些犯罪事實負責，而這些罪行又不易控制，或者由於忽略而導致來不及避免，他為了保護自己，就不得不隱瞞事實真相。這就是一直發生在政府各部門的情況，完全與公正原則相違背，畢竟誰也不想遭受嚴厲而不公正的懲罰。這個原則的濫用，足以解釋中國執法混亂的主要原因，而我們對此非常關心。

每一個研究中國問題的人都會察覺到，中國的官僚體制還有一個弊端，那就是官員們只靠俸祿是維持不了基本的生活的，津貼也少得可憐，以致衙門的開銷都非常拮据。另外，領取的部分微薄的津貼，還得把它們作為罰金再還回去。所以，當官的就選擇了壓榨和受賄，否則他們也無法擺脫窘迫。

雖然中國人共擔責任的理論與公正原則相違背的這一事實令我們非常震撼，但我們也不能對這個理論的長處視而不見。

在西方國家，只要這個人沒有被宣布有罪，那麼，他就是清白的，而試圖把責任強行加在某一個人的身上也是不可能的。一座橋被一隊滿載旅客的汽車壓斷了，而責任應該絕不會歸咎給某一個人。一棟高樓突然倒塌，死傷無數，雖然人們會指責建築師，但只要他聲明自己已經盡到最大的努力，從那以後就不會再有人指責他了。如果一輛裝甲車翻了車，或者如果準備不夠充分，不夠及時，而破壞了一場軍事行動，滔滔不絕的指責只會指向這個整體，而不是某一個人。在社會公正方面，中國人可能會遠比我們落後，但人人嚴格對自己的行為負責以保全國家的平安，難道不是我們應該從中國這個古老民族中吸取的經驗嗎？

就居住在中國的外國人而言，中國人共擔責任的觀念對他們也極其重要。「僕人」什麼東西都得掌管在手，必須能隨時拿出每一把勺子、叉子，或者每一件古玩；管家掌管家裡的一切家務，不能讓任何人騙你，除非你自己；買辦家大權在握，獨自負責每一件財物，負責成百上千的苦力中的每一個人。這些人我們一直會碰到，只要我們還在與中國人打交道。中國客棧的老闆，歷來名聲不好，特別是在算計外國旅行者時更是如此。不過也有例外，我們聽說有個中國客棧老闆追了一個外國人半英里路，只為了叮囑客人別忘了帶上一個空的沙丁魚罐頭，他以為那是值錢的外國東西。他明白這是他的責任，而美國旅館的老闆才不會這樣，他們通常冷冰冰的提醒他的旅客：「丟在大廳裡的髒靴子，本旅館一概不予負責。」

中國人普遍認為對自己推薦或引見的人的品格、行為和債務所負的責任，是每一個應盡的社會義務，這一點也是與中國人打交道的外國人應該重視的。一個工頭，不管置身何處，都要負責屬下的每一次失職或重任，這對鏈條中的每一環都有特別的影響，而外國人在與中國人打交道的漫長歷史中，已經隱約感覺到了這個事實，並且非常讚賞。據說，有一家銀行

十四、中國人的責任感

工作的買辦，被叫去講個清楚，原因是「男僕」竟讓一隻蚊子鑽進了銀行經理的蚊帳！假如中國人非常反感外國人沒有對他的雇員負責，或者不把這當回事，要他們學會適應，起碼要花費很長一段時間。

中國人具備很多令人讚不絕口的素養，尊重律法，彷彿是他們的一大天性。他們素養中的這個因素，究竟是他們制度的結果，抑或是制度存在的原因，我們不得而知。但我們確切的看到，不管是從天性角度去看，還是從它的教育角度來看，中國人是一個守法的民族。在談他們全民族具備的遇事忍耐這個美德之時，我們已經談到過這一特點，但值得注意的是它與中國人共擔責任理論的關聯。在中國，任何一個人對其他人都承擔著一定的責任，這個重要事實人人都應該時時刻刻的放在心裡。儘管一個人可以「自由飛翔」，但是他推卸不了自己的責任；即使他本人逃掉了，他的家庭還要對他的責任負責，這是互古不變的原則。也許這種理所當然的事，不能讓壞人變好，但至少可以防止他變成一個十足的壞蛋。

中國人尊重律法，一切服從於律法，因為他們怕吃官司，特別是那些知識分子，進入公堂就十分懼怕，除非不得不講話，否則連說兩句話都打顫，儘管事情與他們毫無關係。我們的確聽說，有一個功名在身的人由於害怕出面作證而昏倒，他甚至像得了癲癇一樣渾身顫抖，之後因昏厥被送回家，不久便撒手人寰了。

中國人與生俱來的尊重律法，與共和體制最為盛行之地所呈現的精神形成了鮮明的對比。應該說這些地方的先輩們呈現出來的這種精神至少使我們嚮往。而追求共和政體的人們創造了這種精神，國家法律、市政法令、學院法規全都遭到了無聲的抵制，於是追求個人自由反而成了最大的需求，而不是最大的危險。中國人應該對個人和社會在處理各種事務過程中，竭盡全力揭露虛偽和欺騙，並把這一行為當成是自己的責任。然而，

基督教國家卻截然相反，那些大字不識一個的人，還有那些舉止高雅、有教養的人通通都在故意輕視法律，好像法律沒有任何作用，甚至覺得違反法律要比遵守法律更能彰顯法律的尊嚴，真的是這樣嗎？這種形同虛設的法律遭到了公眾的蔑視，那麼它還能貫徹它的初衷嗎？回顧我們最近的30年，犯罪事件層出不窮，關於生活的神聖感明顯在逐漸被人們忘卻，難道我們不該反省嗎？武斷的評價統計學不可能辦到的事情，簡直就是浪費精力。我們不得不承認，中國的社會治安要比美國的社會治安好，對此我們深信不疑，所以，去中國旅遊比去美國旅遊安全多了。儘管中國人和美國移民都無知，都不安分，容易受蠱惑而滋生事端，但是，很奇怪，這種事幾乎不怎麼發生，也沒有人隨意威脅外國人的生命。

歷代的中國人都認定，人的思想和行為能影響到上蒼的意志。在談到中國人的孝順時我們說過，中國人為了醫治父母的疾病，會不惜割掉自己身上的肉，在這裡我們不是要支持這種做法，只是覺得這種孝心值得讚揚。

人們說，講英語的民族的血管裡流淌著肆意跋扈的血液，他們蔑視法律，追逐自由，討厭束縛。布萊克斯通（Blackstone）曾這樣形容我們的民族：「我們強大的英國祖先有一個不成文的規定，人們只能在特定的時間內自由活動。」正因為我們的祖先是如此的堅強，所以，在經歷了很長一段時間的爭鬥，個人自由觀念和人權才得以確立。

這些權利如今是得到確立了，可是我們在強調個人自由的時候，難道就沒有考慮到法律的尊嚴也需要維護嗎？那麼，很多時候，我們對比一下別的民族、比方說中國，我們是否覺得我們應該向他們學習呢？

十四、中國人的責任感

十五、中國人的誠信

十五、中國人的誠信

在英語裡，「信」通常被譯為「sincerity」；這個漢語中的會意字由「人」和「言」兩個偏旁構成，人言為信，字面上就看得出含義。「信」列為「五德」的最後一位。按照那些熟悉中國人的人的觀點，大量證據顯示，信在天朝帝國事實上也可能是最靠後的一位德行。許多了解中國人的人，都會同意基德（Kidd）教授的觀點——他在談了「信」這個中國人的觀念之後，繼續說道：「假如選擇一個美德作為一種民族特質，人們不僅在實踐上蔑視它，而且與現存的處世方式也形成一種對比，那麼，『信』是最合適不過的了。中國人在公開或私下場合的表現，完全與誠信南轅北轍，因而他們的敵人會抓住這一點，諷刺他們表裡不一、虛情假意、口是心非和奴顏婢膝，說這些才是這個民族突出的特點。」聽上去這些評價也確實有幾分道理，不過，等我們仔細研究之後，再下結論也不遲。

「如今的中國人與他們的古人沒有太大區別。」我們相信這種說法是正確的，而且我們相信一些富有資歷的學者也會贊成這一觀點。關於信的標準，中國人與西方各民族的標準有很大區別。一個獨具慧眼細心研究中國經典的人，會在那些深奧的文字間讀出許多模稜兩可、拐彎抹角、閃爍其詞的地方。他還會發現，中國人對西方人的坦率，可以用這樣一句意味深長的話來形容：「過分直率且沒有分寸，就是無禮。」對西方人來說，《論語》中孔子與孺悲的故事，非常富有意味，而儒生們完全理解不了其中的意義。以下這段文字，摘自理雅各（Legge）的譯文：「孺悲欲見孔子，孔子辭之以疾。將命者出戶，取瑟而歌，使之聞之。」孔子其實是在間接的告訴孺悲，他不想接見像孺悲那樣的人，所以，採用了這種非常典型的中國做法。

孟子也仿效了孔子的這種做法。作為某諸侯國的客人，他被邀請去上朝，但孟子希望得到大王召見的榮耀，便找藉口說自己生病了，不能上

朝，為了告訴大家那只是一種藉口，他第二天在另外一個地方拜見了大王。陪伴孟子的那位官員，夜裡與孟子長談了這種處理方式的可取之處，但他們之間的討論只涉及禮節問題，根本沒有談論到說假話是否道德的問題。也找不到任何根據可以去猜測其中有人曾經想到過這個問題，而現代的儒學先生在向學生解釋這段文字時，也沒有多加思索。

毋庸置疑，中國的古人在保護歷史記載方面，比同時代的任何國家都要先進很多。不管他們的史書有多麼冗長累贅，但肯定應有盡有。許多西方作家，似乎對中國的史書極其讚賞，對書中的敘述表現出絕對的相信。刊登在西元 1888 年 7 月的《中國評論》的一段、摘自維也納大學講師辛格（Singer）博士的一篇文章，其譯文是這樣的：「科學的考據早就承認了中國古典文獻的可信度，而且可信度越來越得到證明。比如一位剛對中國進行過全面考察的學者，在談論中華民族的性格中具有令人驚訝的矛盾成分時認為：中國人記錄歷史事件時嚴格求實，若涉及到統計數字，其追求真知的精神更為認真，而與此形成鮮明對比的是，他們在一般交際和外交談判時盛行的撒謊與欺騙，這是被絕對公認的。」歷史的精確性紀錄可以透過兩條全然不同的線索來呈現：一是按照專門的順序有側重的敘述事件，二是透過對人物和動機的分析來描述事件的進行狀況。那些廣泛的考察過中國歷史的人說，用前一種寫法，中國的這些史書的記載難免會超出寫作的時代範圍；而用後一種寫法，這些史書絲毫不符合辛格博士所說的嚴謹。我們對自己不了解的東西不會妄自評斷，只是讓人們注意，一個只知道撒謊的民族，卻能塑造出一代又一代尊重事實的史官，這樣的現象如果不是史無前例，也算絕無僅有了。同樣的愛憎，曾經使其他許多國家歷史受到歪曲，難道中國就會例外嗎？同樣的原因，對這個世界上的其他地方能起作用，難道對中國就不起作用嗎？

十五、中國人的誠信

　　不尊重歷史，這不僅僅是注釋儒學教義的缺陷，孔子本人的做法也是如此。理雅各博士對「聖人的缺陷」毫不在意，但他十分重視孔子作《春秋》的取材方式。《春秋》記載了魯國242年的歷史（起於魯哀公元年，止於魯哀公十四年），甚至包括孔子死後的兩年。接下來的這段話摘自理雅各博士關於儒學的演講，後來發表在他《中國的宗教》一書，內容是這樣的：「孟子把《春秋》視為孔子最偉大的成就，並說它的出現會讓亂臣賊子感到害怕。孔子本人也有相似的看法，說有人會因此了解他，也有人會因此怪罪他。」當因為《春秋》而受到譴責時，他有沒有焦慮不安呢？事實上，這部編年史十分簡略，不但如此，還閃爍其辭、言不達意，容易使人誤解。《春秋》問世將近一個世紀之後，公羊為此書作增補並評論說：「為尊者諱，為親者諱，為賢者諱。」這種「諱」包含了三個詞語的涵義 —— 省略、隱藏和篡改。我們該對此說些什麼呢？我時常希望自己能夠徹底否定《春秋》的真實性和可靠性，從而快刀斬亂麻的解決我們的疑惑；但是孔子筆下的歷史與他自己的生活緊緊的捆在了一起。假如一個外國學生採用這種曲解的方法，使自己看不到這個哲學家的真實品格（不尊重事實），那麼，中國的眾多統治者和大多數學者就不會對他有所同情，也不會憐憫他的內心苦惱。真實性，是孔子經常要求弟子堅持的一條原則，但《春秋》還是讓他的國人在這個國家或諸位聖人的名譽有可能受損的情況下，隱匿了事實真相。

　　我們已經發現，那些聲稱中國人的歷史真實可信的人，隨時準備承認：在中國，真實僅限於歷史的記載之中。試圖證明每一個中國人都會說謊，那是不可能的。就算有可能，我們也不準備那樣做。中國人自己所說的話便是最好的證明，假如哪一天他們的良知開始甦醒，他們發現了自己的信義的真實性的時候，他們會這樣做的。我們時常聽到他們在談論自己

的民族，如同南海島嶼上的首領說他的部落那樣：「我們張口只說謊話。」然而，在我們看來，中國人似乎不像有些人所說的那樣，為說謊而說謊，而是因為不說謊就得不到某種利益。「他們從來不說真話，」巴伯（Bar-ber）先生說，「同樣也從來不相信真話。」我有一位朋友，曾經接待了一個學過英語的中國年輕人，這個年輕人希望學會用英語說「你說謊」。我的這位朋友把這句話告訴了年輕人，並告誡他不要去對外國人講這句話，否則準要挨揍。年輕人對這個不可思議的提醒毫不掩飾的表示奇怪，因為他認為，這句話與「你在欺騙我」的意思一樣無傷大雅。庫克（Cook）先生是西元 1857 年倫敦《泰晤士報》駐華記者，在談到西方人最反感被稱為說謊者時評論道：「但如果你這樣去說一個中國人，他根本不會生氣，也不會覺得這是一種恥辱。他不會否認這個事實，他的回答是：『我怎麼敢對閣下說謊呢？』對一個中國人說『你說謊成性，你現在就在說謊』，如同對一個英國人說，『你一向喜歡講俏皮話，我相信你現在滿腦子裡都是俏皮話』。」

　　中國人的日常談話，儘管還算不上完全虛假，但是其真實性無從考察。真相在中國是最難獲得到的，你永遠都吃不準他是否把整件事情的真相都告訴了你。哪怕是那些向你尋求幫助的人，比如，打官司，希望交給你全權處理，事後你還是極有可能發現，有幾件重要的事實他沒有告訴你，這顯然是出於普遍的隱瞞天性，而不是出於惡意掩飾，因為隱瞞不講的唯一受害者就是他本人。全部事情只有等到最後才能弄清楚，不管你是從哪一點開始著手的，每次都這樣。一個十分熟悉中國人的人，不會因為聽說了一個人的陳述，就認為自己已經明白了一切，他會叫上幾個信得過的人，把聽到的與其他事情連結起來，再一起仔細推敲一番，最後確定這些事情中哪些是真實可信的。

十五、中國人的誠信

　　誠信的缺乏，再結合我們已經討論過的猜疑，就完全能夠解釋為什麼中國人經常交談了老半天，卻說不出一點實質性的內容。在外國人看來，中國人的不真誠完全在於他們的頑固不化。我們無法肯定他們的目的是什麼。我們總是感到背後還有隱藏的意義。正是因為這個原因，當一個中國人來找你，並悄悄的向你說起一番關於另一位你感興趣的中國人的事情時，你往往會無所適從。你無法肯定說話者是否在講真話，還是在製造謠言。人們無法保證中國人的最後一個結論就是最終結論。這個簡單的命題，在商人、旅行者和外交人員看來，包含了各式各樣的煩惱的隱患。

　　任何事情的真正原因，幾乎都不得而知，即使真的知道了，也無法考證。每一個中國人，包括沒受過教育的中國人，天生具備墨魚的本領，一旦被追逼，就放出一些墨汁，好使自己逃之夭夭。如果有人在旅途中把你攔住，要你捐點錢給那些貧窮的朋友，你捐錢的時候，你的隨從不會說「你的錢跟我沒關係，你自己決定好了」，而是溫和的笑笑，解釋說，你的錢只夠你自己用。於是，你做善事的權利就這樣被剝奪了。我們很少看到一個中國的看門人，會像外國人教他的那樣對門口的一群中國人說「你們不能進來」，他只會站在那裡幸災樂禍的看著，因為那隻大狗隨時會出來咬他們的。

　　很少有中國人具備守約的道德，這與他們天性誤解和漠視時間有關。無論失約的真正原因是怎樣的，人們會有趣的看到各式各樣的藉口。通常中國人是這樣的：有人怪他失約，他答覆說沒關係，如果是重要的約會，他會知道守約的。假如指責他的某個過失，他一定改正的話就像流水一般滔滔不絕。他完全承認這個過失。事實上，承認得過於徹底，反倒沒什麼可期望的了，除了守信。

　　僱了一位中國教書先生來撰寫並且評論中國的格言，他寫下古人的一

條精闢意見之後，作了一條注釋，意思是勸告人們永遠不能立刻拒絕別人的請求，應該假裝接受，哪怕你根本不打算那樣做。「推遲到明天，再明天。這樣，至少請求者的心裡會好過一些！」據我們所知，負債的中國人通常也會選擇這種方法。誰也不會指望一次討債就能拿到錢，要債的人會鍥而不捨；而負債的人會拍著胸脯說，下次一定會還。就這樣，一次又一次。

中國人對待孩子的態度，最能說明他們天生虛偽。他們教會孩子虛情假意，而大人、孩子卻都意識不到這一點。在孩子還沒學會說話的時候，在孩子剛剛開始有點朦朧的聽懂人們說話的時候，就被告知，除非他聽大人的話，否則，藏在大人袖口的某個可怕的東西就會把他抓去。而外國人時常被說成是不知名的怪物。單單這個事實，就足以解釋我們經常聽到的關於我們的壞話。這些孩子小時候受過這種朦朧而可怕的恐嚇，等到長大之後，明白了這其實並不危險，只是荒唐的玩笑而已，他們就會在大街上叫囂驅逐我們。

馬車夫拉著外國乘客，車後跟著不少調皮的孩子在邊追邊叫，馬車夫被惹惱了，大聲嚷嚷著要抓幾個孩子綁起來帶走。船夫碰到類似的情況，就會破口大罵的說，他要用開水潑他們。「我揍你」、「我宰了你」這種表達，在一個有點懂事的中國孩子理解看來，意思就是「最好別那樣做」。

誰想成為一個「有禮」的人，掌握漢語詞彙中的一系列詞語是必不可少的。在這些詞語中，凡是表示說話者自己的，都非常卑賤的；而凡是指對方的，就必須得表現出對方的高貴。「懂禮」的中國人，談及自己的妻子時，就稱她為「拙荊」，或者另外幾個類似的文雅謙稱。而那些粗野的鄉下人，也抓住了禮的本質。儘管不懂這些文謅謅的說法，但也會稱與自己相濡以沫的配偶為「臭婆娘」。中國有一個故事恰當的展現了中國的禮

十五、中國人的誠信

這個特點：一個客人身穿一套出門才穿的最好的衣服，坐在客廳等著主人。房梁上本來有一隻老鼠，正在嬉戲，把鼻子伸進一個為了安全起見而放在房梁上的油罐裡，客人的突然到來，把老鼠嚇得逃開了。但牠逃的時候弄翻了油罐，不巧翻落在客人身上，弄得禮服上全是油跡。正當他被這場飛來之禍氣得滿臉發紫時，主人進來了。他們互相進行了得體的寒暄之後，客人解釋道：「鄙人進到貴廳坐在貴梁之下，無意中驚動了尊鼠。尊鼠弄翻了貴油罐，落在鄙人的寒服之上，這就是您進來時鄙人這副狼狽模樣的原因。」

　　毋庸置疑，沒有一個外國人能按中國人的方式招待中國人，這需要很長一段時間才能學會。請客時，要長時間的對宴席上的中國人誠懇的鞠躬，口中還得和氣的招呼「請諸位入席，請用膳」，或者把一杯茶舉到唇邊，示意周圍的人，鄭重其事的向大家說「請用茶」。在感情上使人無法接受的是，在各種場合高呼「磕頭，磕頭」，意思是「我能夠，我可以，我必須，（可以根據不同的情況選擇一種）或者是我應該向您拜倒」；或者，有時還得加上一句「我該打，我該死」，意思是我禮數沒有做好，沒有考慮周全；或者，騎馬騎到一半，碰到一個熟人，便盛情的對他說「我下來，您來騎」，不管走的方向對不對，也不管合不合常理。哪怕是最無知最沒有教養的中國人，也會時常用這副神情發出這種邀請。我們曾經說過，這樣的神情讓最冷漠的西方人都會不由得讚嘆，對能夠如此待人的中國人表示尊敬。這種小小的尊重，隨時隨處都可見，它是個人對全社會做出的一種貢獻，人與人的摩擦可能會因此而減少，而拒絕貢獻的人則會受到懲罰，因為這種懲罰是間接的。所以，假如一個車夫忘記把辮子從頭上拿下來，就下車問路的話，別人很可能會故意向他指錯路，或者當場就被對方罵得狗血噴頭。

東方人送禮物也是一門學問，你如何恰當處理，不是一件簡單的事。或許在中國是這樣，在別的國家也一樣。有的東西根本不能接受，而另一些東西則只能接受一部分，其中一般有許多值得討論的地方。而一個外國人自作決斷，則肯定要出錯。一般說來，對送來的禮物要考慮一下，尤其是那些在某個方面特別不同尋常的禮物，哪怕是生兒子時收到的禮物也應該小心謹慎。有句經典的格言說：「我害怕希臘人，即使他們帶著禮物。」這句格言，時時處處都適用。送禮背後總是暗含別的意圖，正如一句樸實的中國俗語所說的那樣：「老鼠拉木鍁，大頭在後邊。」意思是說，其實希望得到的回報比付出要多。

關於這種送禮的虛偽性，許多在中國的外國人都有過類似經歷。我們曾親眼見證了其中的全部細節。有一次，一個中國村莊為了對幾個外國人表示尊敬，請他們看一臺戲，當然，暗含的意思是要外國人設宴答謝。我們斷然拒絕了看戲，他們又提出讓我們捐款，哪怕是很小的一筆數目，能建造一些基礎的公共設施就可以了。建房這件事情後來在第一個村莊辦成了。而當我們剛應承下來，就有 11 個村莊也派人跑來說他們深深的感動於我們的賑濟饑荒和醫療援助，也說要請我們看戲，他們這樣做時，完全明白會被拒絕。每個村莊的代表聽到拒絕看戲的消息時，都同樣悲哀而又吃驚，但他們都轉而提到上文談及的為那所公共建築捐款的問題，每個人又都是隨便問問，沒有一個人會想到要表示些什麼！

受到這種包圍的，不僅僅是外國人，有錢的中國人，如果恰好有喜事，鄰居們就會紛紛前來拜訪，手提微不足道的賀禮，如為剛出生的男孩子買一些玩具，但是主人必須要盛情款待，以示感謝——設宴是中國人不可避免的、經常運用到的回報方式。在這樣的場合下，哪怕對中國風俗最外行的人，也會讚美這樣的一句中國格言：「吃自個的，吃出淚來；吃

十五、中國人的誠信

別人的，吃出汗來。」這個說法簡直太形象生動了。面對這種情況，主人還要強顏歡笑，表示至誠的歡迎，儘管心中有一百個不願意，但是不能表露，否則就會失去面子，那比損失一些東西要嚴重多了。

這令人想到，中國人的很多行為都是由講面子而來的。受僱的中國人對外國主人大多數表面上的禮節，尤其在大城市裡，只不過是外表上的虛飾。這一點，只要把某個人的公開行為與私底下的行為進行比較，就不難看出來。據說，一位在外國人家裡的教書先生，講求禮節一向無可挑剔，但如果他在北京的大街上碰到這位外國主人，他極有可能會裝作素不相識，甚至是冷眼相待，否則就會讓眾人知道。這位博學的先生在某種程度上是在靠外國人混口飯吃，這個情況儘管別人知曉，但表面上不，特別是大庭廣眾之下，是不能承認的。這樣的事情極為常見，比如幾個中國人走進一個房間，裡面有個外國人，他們會逐一向房間裡的中國人致禮，卻全然當作沒看見這個外國人。一位中國教書先生表揚一名外國小學生聽覺敏銳，發音幾近完美，在語言學習方面不久就會超過他的同輩人，但與此同時，這名學生一些奇怪的錯誤卻被這位教書先生和他同事所取笑。通常，我們理所當然的認為，僱來教學漢語的教書先生，才是決定他漢語的發音標準的關鍵人物。

中國人的口頭上的應承，最能反映中國人的禮貌流於表面，流於虛偽，實際上，他們沒有真的去履行約定。送禮者知道送禮不一定能達到目的，所以他不會失望，他只在乎這樣做的話，不會讓他丟面子。相似的情形是，如果付給客棧的錢在數目上有爭議，你的車夫或許會走上前來，裁決說由他來墊上這個差額，而實際上他是從你的錢包裡拿出所需的這筆錢。或者他會用他自己的錢付帳，但過後這筆錢他會從你那裡要去，如果提醒他，他應該主動墊上去的，他會對你說：「難道你想讓參加葬禮的人

也一起埋在棺材裡嗎？」

　　中國人表裡不一，無論男女，他們的自謙都是裝出來的，可能會有些人是真正的謙遜，但是，這樣的人一定不會太多。人們在談論一些不愉快的事情，如果知道不能直接說出來，就會委婉的間接說出來。而那些談吐文雅的人，被惹急了的話，也會口不擇言，罵出最難聽的話來。

　　虛假的同情也是由空話構成的，但不能因此而責備中國人，因為他們沒有合適的材料讓他們產生對別人的同情。然而，最倒人胃口的，並非空洞的同情，而是做作的同情，以及眼看著別人死去卻故作放肆的嬉鬧。巴伯先生曾經提到，一個四川苦力在拉縴的路上看到兩隻野狗狼吞虎嚥的撕咬一具死屍時，開懷大笑。梅杜斯（Meddows）先生告訴我們，他的中文老師聽到好友有趣的死訊時，居然也會嘲笑他的好友死得滑稽。這些奇異的表現，不能解釋我們經常看到的死了心愛孩子的父母，由於長時間的悲痛而表面呆滯，因為默默的悲傷與對自然流露的情感的粗暴嘲弄之間，存在著極大的差別，後者明顯有違人類的天性。

　　我們說過，外國人開始與中國人有商業往來，已有幾百年的歷史。無數次的打交道，已經證明這些與我們保持商業往來的人的信譽。泛泛而談有可能站不住腳，但這種驗證必須有事實依據才有把握。我們不妨引用匯豐銀行經理卡麥倫（Cameron）先生的話，來作為這種驗證的例子。

　　他在告別上海時說：「我已經提到過外國團體很高的商業素養。中國人在這方面一點都不比我們落後；事實上，在這個世界上，我不知道還有誰能比中國的商人和銀行家更快的贏得我們的信任。當然，凡是規則都有例外，但我有十足的理由說這樣絕對的話，我可以告訴大家，在過去的二十五年裡，匯豐銀行與在上海的中國人做過很大的生意，總額高達幾億兩白銀，我們還沒碰到過一個違約的中國人。」

十五、中國人的誠信

對這番陳辭的最好評論，或許就是援引這番陳辭 3 年之後的事實，這家銀行在香港的一個中國買辦，對銀行造成了嚴重損失，銀行實力大為削弱，但是該銀行每年的年度利潤依舊是 100 萬元。

中國的批發商與零售商在做生意上有沒有根本區別，這一點我們沒法考證。但是，用不著去貶低前文所述的證據的價值，仍然存在這樣一個公允的問題：前文提及的大部分成果，是不是因為中國人令人讚嘆的相互負責的制度？這個制度前文已作描述，它是西方各國非常願意效仿的制度。很自然，外國人與中國人做生意時，要讓自己得到最大限度的商業保護，而要做到這一點，毫無疑問要讓中國人有資格得到最充分的信任。儘管我們承認這一點，但無數證人廣泛而又持久的觀察卻證明，中國人的商業實在是他們整個民族沒有信用的最大例證。

一個對中國很有研究的學者，寫了一篇有趣的文章，談到兩個中國人之間做生意，就是成功的互相欺騙。這兩人之間的關係，一般來說就是雅各（Jacob）與拉班（Laban）的關係，或者就如同一句中國的俗話所言：銅盆撞子鐵掃帚。大家都說說：送孩子去學生意，就是害他一輩子。假秤、假尺、假錢、假貨，這些現象在中國普遍到了無法避免的地步。甚至於很大的商號，貼出「貨真價實」、「絕不弄虛作假」的告示，卻也名不副實。

我們絕對不是想要肯定在中國沒有真誠，而只是就我們的經歷和觀察而言，幾乎在任何地方都找不到。一個對真實性如此不在乎的民族，怎麼會有別的結果呢？一個衣冠整齊的學者碰到外國人時，會面無慚色的說自己不識字，過後遞給他一本小書讓他看一下時，他會毫不猶豫的拿著書從人群裡溜走，不付 3 個銅板的書錢。他這樣做，一點都不覺得害臊，反而因為欺騙了愚蠢的外國人而欣喜若狂，這個外國人實在不精明，會去相

信一個完全陌生的人。中國人去外國人那裡買東西時，少付一個銅板是常有的事，他總是說錢沒帶夠。而當告訴他，他耳朵上這會正夾著一個銅錢時，他才極不情願的拿下來，一副受了委屈的感覺。與此類似，一個人折騰「老半天」，想不出錢就能得到點東西，說他身無分文，但最後卻會拿出一串 1,000 個銅錢，很不開心的交給你，讓你把應收的數目拿出來。但如果他得到別人的信任，不出錢就弄到東西，他那種欣喜若狂的感覺，就像斬殺了一條巨蟒。

中國社會的團結常表現為向親戚借東西，有時還打聲招呼，有時乾脆連招呼都不打一聲。許多東西借了立刻送去當鋪，如果主人想再要回來，就得花錢去贖了。有個中國男孩，在一個教會學校就讀，人們發現他偷了管理學生宿舍的那位單身女子的錢。面對無可辯駁的證據，他邊抽泣邊解釋說，他在家裡有一個習慣，那就是偷媽媽的錢，而他的這位外國老師簡直太像自己的媽媽了，所以，他忍不住就去偷了！

應該十分肯定的是，中國的社會生活中這些如此引人注目的缺陷，西方也時有發生，但很明顯，最重要的是去了解有哪些本質上的對立。其中有一條對立我們已經談及，就是中國人沒有信用。這一點雖然不常碰到，但若要找，卻不費吹灰之力就能找到，我們在談其他問題時已經引述過不少這樣的例子。其他方面的例子，也許需要的篇幅再多也不過分。

關於中國人敲詐勒索的理論與實踐的這樣一本有趣的書，是需要留待一個具備必要知識的人來寫的。然而，在這個帝國裡，這可以說是一種上起皇帝，下至乞丐的上行下效的做法。由於他們的天性注重實際，因此已經把這個做法發展成為一個完整的體系，正如一個人躲不開大氣壓力一樣，誰也逃不脫這個體系。這個體系既惡毒又墮落，根本就很難想出逃脫的辦法，除非把這個國家完全重新組織一遍。

十五、中國人的誠信

　　受中國人的性格和中國現狀的影響，外國人很難與中國人有實際的和更多的往來。有一句人們常說的話很能說明問題：車夫、船夫、客棧老闆、苦力和掮客，不管他們犯什麼罪，通通應該殺頭。這一階層的人，還有與他們相似的人，他們與外國人的關係很特別，因為人們知道外國人寧可吃大虧，也不願惹出一起社會風暴，他們一般都對此缺乏興趣和才能；而中國人與中國人之間的任何有失公道的情況，正是透過社會風暴來解決，並最終達到平衡的。

　　很少有人能做到不偏袒一方。而那些也想這樣做的中國人。是找不到的。既不過分猜疑，也不過分輕信，這是中庸之道的極好例證。如果我們有人對那種必須裝出來的虛情假意表示抗議，那麼，中國人，關於人性的機敏的仲裁者，會把這一點判定為「性情中人」；而如果我們保持佛祖涅槃時的平靜氣度，一種不容易使所有有脾氣的人，在任何時間都保持的風度，那麼，我們會立刻被當作可以進一步隨意敲詐的合適對象。一個受僱於外國人的中國人，有一天在街上看到一個小販，沿街叫賣做工精緻、穿著得體的泥塑外國小人。他停下腳步仔細端詳了一番這些泥塑小人，對這個小販說：「哦，你玩弄的這些假玩意，我可是玩真正的。」

　　多餘的話我們將不再重複，據我們所知，中國政府就是我們正在討論的這個特點的最重要的範例。從整部外國的對華關係史，以及可以說我們知道的中國官員與老百姓的全部關係當中，都能找到這樣的例子。那些不斷頒布的告示，就是一個特別的、簡單的例子。各級官員頒布的告示比比皆是，內容包羅萬象，措辭精妙得當。只有一個沒有補上去，那就是真實，因為這些堂皇的命令並沒有打算實施。所有相關人員都明白這一點，從未有過誤解。中國政治家的生活與國事文件，好像盧梭（Rousseau）的《懺悔錄》（*Confessions*）一樣，充滿著最崇高的情感和最卑鄙的行為。他

殺了一萬個人，然後引述孟子的一段話，說人的生命是神聖的。他把修河堤的錢裝進了自己的腰包，結果使全省慘遭洪水之害，然後他在悲嘆耕者失其田。他聲討說假話的人，但在與人達成一項協議，私底下說的是，那就是騙人的把戲而已。毫無疑問，中國也可能有清廉正直的官員，但不容易找到，而從其所置身的環境來看，他們往往完全是無助的，根本無法實現自己心中可能存有的美好願望。把那些有良好條件熟讀「四書五經」的人的實際情況，與這些經典上的教誨進行一下對比，我們就會得到這樣一個深刻的認識：這些教誨想要把社會帶向高標準的境界，其實是多麼的力不從心。

「你認識的中國人當中，有幾個是完全相信的？」這裡問的只是中國科班出身的人。經歷各不相同的人，用於判斷中國人的標準不同，所以回答也就不盡相同了。大多數外國人或許會說「不多」、「六到八個」、「十一、二個」，都有可能。偶爾也會有人說「有很多，我都記不住了」。但我們可以肯定，有頭腦而又看得準的觀察家，很少會做出這最後一種回答。

觀察應該是一個民族理所當然，並據此身體力行的事情，這也是有遠見的。在討論互相猜疑這一中國社會生活的要素時，我們已經看到，中國人理所當然的認為，不能相信別人，其理由，他們太清楚了。正是這種境況，使中國的未來如此的充滿未知數。整個統治階級，不是這個國家最優秀的，反而是最糟糕的。一位聰明的道臺曾對一個外國人說：「所有為官者都是壞人，應該殺掉，但殺了我們也沒用，因為我們的繼任不會比我們好到哪裡去。」中國有句諺語：蛇鑽的窟窿蛇知道。而中國的官僚階層，又不為他們的下一個階層 —— 商人階層所信任，這是一個意味深長的事實。他們知道，所謂「改良」只不過是一種塗抹，很快就會剝落。一個中

十五、中國人的誠信

國泥瓦匠，用沒有和好的灰泥造了很多煙囪和屋頂，卻用大量時間抹平其外表，而他明明知道，頭一次生火，煙囪的煙就會到處亂竄，頭一次遭雨淋，屋頂就會漏水。中國的很多事情，就是這個樣子。

實際上，中國的資源非常豐富，只要開發中國的資源，就會足以富國，但如果沒有信心的話，膽小謹慎的資金不會從藏身之處自己跑出來。中國有足夠的學問，可以滿足各種需求。中國不缺人才，但缺乏相互信任，以真誠目的為基礎的信任，所有的一切都不足以振興這個國家。

前幾年，一個喜歡思考的中國人來找我諮詢，是否有可能想點辦法，來解除這個地方挖水井方面的極大麻煩。這些井是按中國通常的辦法挖成的，井壁從上到下用磚砌成。但由於當地的土質不好，過段時間整個地面就會下沉，整口井，連同裡面的磚開始一起塌陷，只剩下一個小洞可以打水，最後完全坍陷乾枯。與直隸省這個不幸的地方試圖用來療救各種弊病的辦法相似，任何療救中國這個多災多難的國家的藥方，都不夠抓住要害。這種治標不治本的辦法，最終只會導致這樣的一個事實，整個國家的金銀財寶無可挽回的埋葬在絕望的沼澤之中。

十六、中國人的時間觀念

十六、中國人的時間觀念

　　當今已開發國家流行一句格言,「時間就是金錢」。現代社會的安排非常複雜,一個商人能在特定的商務時間裡處理好各種商務,如果在上個世紀,這需要花費很多的時間。蒸汽機和電力已經完成了一場偉大的革命,盎格魯－撒克遜人以其優良的身體特質為這場革命做了預先的準備。儘管我們的祖先曾遊手好閒,只知道吃喝和決鬥,可是不管怎樣,我們的民族是具有幹勁的民族,這種幹勁驅使每一個人,都會不停的為一件又一件事而付出艱苦卓絕的努力。

　　中國人的問候語與盎格魯－撒克遜人的問候語,有著一種特別有意思的差異。中國人遇到他的同事時會說:「吃過飯沒有?」盎格魯－撒克遜人則會問:「做得怎麼樣?」在這裡,做事,就相當於中國人的吃,都屬於人們的日常行為。不難看出,認為時間很寶貴,時間就是金錢,不能浪費一分一秒,已經成了我們民族的第二天性。

　　像大多數東方人一樣,中國人特別會浪費時間。中國人的一天只有 12 個時辰,上一個時辰與下一個時辰之間不存在明確的界線,只是象徵性的把一天分成 12 個部分。他們所說的「中午」,是指上午 11 點到下午 1 點之間。我們時常聽到一位中國人在問:「現在是什麼時候?」、「現在是半夜的什麼時候?」聽上去,這些話語總是有點模稜兩可的感覺。我們認為,他應當問得更具體一些,可以這樣問:「現在是半夜幾點?」

　　其實,在日常生活用語中,說到時間時,幾乎都有類似的不確定。中國人所說的「日出」和「日落」,單從他們指太陽所處的緯度與經度來講,還算精確。但是「半夜」就像「中午」一樣,沒有具體的時間界線。夜裡的時辰一般用「更」來劃分,不過還是劃分得不精準。比較精準的劃分,也就是最後一更,因為那時候晨曦初露。甚至在城市裡,「更」的時段劃分得也不準確。我們經常使用的鐘錶,他們聞所未聞。他們當中有少

數的也有使用鐘錶，只是他們不會用鐘錶來安排自己的時間，最多就是定期去將鐘錶清洗一下，以保證它的正常運轉。普通人知道時間的方法，則是透過太陽的高度。他們把太陽說成是一竿子高、兩竿子高，或者幾竿子高。要是碰到陰雨天，他們就根據貓的瞳孔的放大和縮小來獲取時間的資訊，其實，就日常生活而言，這已經夠準確了。

於是，中國人對時間的利用與他們對時間測定的不精確有著直接的關係。史密斯（Smith）認為，世界上的人分為兩類，大洪水前的人和大洪水後的人。大洪水後的人知道，人的年齡再也不可能達到幾百歲，更不可能近千歲，所以他們懂得抓緊時間，以適應環境。而大洪水前的人恰恰相反，他們意識不到長壽的瑪土撒拉（Methuselah）時代已經不復存在了，他們仍然活在家族的成規之中。

而中國人很像「大洪水前的人」。中國的說書人，比方說那些在茶館裡為吸引和留住顧客的那些說書人，會使人想起英國詩人丁尼生（Tenny-son）的「布魯克」。聽眾可以來去自如，但他卻在「喋喋不休」。演戲也是這樣，有時候，一場戲需要接連演上好幾天。當然，還是比不上泰國的戲，曾經看過泰國戲劇的人說，泰國的戲劇通常會演上兩個月。至少中國人的戲法，技藝都非常高超，而且十分有趣，不過卻有一個致命的缺點，他們總喜歡為觀眾說上一大堆空洞無聊的開場白，致使外國觀眾還沒看戲就開始後悔不應該來的。

看戲還不是最繁瑣的，在外國人看來，出席中國人的酒宴才是最可怕的，酒宴的持續時間簡直長到無休止。酒菜的數量非常多，花樣也是層出不窮，簡直讓人覺得匪夷所思。而但凡經歷這種酒宴的外國人，通常都會覺得恐怖和手足無措。而中國人會認為，這種招待的時間應該更長。中國人有一句最耐人尋味的格言，「世上沒有不散的宴席」。不過，被誘入圈

十六、中國人的時間觀念

套出席這種酒宴的野蠻人最後只會感嘆，這一原本能夠為他們帶來一線希望的格言，在這種場合之中也顯得那麼脆弱無力。

中國人從小就養成了遵照大洪水前的成規做事的習慣。上學的時候，他總是一天到晚讀書，只有吃飯的時候才可以休息一下。另外，學生和老師都不知道還有其他的學習方式。科舉考試要進行幾天幾夜，並且每一關都很難。雖然大多數考生對這種不合理性的考試也極為反感，但是他們仍然相信，這種檢驗人的知識才能的考試還是具有一定道理的。

我們很容易透過這種教育所產生的結果而聯想到它形成的過程。中國人的語言基本屬於大洪水前的，大概得花費瑪土撒拉畢生的時間才能掌握它。古羅馬人和古代中國人是一樣的，他們都意識到，要是不自覺學習他們自己的語言，他們也將永遠不會說或寫！中國人的歷史屬於大洪水前的。它可以追溯到太初時代，然後就是混濁、舒緩、漫長的大河，這當中，有挺拔的大樹，也有枯朽的草木。也就只有那些缺乏時間觀念的民族，才會去編寫或閱讀這樣的歷史；也就只有中國人會有如此好的記性，裝得下如此多的東西。

中國人的勤勞，也充分顯示了他們漠視時間的特性。前面我們說過，中國人勤勞的內涵與盎格魯－撒克遜人勤勞的內涵截然不同。

那些曾經與中國的承包人和工匠合作建房子的外國人，幾乎沒有再度合作的欲望。這些中國人來得晚，走得早，中途還總是停下來去喝茶。他們用布袋從很遠的石灰坑裡一袋一袋的搬運灰漿；其實用獨輪車，一個人可以做三個人的事；可是他們誰也不這樣做。假如天空飄起了濛濛細雨，所有的工作都被暫停了下來。於是，花費的時間相當多，但是進度卻很慢，通常看不出來他們每天做了多少事。我聽說，有個外國人對他的木匠釘板條的緩慢進度非常不滿，於是趁他們吃飯的時間，自己動手釘板條，

結果居然完成了 4 個木匠半天的工作。

其實，中國的工匠修理自己的工具也需要投入大量的時間。假如工具是外國人的，那就是另外一回事了。如果一件工具莫名其妙的壞了，不會有人承認自己曾經拿過這件工具的，他們的口頭禪是「沒人動過」。在牆上插一些木條，用繩子捆綁一下，就是所謂的支起了鷹架。整個工期，每時每刻都有危險。他們做任何事都沒有經驗。原本以為都能用的沙子、石灰和當地的泥土，結果都不能用。外國人實在沒有辦法了，他就像《格列佛遊記》（*Gulliver's Travels*）中所描寫的那樣，被無數條線牽制著，在他看來，這些線太多了。

我們總是會想起一位廣東的承包人。他是個鴉片鬼，他承諾過的事情也像他的錢一樣，全都消失在鴉片煙中。最後，忍無可忍之下，把一些特別過分的問題擺在他的面前，「告訴過你玻璃的尺寸，你也量過窗子好幾遍，居然還是搞錯，而且全都錯了，都不能用。你做的門一塊也合不上，膠水你連動都沒動。地板太短了，數量也不夠，還都是節疤孔，甚至都沒有乾透。」聽了這一番指責，那位脾氣溫和的廣東人似乎有些可憐，然後他用一種文雅的語調抗議道：「別這樣說，別這樣說！這樣說有失體面！」

而中國人認為，盎格魯－撒克遜人經常性的急躁簡直不可理喻，完全是不理智的。就像我們不喜歡中國人缺乏誠實一樣，非常明顯，他們也不喜歡我們的人格中所具有的這種急躁品性。

不管怎樣，這是一件非常困難的事情，假如你試圖讓一個中國人認知到行動迅速敏捷的重要性。我們曾經聽說，因為郵差的驢病了，需要休息，而致使一大包外國郵件在相距 12 英里的兩個城市之間被耽擱了好幾天。原來，中國郵電系統的管理居然只是停留在應該怎樣與能夠怎樣的模仿階段。

十六、中國人的時間觀念

中國人在社交訪問過程中對時間的漠視，最讓外國人痛恨。在西方國家，這樣的訪問有時間限制的，他們不會超過這一規定時間的。可是在中國，社交訪問似乎沒有限度。只要主人不提出要為客人安排食宿，那麼，即使客人疲憊不堪，他也得繼續說下去。中國人在訪問外國人的時候，完全不懂得時間的寶貴，甚至連他們的意識裡都沒有珍惜時間的觀念。他們會沒完沒了的說，完全不知所云，並且他們也不會說要離開。

一位高明的牧師有句格言：「想見我的人，也是我想見的人。」假如這位牧師在中國待過，不管待了多久，他肯定會對自己的這一格言做出實質性的修改的。當他經歷了類似上述事情，他一定會效仿另一位忙碌的牧師，把一條聖經中的格言「主保佑你離開！」掛在他的書房裡。

假如你對一位正在侃侃而談的中國人說「我很忙」，那無疑就是給了他當頭一棒。他會長時間沉默著，忍受著，一直不說話，這種長時間的忍耐足以讓 10 個歐洲人的耐心面臨崩潰。最後他終於說話了，如同一句諺語所說的：「上山打虎易，讓你開口難！」不過，假如外國人都像已故的麥肯齊（Mackenzie）博士那樣，事情可能不那麼令人厭煩。他認為他的那些中國朋友經常前來做客，並且「只來不走」簡直就是浪費時間，甚至還會影響到他的工作，所以，他通常都會對那些客人說：「請坐，像自己家那樣；我很忙，請見諒。」假如他能夠模仿一位中國學生說得言簡意賅，那就更有趣了。那位中國學生學了一些短語之後，想在老師身上試驗一下，於是下課時，他大聲說道：「開門！出去！」弄得老師都很無奈。

十七、中國人對精確的概念

十七、中國人對精確的概念

外國人對中國人可能都會有這樣一個印象 —— 千人一面。他們的相貌好像都是出自一個模子；穿的也一樣，都是一成不變的藍色；眼神無光，好像發直了一樣；辮子就像同一個豆莢中的兩粒豆仁，完全一模一樣。但是，不管你把中國人說成什麼樣子，哪怕是最不善於觀察的旅行者，經過粗略的體驗你也會發現，說中國人千人一面完全不合理。實際上，中國的兩個地區，不管距離有多近，口音方面都存在著非常有意思的、莫名其妙的差別，而地區間相隔越遠，差異也越大，這就是所謂的不同地區的「方言」。

我們常常聽到有人說，中國人的語言寫起來都一樣，說起來卻完全不同。這又使我們想到了中國的風俗，按照中國人流行的說法，十里之外不同俗，這種差異真的是隨處可見。不過中國最常見的差異，還是計量標準的差異。而在西方國家，生活舒適的保證，就是絕對不變的計量標準。

在西方人看來，任何雙重標準都是令人厭煩的，而中國人卻樂此不疲。對他們來說，兩種貨幣單位、兩種重量單位、兩種度量單位都是很自然、很平常的一件事，沒必要去反對。你去打聽一下一位賣湯圓的人，問他每天做多少個這樣的湯圓，他的回答是「大概一百斤麵粉」，至於這些麵粉能做多少個這樣的湯圓，只能讓詢問者自己去計算答案了。還有，假如你問一位農民他的一頭牛有多重，如果他給出的重量太低了，他立刻就會解釋說，這個重量是不包括骨頭的！一位職員告訴你他的身高與他的實際身高相差很大，在你查問之後，他會承認自己忽略了頭部的計量！事情是這樣的，他原來在部隊當過兵，部隊分配挑擔時是按照人的鎖骨的高度為標準，所以，他報自己的身高歷來不會把頭部算在內，而這一次他疏忽了。另外，鄉下人的計量方式也與眾不同，他總是固執的說自己的家距離城區有 90 里，仔細詢問才知道，他的計量標準居然是往返的路程，而實

際距離只有 45 里。

在我們看來，計量銅錢的方法，是中國人對計量不一致的最顯著的事例。銅錢是這個國家唯一的貨幣，各地都採用一種最簡易的計量方式 —— 十進制。儘管如此，一串錢不管在什麼地方都可能與預想的不一樣，除非你特意數一數。你甚至無法理解，就在附近幾個省市，一串錢的銅錢數目居然會各不相同？按規定，「一串錢」就是 100 個銅錢，可是實際上往往會是 100 的近似值，如 100 至 99、98、97、83（陝西省會）、甚至直隸東部的 33，總之，數目相當繁多，有的地方還可能會更低。

銀子買賣中的稱重也是如此，可能只有過之而無不及。通常各省市的「兩」都不統一，除非出現巧合。於是外來人經常被搞得一頭霧水，蒙受一些損失也是家常便飯。那些心地善良敦厚的人更是有苦難言，除了那些專門買賣銀子的外來人還能發現其中的損益。貨幣混亂的動機不言而喻，不過我們只注重存在的事實。

實際上，各種計量都存在不同程度的混亂。這個地方的斗與那個地方的斗總是存在一些差異。在糧食徵稅過程中，假如別的國家也是經常採用這種斗，我們猜測政治動亂早就爆發了，可是中國人不會，中國人是一個善於忍氣吞聲的民族。而整個世界一直都是，「一品脫是一品脫，一磅是一磅」，然而中國人卻一斗沒有一斗，一斤不像一斤。甚至這種混亂還被稱作是有一定的道理。隨意武斷猜測的標準滲透在各個行業，比方說，鹽業買賣，12 兩被說成是 1 斤。通常，購買者買的是 16 兩的 1 斤，得到的卻是 12 兩。甚至公開這樣買賣也是司空見慣，同行的商人都是如此。而且他們都說這不是欺詐，鹽業買賣的「老規矩」就是這樣，百姓們也心知肚明。土地的丈量中這種不確定性也普遍存在。某些地區的一「畝」土地往往只是其他地區的一半，假如邊界線上碰巧住了人家，那麼，這家人為

十七、中國人對精確的概念

了用於不同的田畝制，就必須使用兩種不同的丈量工具。

所以，只依靠現有的報告，去推斷每斤糧棉的價格，非常不可靠，一定要搞清楚這裡的「斤」是什麼標準。一樣的道理，只依靠現有的統計資料，也不能推斷出每畝的糧食產量，弄清楚這裡的「畝」是指怎樣的畝非常重要。

任何一個到中國旅行的人都會有這樣的感觸，計量路程的距離相當不準確。在陸地旅行，假如路程是以「里」為計量單位，那麼，一定要弄清楚這個「里」的真正標準，它通常不是指「大」的里！我們不是在完全否定這樣計算路程的根據，我們只是想說，這種計量方法非常不精確，也不方便統一。我們發現，大家都有這樣的感受，離開寬闊的國道，「里」就不只一里。一個人在國道上每天能走 120 里，可是在鄉村的小道上最多也只能走 100 里，換作在山區的話，每天能走 80 里就很不錯了。另外，測算路程的長度通常是根據行走的難易程度，而不是根據實際的絕對距離，而且中國人覺得這是合乎道理的。所以，假如說到達山頂有「90 里」，其實也就是一半的距離；而中國人還會固執的說，這段路程就是「90 里」，因為走這段路程的困難程度就相當於在平地上走「90 里」。

更令人覺得稀奇的是，在中國，從 A 到 B 的距離經常會不等於從 B 到 A！在這裡，歐幾里得（Euclid）的假定「與同一量相等的量彼此相等」完全可以加一個否定詞加以修改。比方說，在中國最重要的一條公路，有一段路的里程碑顯示：從北到南長 183 里，而從南到北卻是 190 里。事實就是如此，不管你來來回回跑幾趟，也不管你看得有多仔細，他們就是這樣標識的。

「整體等於部分之和」這一公理在中國也站不住腳，特別是河道航行中，你聽說到達前方的某一地點就有「40 里」，但是仔細的分析一下，你

就會發現這個「40里」原來是兩個「18」；「4個9是40，難道不是這樣嗎？」聽到這種問答大概誰都無言以對。按照他們的說法，「3個18就是60」。我們聽說過這樣一件事，一個政府通訊員在規定的時間內沒有跑完規定的路程，他給出的解釋是這樣的，這個「60里」是「大」里。因為他的辯解聽上去很合理，他的上司就下令測量這段路程，最後居然測算出實際距離是「83里」，從此以後，就一直遵循這個計量標準。

「三里屯」是形容一座城市周圍的鄉村，不管這些村子離城裡是1里還是6里，每個村子都叫「三里屯」。人們常常把1里的路程說成是5里，因為道路兩旁有房子，並且村民們會異口同聲的說，沒錯，這條街就是有那麼長。

你們大可不必大驚小怪，他們每一個人都會根據不同的情況和需求，制定出不同的標準。造秤的人在街上四處吆喝，他會根據客戶的需求在秤桿上鑲上秤星。所有的買賣人最起碼也有兩種秤，一種用於買，另一種用於賣。因為買賣人的需求不同，他們從不購買現成的秤，舊秤的話另當別論，因為秤的標準只能根據特定的情況而定。

說人的年齡也是這樣含糊不清，這最能反映出中國人的民族特性。通常推測一個人的年齡，只要知道他的動物屬相就可以了。一位實際年齡71歲的老人，通常被人們說成是「七、八十歲」。因為在中國，70歲生日過後，就是「80歲」的人，要想弄得準確，一定要減去這個「常數」。甚至告訴你準確的年齡了，那也是下一個春節後的年齡。儘管用「十」為單位計算歲數的方法很模糊，但是這已經成了中國人一個根深蒂固的習慣，什麼「一、二十歲」、「好幾十歲」，或者「沒幾十歲」。所以，在中國，年齡能被嚴格而又準確的說出來極其罕見。

其實，中國對「百」、「千」、「萬」的計算也很含糊，「萬」是中

十七、中國人對精確的概念

<hr style="border: 2px solid black">

國人計算的實際限度。至於那些更準確的表達，中國人完全不感興趣。一個朋友告訴我，有兩個人花了「兩百串錢」看了一場戲，然後他又補充說：「是一百七十三串，但是，與兩百串比起來，它們相差無幾，你不這樣認為嗎？」

一位紳士和他的夫人在中國生活了幾年後打算回國，他們的中國朋友贈送給他們兩幅卷軸，說是讓他們分別轉贈給他們各自的老母親。很湊巧，他們的父親都去世了，他們的母親歲數一樣。兩個條幅上的題字分別是「福如東海」和「壽比南山」，兩個條幅旁邊都有一行小字，分別寫著恭賀受贈者享有了——「七十年的榮華」和「六十年的榮華」。夫婦倆很高興，對兩個條幅給予了很高的讚美，不過其中一位還是忍不住小心翼翼的問：「你們原本都知道兩位母親的年齡一樣大，為什麼說一個70，一個60呢？」他的中國朋友是這樣回答的：假如兩個卷軸上都寫著「七十年」，未免顯得作者也太沒有想像力了！

對於我們所要求的精確，中國人喜歡講究社會連帶關係的這一品性，給了我們一個致命的打擊。一位準備打官司需要諮詢的人告訴我，他住在一個村裡，但是他的口述卻說明了，他住在城郊。一番仔細的詢問與追究，他才承認他目前不是住在那個村裡；而我再仔細調查之後居然發現，他19歲之前就已經搬出了這個村子。於是我問他：「難道你認為自己是村子的居民嗎？」他很斬釘截鐵的說：「是的，儘管我現在住在城裡，但是那個村莊是我的老家。」

我曾經還被一個人邀請去看看他村裡的一座古廟，他滿臉自豪的說：「那座廟是我建的。」經過一番調查我知道，這座廟建於明朝的某個時期，至今有300年的歷史，所以，他所謂的「我」只是一種可能的語氣。

學習中文的人最初都有一個難題，那就是怎樣才能找到一個滿意的詞

語來表示自己的身分，好讓自己區別於他人。中國人的整個思維與我們的習慣截然不同，對於西方人把一切都弄得準確無誤的癖好他們並不能完全理解。中國人不知道也不想知道自己的村子裡有多少戶人家，他們甚至想不明白那些想知道這些數字的人為什麼一定要知道這種問題。他們只知道說「幾百」、「好幾百」，或者「沒多少」，關於精確的數字，過去沒有，將來也不會有。

中國人不僅在數字的運用上表現出缺乏精確性，文字書寫和印刷也不乏這種不精確性。要在中國找到一本沒有錯別字的書非常難，那些錯別字的使用比正確的字更複雜，由此可見，寫錯別字不是為了貪圖簡便，實在是因為人們缺乏對精確性的重視。另外，文字書寫的缺乏準確性更多的是表現在常用字中。經常會看到人們有同音字代替類似的字，而原因往往是因為他們不認識那些字，或者敷衍了事。

書信中的稱呼更是充分的說明了中國人對精確的漠視。中國人家信的稱呼通常是用醒目的字體寫著，「父親大人」、「慈母大人」、「叔祖大人」、「賢弟大人」等等，而「大人」的姓名則通常不會寫出來。

正如我們所看到的那樣，中國人特別講究實際，他們對自己的名字全然不在乎 —— 這樣的民族簡直絕無僅有。我們很奇怪，他們的名字為什麼要改來改去，一會這樣，一會那樣；只看名字，我們根本不知道是誰，除非問清楚了。最讓人迷惑的是，同一個人經常有好幾個名字，什麼原名和「號」，還有科舉考試註冊時專用的名字。這樣一來，外國人很容易就把一個中國人誤認為是兩個不同的人。村子的名字更不確定，有時一個村子會出現兩、三個不同的名字，而且一個比一個更「糟糕」。一個名字有了別名之後，他們可以互相交替使用，原名在官方文件中使用，別名是平時交談時使用的名字；還有人會把別名當作形容詞，再與原名結合組成一

十七、中國人對精確的概念

個複合名字。

　　令人感到非常遺憾的是，中國人缺乏類似於化學分子式那樣絕對需要精確的教育。中國的第一代化學家很可能會因為把「沒幾十個微粒」的物質與有「好幾十個微粒」的物質混合在了一起，於是少了許多數字，最終導致不可估量的嚴重後果。實際上，中國人完全能夠像其他民族一樣，學會非常精確的對待一切事物。因為他們有著無限的耐心，他們甚至可以更加精確的對待一切事物，然而有一個事實我們必須指出來，他們目前對精確不重視，甚至不知道什麼是精確。

　　假如這一看法是正確的，那麼我們就可以推斷出兩個結論：

　　（一）在考查中國歷史檔案時，必須考慮到中國人漠視精確這一特性。所以，我們在採用中國人所提供的數字和數量往往會受騙，因為他們從來沒有考慮到精確。

　　（二）我們必須對中國人提供的所謂「統計數字」保留很大的餘地，因為這只是他們抬高自己的權威性的各種資料而已。整體不可能大於部分之和，可是，中國人的統計數字恰好相反。審查完中國人的一份「統計數字」後，我們會立刻模仿一位睿智的蘇格蘭人拿著一部非常現實的「不確定大法」對美國最高法院高喊：「這裡有對案件的最終猜想！」

十八、中國人的惰性

十八、中國人的惰性

「nervous」這個字有很多用法，現代文明的一個十分意味深長的方面，就表現在這個詞的不同用法之中。這個字的本意是「具有神經的，堅韌的，強壯的，富有活力的」。這個字還有一個引申的意義，也是我們現在最常用的意思是「神經衰弱或有病的，受制於或受苦於神經過於激動，容易激動，軟弱」。這些各式各樣的複雜詞語，表述各種神經疾病的不同階段，如今卻已經成為了我們耳熟能詳的日常用語了。毋庸置疑，現代文明使人們的神經時刻處於繃緊狀態，神經疾病也比前一個世紀前更為普遍。

然而，我們現在要說的是普通的西方人，他們沒有什麼特別的疾病，也沒有患神經疾病，但是他們卻在透過各種途徑不斷提醒自己，神經系統在各種器官之中具有最為突出的作用。總之，我們是用這個字來形容那些「神經質」的人，我們也知道我們所有的讀者也是這一類人的一分子。至少就盎格魯－撒克遜人而言，生活在蒸汽機和電氣化時代的人與生活在定期郵船和郵遞馬車這樣古老而緩慢時代的人，他們的神經狀況就非常不一樣。我們生活的時代極富活力，而又匆忙。我們沒有閒暇悠閒的吃東西，神經也時刻處於繃緊狀態，這種後果可想而知。

我們這個時代的商人有一種急切焦躁的神情（至少在西方經商的人就是這樣），他們彷彿無時無刻不在等待一封電報 —— 電報的內容似乎會關乎著他們的命運 —— 實際上，他們也確實經常如此。我們心靈中的這種狀態，會無意識的表現在各種行為中。我們心神不寧，煩躁不安。我們在交談的時候也不忘拿著鉛筆，似乎隨時準備記錄一些東西，不然就永遠來不及了。我們摩拳擦掌，似乎時刻準備著去完成某些需要全身心投入的嚴峻使命。我們的手指忙個不停，然後突然像野生動物那樣調頭往後看，似乎在警惕任何可能的危險。我們感覺到現在應該去做一些事情，於是，

我們必須抓緊辦完當前幾件更要緊的事情，然後才能迅速著手那些事情。我們的神經太緊張了，這種過於緊張導致的後果還不只是什麼「拉琴痙攣」、「電極痙攣」和「書寫痙攣」等等，而是更大範圍的緊張。我們已經不能像過去那樣安然入眠了，我們的睡眠品質不好，時間也不夠長。我們時常被一些細微的響動吵醒，都是一些令人煩躁的小事情，比方說樹上的鳥叫聲、射入我們昏暗臥室的一絲光亮、風吹百葉窗的聲響、人的說話聲，一旦干擾到了我們，我們就再也睡不著了。我們把每天的 24 小時安排得滿滿的，最後反而干擾了我們真正的休息。甚至流行了這一句話：銀行要辦好，除非銀行家與銀行相擁入眠。生活在這樣的時代，股東們坐收其利的時候，就是銀行家倒楣的時候。

經過我們一番詳盡的描述，西方人生活中的各種事實我們應該已經有所了解了，可是假如讓一個西方人試著去了解中國人的時候，他們一定會看到並感覺到一種強烈的對比反差。我們也曾見過，對中國人的屍體進行解剖，儘管這並不常見，但是我們也從沒有聽到過什麼理由證明，說「黑髮人種」的神經組織與白種人有任何本質上的區別。儘管用幾何學的術語來說中國人的神經與西方人的神經是「相似或者同位」的，可是他們的神經緊張程度卻是天壤之別，完全不是我們所熟悉的那樣。

在中國人看來，在某個位置待上幾十年的時間也不會有什麼特殊的不同，像一臺機器那樣毫不停歇的寫上一整天，是他們的專長。而一個手工藝人，能夠待在一個地方，從晨曦到夜幕降臨，十年如一日的編織，打造金箔，或者做任何別的事情。日復一日，年復一年，單調乏味，沒有絲毫變化，很明顯，他們連潛意識裡都沒有想過需要改變。中國的學生也同樣受到各種限制，休息時間少，功課又單調重複。如果換作是西方的學生處在這種環境之中，他們肯定會因為忍受不了而發瘋。在中國，襁褓中的嬰

十八、中國人的惰性

兒也是一動不動的躺著，安靜得像泥菩薩一樣，而我們的嬰兒天生好動，似乎是一刻也不願意停歇。大一點之後，西方的孩子會做各式各樣的滑稽動作，就像一隻猴子，而中國的孩子則都是在很長的時間內，一動不動的站著，或者坐著，或者蹲著。

中國人認為，體育鍛鍊是多餘的。他們無法理解所有的外國人為什麼都喜歡在茶餘飯後四處走走；更無法理解究竟是什麼東西驅使西方人甘願冒著生命危險在滿地奔跑著打什麼所謂的壘球，就像「獵狗追兔子」的遊戲那樣。一位廣東教師問一個傭人，那個外國婦女為什麼要打網球：「她這樣奔來跑去的，人家會付給她多少錢？」假如你告訴他「沒有錢」，他是不會相信的。中國人認為，像這種苦力才做的事情，完全可以僱一個苦力去做，幹嘛非得親自去做呢？我們需要再次強調，中國人無法理解這一切。假如你試圖將這些好處解釋給他聽，那只會讓他更加迷惑。

關於睡眠，中國人與西方人同樣存在差別。通常中國人可以在任何地方睡著，任何足以使我們發瘋的細小干擾，在他們看來完全不要緊。磚頭可以是他們的枕頭，用草、泥磚或籬條做成的床可以使他們安然入睡。他們用不著把房間裡的光線弄暗，也用不著別人保持安靜。「嬰兒半夜的哭聲」絲毫不會把他們吵醒。有的地方，作為一種普遍的本能（好比熊的冬眠），睡眠非常有規律。不管他們身處何處，所有的人在午後兩小時都睡著了，整個午後的世界安靜得就像子夜後的兩個小時。至少對工作的人來說，睡在哪裡完全無關緊要的，當然，其他人也一樣。一個車夫橫臥在三輛手推車上，低著頭，像一隻蜘蛛，張大的嘴裡還有一隻蒼蠅在進進出出，假如以這種能力為考核標準招募一支軍隊，那麼，在中國肯定能招募到一支數以百萬計 —— 不，數以千萬計的大軍！而且相當容易！

除此之外，我們還發現了這樣一個事實：在中國，新鮮空氣是可有可

無的。沒有一個地方談得上空氣流通，除非颱風吹走了屋頂，或者是主人因為饑荒拆房子賣木料。在中國，我們經常聽說他們的住房非常擁擠，不過中國人不認為這是一件奇怪的事，他們絲毫也不會覺得這有什麼不方便，或者說這種不方便不值得一提。假如他們具有盎格魯–撒克遜人那樣容易激動的神經系統，那麼，他們就會像我們平時設想的那樣痛苦。

中國人對疼痛的忍耐，也表現出了中國人不會神經緊張的一個特性。那些對中國醫院的手術情況稍有耳聞的人都知道，中國的病人忍受疼痛有多麼厲害，甚至是都有這種厲害的本領。有時候，他們所忍受的疼痛，足以使我們最強壯的外國人膽顫心驚。這個題目本身其實很容易擴展成一篇論文。不過我們必須擱置不談，讓我們先去注意一下喬治·艾略特（George Eliot）在一封信中的陳述：「最高的召喚和選擇」，她的話語帶著幾分惱怒，因為她討厭神學用語 ——「是不用麻醉藥，去眼睜睜的忍受疼痛」。假如她說的沒錯，那麼，毋庸置疑，至少大部分中國人肯定相信這種召喚和選擇。

白朗寧（Browning）夫人說過：「沒有懷著一顆同樣的心情去觀察，就一定會造成曲解。」毫無疑問，只有像她那樣敏感的女詩人，或者與她一樣具有敏感大腦的人，才會有這種感受。

西方人討厭被別人盯著看，特別是當他正做著細膩或艱苦工作的時候。然而，中國人可能只有在別人仔細的觀察之下才會做得最出色。在外國人很少進出的地方，我們總是很快就開始厭煩，因為那些好奇的中國人的圍觀。我們時常忍不住要抱怨，如果不趕走他們，我們就會「發瘋」，而實際上，這些人只是不帶任何感情的觀察我們，並不會對我們造成任何傷害。但是，中國人會認為，西方人的這種出於本能的感覺，簡直莫名其妙。中國人不在乎有多少人在看他，也不在乎什麼時候看，看多長時間。

十八、中國人的惰性

假如有人對別人的觀看表示抗議，他們就會說，這個人腦子是不是有病。

西方人在睡覺時需要安靜，生病時則更需要安靜。假如他以前從來不要求安靜，那麼，他生病時就有權免受噪音的打擾。朋友、護士、醫生，都會共同保證安靜這個康復的必要條件。如果沒有康復的希望，病人會得到更多的安靜，超過以往任何時候。在照顧病人的行為上，中國人與西方人的習慣有著最強烈的對比。在中國，病情就像一種信號，與病人有關的所有人都會從四面八方趕來打擾，人數與病情成正比。所有人都沒有想到病人需要安靜，讓人覺得不可思議的是，也沒有人要求保持安靜。絡繹不絕的前來探望的客人需要迎送和招待，那些擔心病人死亡的人發出的痛苦聲，而和尚、尼姑等等驅鬼大師把一切弄得更是喧鬧沸騰。而在西方人看來，處在這種環境之中，死亡應該是一種幸福的解脫。那位知名的法國夫人對那些探望她的人說，請原諒，她正忙著死亡。面對這種情景，西方人都會產生憐憫的情緒，而中國人卻認為，這樣不識抬舉的請求絕不會有，就算真的有，也不會有人接受。

在這個紛紛擾擾的世界的任何一個地方，人們的擔心與焦慮都在所難免。中國人不僅與別的民族一樣在歷經磨難，甚至歷經的磨難更為深重。很多地區的中國人時常處在死亡的邊緣，他們的社會生活條件就是這樣的惡劣。降雨量少一點點，就意味著數以萬計的人要忍飢挨餓；降雨量太多，又意味著他們的家園將毀於洪澇，完全只能聽天由命。

任何一個中國人總是難免要打官司，只要沾上官司了，哪怕是與案情毫無關係，也擺脫不了傾家蕩產的厄運。不是危言聳聽，這樣的災難隨時會悄然而至。在我們看來，等待一場會帶來各種可怕後果的災難的驟然降臨是最恐怖的一件事。而中國人可能是因為災難的不可避免，當他們面對這些事情的時候，他們通常只是「眼睜睜的忍著」，這個民族最明顯的特

性之一正是如此。親眼目睹過災荒年月裡數以萬計的默默餓死的人，懂得這其中的意思。想要徹底了解中國人，就必須親自去觀察。不過不管怎麼觀察，西方人還是不能真正理解中國人，如同中國人不能真的理解個人自由與社會自由的觀念，而盎格魯－撒克遜人則繼承和發展了這一理念。

　　不管從哪個角度去觀察，中國人對我們來說，總是並且始終是一個謎。我們會一直去探究他們，了解他們，直到我們堅信，中國人比我們更「麻木不仁」。這個意味深長的推斷如何影響這個民族與我們將來的關係，我們不想妄加猜測，但這種影響肯定會與日俱增。至少整體來說，我們堅信，適者生存。在 20 世紀這場殘酷的生存角逐中，究竟是「神經緊張」的歐洲人，還是永遠不知道疲倦、無所不往而又麻木不仁的中國人更適於生存呢？

十八、中國人的惰性

十九、中國人的因循守舊

十九、中國人的因循守舊

　　與別的民族相比，中國人的黃金時代已經過去了，關於這一點，中國人比別的民族更清楚。古代的聖人本身，談起更遠古的「古人」時，都是用極其尊敬的口吻。孔子也聲稱自己不是開創者，而是傳播者。他的使命是把長期以來被忽視和誤解的古人的知識收集起來。正是他的鍥而不捨，才成就了這項偉大的事業，使他成為了他們民族最受崇敬的聖人。他連結古今，傳道授業，當之無愧的成為聖人的代表。

　　儒家的道德理論認為，有了明君，才會有良民。君王是盤，民眾是水；盤的方圓決定了水的方圓。由這個理論可以推斷出，明君統治時期，美德盛行。連目不識丁的苦力都會告訴我們：「堯舜」時期，夜不閉戶，由於沒有小偷；第一個發現遺失的物品的人，會守在那裡，直到有第二個人來，他才走開，這樣一個替一個的輪流守候，直到失主的出現，再完璧歸趙。

　　中國和中國人有一個普遍的觀點：世風日下，人心不古，今不如昔。實際上，這種厚古薄今的傾向全世界各個民族都有，只是中國人對這種觀點更加深信不疑。古代文獻記載了古代的所有美德，現今的一切都只不過是沿用承襲，正是因為這個原因，這些文獻備受推崇。傳統的中國人看待那些古代經典，就好比虔誠的基督教徒看待希伯來語的《聖經》，它們都是被認為這些經典包含了最高和最優秀的智慧，無論古今，一樣適用。一個優秀的基督徒壓根就不相信《聖經》還需要修訂，而中國的儒學家一樣，認為那些古代經典根本就不需要再增補。他們一致認為，這些經典已經至善至美，企圖讓它更加完美，絕對不可能。

　　正如眾多虔敬的基督徒用《聖經》的文字去解釋《聖經》作者心中從未想像過的事物一樣，儒學家也會用「先聖」的理論解釋現代政府的某些行為，並且從中發現古代數學甚至是現代科學的根源。

古代的經典造就了中華民族，也成就了政府體制，不管這種政府的體制具有什麼性質，它的永久不衰卻是不爭的事實。為自己保存那些經典與文化，是這個民族的首要原則。所以，一種統治方式經歷了如此漫長的年代依然適用，儘管這並非獨一無二，但人們對它的敬仰之情與他們對古代經典的敬仰之情是一樣的。誰能弄清楚並解釋出中國政體發展至今的過程，那麼，他的發現勢必是驚天動地的。於是我們可以清楚的看到，為什麼別國經歷過的內部革命，中國卻沒有經歷。

有這樣一個故事，說有人砌一座石牆，六英呎厚，四英呎高。人家問他為什麼砌得那麼奇怪，他說這樣的話牆被吹倒之後會比過去更高！中國的政體是一個立方體，它在任何情況下都不可能被推翻，即使被翻倒，那也只是換個面，它的外表與內涵始終沒有被改變。這一過程反覆出現，逐漸使中國人明白了，中國政府演變的結果不會發生任何本質的改變。人們深信，設計者和建造者有著無與倫比的智慧。任何改進的建議通通都是胡編亂造。所以，人們就這樣成就了今天的說法，說古人的智慧明顯高於後人，後人的劣勢顯而易見。

懂得了這些道理之後，我們就很容易理解中國人因循守舊的根源了。中國人與古羅馬人一樣，認為舉止與道德是互通的概念，同出一源，本質相同。在中國人看來，違反風俗習慣就是冒犯了最神聖的禁區。我們不必因此對這些風俗習慣刨根問底了。勇敢的保護中國的風俗習慣已經成了中國人的一種本能，就像一頭母熊保護幼熊。實際上，這種本能不僅僅是中國人有，整個人類都具有。但是我們發現：這些成千上萬的準備為某種信仰而獻身的人，卻並不了解他們自己的這種信仰，也不會按照這個信仰的具體信條去約束自己的生活。

我們不知道中國的風俗習慣是用何種方式形成的，如同我們不知道中

十九、中國人的因循守舊

國的語言是怎樣形成的一樣。而風俗習慣就像人類的言語，一旦形成，就很難改變。而且，中國各地的風俗和語言的形成條件存在著不同程度上的差異，因此，十里之內我們就能看到令人眼花繚亂的、各式各樣的風俗；同時，這些語言語調也不盡相同，也就是令人捉摸不透的各地方言。風俗習慣和語言一旦固定下來，就像石膏一樣，你可以摔碎它，但你改變不了它，至少理論上是這樣。不過理論與實際總有差別，任何風俗習慣都不是一成不變的，只要有一定的條件，它或多或少都會發生一些變化。

最能說明這個道理的例證，是清朝統治者在所有中國人中推行一種全新的削髮髮型。這種明確的屈服標誌，理所當然的遭到成千上萬的有志之士的拚死反對。但是，這在清朝歷代都是這樣做的，他們不改初衷，使之成為忠誠清朝的標誌和尺度。我們現在看到的一切便是其結果——中國人以自己的辮子為榮耀。現在，只有廣東和福建兩省當地人還殘存著對清朝的仇恨，他們用頭巾來遮蓋民族恥辱。

佛教引入中國，也是靠戰爭幫助它實現了鞏固地位的，從那以後，佛教完全扎根下來了，如同中國本土的道教一樣，不可替代了。

中國的風俗習慣從起源一直到今天，從來都是一成不變的。於是我們很容易就得出這樣一個論斷，既然它存在了這麼長的時間，那麼它就是合理的。這種長期以來確立下來的習慣，是一種可怕的專制，全國人民必須習慣於這種風俗，不需要一個解釋的理由，人們的責任就是遵從，事實上，人們確實是毫無疑問的遵從了。這個國家的各個地方的人們，宗教信仰的程度大相逕庭，可以肯定的是，千百萬奉行「三大宗教」的儀式的人們，卻缺乏對這些宗教的信仰，如同他們對埃及象形文字的一無所知一樣。假如你要問他們，遵從某種特定宗教習俗的原由，下列兩種回答是最常見的：（一）說這種與神溝通的全套方法是古人傳下來的，自然有其毋

庸置疑的道理。（二）認為大家都這樣做，所以，我也應該這樣做。在中國，機器帶動齒輪，而不是齒輪帶動機器。既然整個國家的人民都是這樣做，那麼，無須多言，遵從潮流就是了。

蒙古人有個風俗，每一個會吸鼻菸的人，都要和朋友一起分享。只要碰到朋友了，他們就會把這個小鼻菸壺掏出來，讓朋友吸一吸。假如這個帶著鼻菸壺的人盒子裡的菸吸完了，他也會把空的鼻菸壺遞給朋友，朋友也會徑直拿來假裝捏一捏，最後又把它遞回去。如果客人表現出認為菸盒是空的，那就不得體了，必須順從這種恰當的做法，這也算是給了主人的面子。所有的這些禮儀都是約定俗成的，在很多特定的場合下，人們只能遵從。就像珊瑚早就沒有了生命，但留下了珊瑚礁，因此，必須小心翼翼的依照航線行駛，以免翻船。

不只是中國人才會這樣死守規矩辦事的，印度的苦力也是這樣，他們習慣於用腦袋來負重，甚至在為造鐵路而運泥土時也這樣做。承包商提供了手推車，這些苦力就把手推車也頂在頭上。巴西的苦力也像印度苦力一樣搬運東西。一位外國紳士叫巴西僕人去寄一封信，令他驚訝的是，他看到那個僕人竟然把信放在頭上，並在上面壓了一塊石頭。一樣的思維僵化造就了一樣的行為僵化，中國人辦事也是這樣。這樣的例子數不勝數：一個廚師每次做布丁時總是先敲開一個雞蛋再把它扔掉，因為他第一次看人做布丁時，那個雞蛋恰好是壞的。一個裁縫在一件新衣服上也縫上了一塊補丁，因為替他做樣子的那件衣服上就有一塊補丁。這些都是真實的事例，我們並沒有故意誇大其說。

每一個熟悉中國習俗的人，都能舉出不少例子，證明中國人因循守舊。如果中國人不告訴我們他們這樣做的原因的話，我們根本無法理解他們的做法。在北緯 25 度附近的中國鄉村，按照整個國家的固定做法，人

十九、中國人的因循守舊

們都在冬天脫下皮衣，夏天戴上草帽，誰不這樣做，那才可笑呢。在某些地方，不到寒冬臘月不會燒炕來取暖，不管過渡時期有多冷。如果一位旅行者來到這樣的地方，正趕上一場寒流，就會發現，無論如何他也說服不了店主把炕燒熱，因為季節沒到！

眾所周知，中國的工匠拒絕採用新的方法，但也許最為保守的就是那些替外國人燒磚窯的工頭。有一次，讓他們燒製一批方磚，比當地流行的尺寸稍大一些，其實這只要按要求準備更大的模子就可以。等到問他們要磚時，磚卻沒有燒製出來。讓工頭對此做出解釋，他卻說拒絕接受這樣的革新，還底氣十足的說，天底下就沒有這樣的模子！

任何一位與中國休戚相關的人，與這個偉大國家有關聯的人都會發現，因循守舊影響了外國人與中國和中國人的關係。19 世紀末，注定是中國歷史的關鍵時期。大量的新酒湧入中國，為中國人準備好，但中國人只有用舊酒囊來裝它。中國人天性中因循守舊的本能，使得他們迄今為止才接受了極少量的新酒，即使是裝了少許的新酒，也是另外找了一些新瓶去裝。

中國人對待西方人採取的是拖延態度。一方面不太願意接受新事物，另一方面則是不願意放棄舊的事物。好比我們看到的年代久遠的古屋，其實早就應該拆了，可是人們還是用粗糙的泥柱子撐在那裡，以便延遲古屋的壽命。因此，儘管那些風俗習慣、迷信、信仰現在都已經過時了，可人們還是一如既往的履行著這些陳舊的風俗習慣。人們常說「舊的不去，新的不來」，這句話還是有些道理的。變化的過程可能長期受阻，但是總有一天它會突破的。

剛開始引進電報的時候，某省的英國總督還奏明皇上說，當地人對這一新發明極端排斥，以致電線都架不起來。然而，與法國開戰的那段時

間，連電線的支架都換了模樣，很快，電報站也順利的建成了，電報也立刻受到了廣泛的歡迎。

迷信風水是中國人的一大特徵，這幾乎成了在中國修建鐵路的不可踰越的障礙。第一條很短的鐵路線，建在開平煤礦的一個出口處，因為要穿過一大片中國人的墓地，所以需要遷墳讓路。在英國和法國也有過這樣的事。如果情況只是風水與火車的較量，那麼，只要看一眼被分為兩半的墓地，就足以讓人們明白風水永遠都敵不過火車。因為資金的問題，這條最初路線在延伸擴展時被耽誤了，而這絲毫與風水沒有任何關係。

處理重要的事務時，中國人因循守舊的本性也會侵犯慣例。在中國，百善孝為首，如果一個官員死了父母，他必須回家居喪守孝，但是宰相卻不能這樣。儘管他再三「聲淚俱下」的申辯，皇帝會拒絕他的請求，讓他繼續操持國家大事，實際上這些年他一直沒有回家探望過父母，他應該回家為母親居喪守孝的。父為子綱、君為臣綱是中國最牢固的禮儀關係。因此，最近一次更換統治者時，皇位由旁系繼承，繼位是一個年幼的皇帝，而他的父親還在世，於是，這位小皇帝的親生父親只能在自殺和永遠退隱之中選擇一種命運。因此，光緒繼位，他的父親醇親王就得掛印辭官。醇親王生病期間，他兒子作為皇帝，數次前去探望，只能以探望下臣的名義探望他。探望需要一些權衡，因為兒子是自己的君主，而兒子畢竟又是自己的親生兒子。

因循守舊的本能，使得中國人十分注重先輩留下來的風俗習慣。假如外國人能正確的去理解並謹慎的運用中國人的這一本能，那麼，他在與中國這樣一個既敏感，又固執守舊的民族打交道的時候，就多了一把非常有用的保護傘。只須模仿中國人的行為方式，不去追根究柢，刻意順從現存的所有實際情況，並在他們受到指責的時候盡力的去為他辯護就可以了。

十九、中國人的因循守舊

這樣，居住在中國內陸或其他地方的外國人，都會像住在北京的外國人一樣，明智的因循守舊，這也是最安全的保護自己的方法。看似船隻無法航行的暗礁，只要穿越過去，那將是另一片和平與寧靜的水域。

二十、中國人的固執與順從

二十、中國人的固執與順從

透過我們的僕人，我們對中國人有了最初的了解，可以說，他們是我們了解中國人特性的第一任老師。只不過他們沒有意識到這一點，而我們對他們也總是忍不住要抱怨起來，儘管如此，我們總是忘不了他們為我們上的課。

我們與中國人的往來越來越廣泛，使我們漸漸發現，雖然僕人只是中國人當中非常小的一部分，但是我們透過與他們相處而得出的結論，放在更廣泛的領域和中國人群中也同樣適用。實際上，從某種角度去討論，任何一個中國人都是整個中國民族的一個縮影。這一章我們要討論的是中國人的順而不從的特性，這個標題看上去互相矛盾，令人不大滿意，可實際上卻也是最合適的，稍微加以描述，就不難理解其中的意思了。

在中國居住的外國人通常會僱用僕人，而其中廚師是最能左右全家安寧的一個。當女主人叮囑一個新到任的廚師，告訴他應該做什麼，不應該做什麼的時候，他恭恭敬敬的表示願意接受一切，彷彿他就是一個服從的化身。他真誠的表示贊同家裡現有的一切規矩，隨時都在給人親切的感覺，但是這不能代表他已經贏得了大家的認可。女主人專門舉例告訴他，前任廚師有一個壞習慣，他經常會把還沒有完全發好的生麵團放進烤箱。還有很多的事情都不能令女主人滿意，最後他們吵起來了。不過，新廚師的陳述非常令人滿意，他說自己不管有什麼缺點，一定不會固執到要和女主人吵架的。女主人還叮囑他，最好不要讓她在廚房看到狗、吸菸和痞子。他回答說，他不喜歡狗，也不會吸菸，是個外地人，在城裡只有幾個朋友，當然他們不是痞子。接下來，他開始履行自己的職責。沒過幾天，女主人就發現，這個新廚師和前任廚師如出一轍，在烤麵包方面，他也是在生麵團還沒有發好的情況下就把它放進了烤箱；廚房裡也時常有很多陌生人進進出出，還有人帶著狗；廚房裡的香菸味非常濃，經久不散。廚師

自己也承認，麵包沒做好，不過這一定是因為揉得不夠，其實他對揉麵很有一套的；廚房的那些進進出出的陌生人是他的「哥們」，不過他們根本就沒有養過狗，並且他們只是來看一下，以後不會再來了（女主人第二天又看到了他們）；僕人們都不會吸菸，那些菸味應該是從隔壁傳過來的，隔壁家的僕人都是癮君子。這個廚師是一個講道理的人，不過他不懂得根據需求去改變，所以，他也就不懂得怎樣去改變。

還有一件事。叮囑一個苦力去割草，給他一把雪亮、鋒利的外國鐮刀，他微笑著說這個很好。不過在工作的那天，他使用的卻是中國鐮刀，是一把由大約 4 英吋的舊鐵片加上一個短柄做成的鐮刀。他彷彿在向我們說，舊的更好。我們告訴洗衣工人，用這些外國的洗衣機，衣服洗起來更節省時間，還省力，省肥皂，關鍵是洗得也更加乾淨；再配上一臺脫水機，既省力又不會損壞衣服的纖維。不過，洗衣機和脫水機都成了「有用的廢品」，完全被閒置在一邊，而洗衣工人還是一如既往的用手搓洗和擰衣服，結果衣服都被洗壞了。要想讓他們改變，除非我們不停的督促他們。

叫園丁利用一下手頭的磚坯去修補一下破損的圍牆，然而，他卻說在牆頭插上一些樹枝更好，並且真的這樣做了。你去詢問他這樣做的原因，他會把這樣做的好處一一為你講解。僱一個人把一包重要的郵件送到很遠的地方，傍晚的時候把包裹交給他，按理說，他應該第二天清晨出發。可是第二天下午，居然發現他在附近的巷子裡。把他叫過來，問他怎麼回事，他的解釋是，他需要休息一天洗襪子！僱車夫也會出現這種情況。叫他走那條路，其實別人都走那條路，他也答應就這麼走，可是他卻把你帶到了另一條路，原因是，他聽人說過，那條路不好走。這些廚師、園丁、苦力和車夫，全都不相信我們的話，他們只相信自己的判斷。

187

二十、中國人的固執與順從

　　在外國人開的診所和醫院裡，也經常出現這種情況。醫生替病人做了仔細的檢查，還為他們配好了藥。醫生反覆叮囑病人，拿到藥以後，什麼時間吃藥，吃多少，一定要記清楚，不能搞錯。病人也擔心出差錯，來回跑了好幾趟，終於弄清楚回家了。然而，回到家他們就把什麼都忘了，居然一口氣把兩天的藥都吃了，理由是，療效的好壞自然是與藥量成正比。為病人貼一片膏藥，反覆的叮囑他不要動它，當然，這種叮囑並不能阻止他去揭掉這片膏藥，理由是，我可不想變成一隻「烏龜」，讓自己的皮膚上長出一層硬殼。

　　通常，在一個診所裡，主治醫生擁有各種醫學頭銜，而且經驗豐富，而助手則大字不識得幾個，也不懂藥的名稱和病理的症狀。但是一般的醫生都認為，助手和主治醫生的看法都很重要。有時候，甚至看門人和苦力的一句話也能使病人全然不顧醫生的囑咐，而採納的意見往往是極其愚蠢且很可能致命的謬論。所有的這些事聽起來很讓人難受，但是這都是豐富的例證。

　　目前為止，我們所舉例說明的都是外國人遇到的中國人順而不從的事情，因為這些事情是我們最先發現的例證，也是直接影響到我們切身利益的事情。並且，我們越是深入的了解到中國人真實氣質的人際關係，就越能隨時隨處看到中國人的「口是心非」。中國的僕人對待中國的主人與對待外國的主人是一樣的，一樣的順從且討好。然而他們不懂得僕人是不能擅做主張的，他們的主人也會要求僕人必須唯命是從的。外國雇主通常會要求雇員切實的按照規定做事，假如他們不這樣做，雇主就會不停的警告或者懲罰他們。

　　我的一位朋友僱用了很多僕人，他們極端的忠誠，但也極端的固執——所以他們可謂是既難得又討厭的人。我的這位朋友在談起這些人

188

時，一般都會流露出面對這些僕人的左右為難的痛苦。他常常不知道是開除他們，還是獎勵他們。中國的雇主十分清楚，他們的指令會被擱在一邊，不過他們懂得事先做好準備，如同為了防止壞帳準備一些備用金一樣，或者如同機械學原理所介紹的那樣，為了減少摩擦留一些空隙。

實際上，中國的各級官員在他們的相互關係和與最高層的關係中，也會出現這種類似的忽略命令的情況。通常違反上級命令的原因有這幾種：個人的懶惰，幫助親朋好友，當然，最重要的是金錢的誘惑。

一位地方官因為飲用水的品質不好，就命令他的僕人用水車到幾里外的河裡去運水。而他的僕人並不總是按照命令做事，他跑到附近有甜水的村莊去取水，取來的水完全符合官員的要求，並且少走了三分之二的路程，結果還是非常令人滿意。實際上，假如這位官員真的知道他的僕人不是按照他的命令做事的，可是，只要結果是有利自己的，那麼，他就不會責怪這個僕人了。中國人堅信「會捉老鼠的貓，就是好貓」。一件事做好了，每件事都能做好。

害怕得罪人是中國人的天性，他們生怕出亂子，所以，有人違反了命令，即使有 500 人知道事情的前因後果，也不會有一個人跑去報告的。這是一個典型的中國僕人，他的主人叫他把水池裡的水用容器裝起來，以便日後使用，他卻把水全部倒進了井裡。所以，從表面上看來，他完全服從，其實他做的又是另一套。

雷尼（Rainey）博士曾說起這樣一件事：廈門的某官員把國家的公文分成兩部分，而在前面放的卻是後半部分的公文，目的就是讓別人讀不明白。中國的大臣在與外國人打交道的時候，就經常使用這種手段，他們根本就沒有打算讓外國人滿意。

而在中國，執法過程中的違法事例也是屢見不鮮，完全背離了法的初

二十、中國人的固執與順從

衷。地方官判處一名罪犯戴兩個月的枷鎖，只能在晚上卸下來。不過，那個命令隨時可以修改的，只要犯人在「最關鍵的地方」破費一些銀兩就可以了，然後，在大部分的時間裡，他都可以悠閒的把枷鎖扔在一邊，只需要在地方官進出的時候帶上那些枷鎖，裝裝樣子就行了。難道說地方官對於這些賄賂全然不知情嗎？他是不是應該當場抓獲這種違背判決的人呢？通常，他不會這樣做。地方官自己也是中國人，他心裡清楚，判決書宣布後，人們是不會特別在乎它的內容的，所以，他會把服刑期延長一倍。實際上，外國人會不斷的看到這種現象，因為這只是各部門官員之間關係錯綜複雜的眾多實例中的一個而已。

上司命令下屬去檢查某一環節的執行情況，下屬非常恭敬的告訴上司，這件事已經辦好了，而實際情況是，他在那段時間裡根本沒去處理這一件事。而通常這件事就會到此為止。如果上級不斷的加壓，並且下達了急切的命令，下屬就會把這種壓力轉嫁給更下一級的官員，並把上司的指責也轉嫁給他們。這種壓力會一直持續，除非負責這件事的人不再追究，於是一切又恢復如初。這就是所謂的「改過自新」，就像禁止鴉片銷售和種植一樣，這種「改過自新」忽冷忽熱，而結果自然是不言而喻。

很多人都說中國人是最「固執」的，現在，我們用「順」這個詞去形容他們「不服從」的特性，好像很矛盾。我們必須重申並確定，其實中國人不是最固執的民族，在這方面，他們還比不上盎格魯－撒克遜人。在他們像騾子一樣的倔強中暗含著一種依順的特質，所以，我們說他們「順」，而這恰恰是盎格魯－撒克遜人不具備的。

中國人從來不會野蠻的拒絕別人的指責，這恰好印證了中國人「順」的天性。而盎格魯－撒克遜人就做不到這些，他們都不曾見識過這樣的順從。中國人絕對會非常樂意的、耐心的、專心而又誠心的接受你向他指出

的缺點，還會虛心的說：「是我的錯，是我的錯。」當然，很可能他會是因為你的善待而感激你，並一再向你保證，他會立即徹底改掉那個你剛才為他指出的缺點，而且永不再犯。而我們也十分清楚，這些漂亮的承諾只是鏡花水月，然而，就算是碰不著邊，事情也可能會因此結束。實際上，你仔細觀察一下就會發現，他們做的那些似乎還是符合你的要求的。

最恰當的比擬是把中國人比作竹子。竹子高雅，用處廣泛，並且很柔軟，中間是空的。東風吹來，它朝西彎曲，西風吹來，它朝東彎曲，沒有風的話，它紋絲不動。竹子的幼苗是棵草，可是草能打結，竹子的幼苗卻不能，儘管它也很柔軟。恐怕世界上最溫柔的要數頭髮了，它能夠拉到一定的長度，拉力一旦消失，它就立即縮回去了。實際上，頭髮只能根據自身的重量倒向任何方向，很多人的頭髮一般都是，長成什麼樣子，就是什麼樣子。不過有一種頭髮俗稱「牛舔過的」，就是那種一綹翹著很難梳理的頭髮，其他頭髮則無論有多少，都必須順著這個方向梳理。假如把我們居住的地球看作是一個頭的話，那麼，中華民族就是那一綹古老的牛舔過的頭髮，它可以梳，可以剪，也可以剃，就是生長的方向始終如一，亙古不變。

二十、中國人的固執與順從

二十一、中國人的公共精神

二十一、中國人的公共精神

《詩經》，是中國最古老的經典之一，其中記載了一句農夫的祈禱：「雨我公田，遂及我私」，具體意思就是及時雨先下給公田，再下到私田。不管在周朝的興盛時期，在以後的列朝列代是否真是如此，現在肯定聽不到這樣的祈禱了，無論農夫還是其他個人都不會再祈禱雨先下到「公田」裡了。實際上，中國政府在本質上是一個家長制的政府，要求臣民順從聽命。一個種植園的黑奴聽到一個「人人為自己，上帝為大家」的說法，結果卻用他自己的話說成了是「人人為自己，上帝為自己」！而這位黑奴對這句古老格言的新解正道出了普通中國人對權力的根本想法：「我不得不顧及自己。」至於政府，在他看來，「政府那麼強大，可以照顧自己，用不著我們去幫助」。而政府一方，儘管是家長，卻主要忙於照顧家長自己，而不是照顧家庭的每個成員。政府通常在沒有危難的時候什麼都不做，危難一旦降臨，才會被迫做更多的事。人們很清楚，政府致力於減輕河水連年泛濫帶來的災難，其原動力是為了避免賦稅的損失。人們為避免這種災難所做的任何努力，也都是從自我保護的本能出發。同時，因為自己做事能避免政府徵集更多的苛捐雜稅。

中國的道路是一個最典型的事例，足以證明政府如何忽視公共事務，也足以證明民眾如何缺乏公共精神。大量的事實證明，中國曾經有許多官道，它們連接著這個國家許多重要城市，大道鋪有石頭，路兩旁還有大樹。道路的荒廢隨處可見，不僅在北京附近的省分，而且湖南和四川這些遙遠的省分，道路的荒廢也是很嚴重。修築這些道路需要投入很多錢，但需要的維修費卻不多，可是所有的人都忽視了維修與保養，於是，廢棄的道路不僅不再是必要的交通要道，反而成了出門旅行的障礙。如果說這些道路是在明末清初的動亂歲月裡損壞的，那麼，即使是扣除那些政治動盪的日子，也還有 250 年時間，在這麼長的時間裡，這個國家完全可以修復

這些重要的交通幹線。可惜的是，沒有人去修，實際上連這種要求都沒有人曾經提出來過，結果就是我們今天看到的一切。

民眾的態度和政府的態度是互為影響的，所有的民眾都只關心自己的個人財產，公共財產彷彿與自己無關。道路等公共設施這樣的概念屬於公眾，在中國人的意識裡根本找不到。「江山」（即這個國家）只屬於當今皇上，他能在位多久，這份「財產」他就能占有多久。道路自然也是皇上的，一切與道路有關的事都讓皇上去操心好了。但是，從另一個角度去理解，道路與田地不同。道路在很大成分上並不屬於皇上，因為大部分道路只不過是田間的小路，想使用這些道路的人可以任意使用，不必像田地那樣需要獲得擁有者的同意，其原因在於使用道路是生活必需的。道路屬於田地，需要像田地一樣交稅。顯然，土地的擁有者並不比別人從使用道路上獲益更多。於是，農夫受利益的驅使，就會盡量的縮小道路，擴大溝渠和田埂，使別人只能走在窄窄的田間小路，交通也變得更加困難了。如果夏天的暴雨把田裡和道路沖毀了，農夫就會走到路上，把自己的泥土鏟回來。與此同時，加上自然的排水和頻繁的塵暴，道路最終變成了水溝。「公用道路及其通行權」，中國人壓根就沒聽說過。

在天津與北京之間的北河上航行的乘客，有時會注意到河上的一些小旗，問一下才知道，插旗的地方埋著水雷，旗子是在提示過往船隻繞行！還有，一支中國部隊在炮擊訓練時，直接在國家的交通幹線上架起大砲，極大的阻礙了交通順暢，還驚嚇了附近的牲口，結果引發了嚴重的混亂。

有人想裝卸貨物，便把馬車停在馬路中間，任何想要使用這條道路的人，只有等他做完工作才能繼續往前走。如果一個農夫要砍倒一棵樹，他通常會讓這棵樹橫躺在路上，趕路的人只能等到他砍完、搬走。

鄉村自由自在的生活方式與擁擠的城市道路形成了鮮明的對比。北京

二十一、中國人的公共精神

寬闊街道兩旁，擺滿了原本不應該擺設在那裡的貨攤，除非皇上恰好經過那裡，那就搬開。皇上剛剛過去，貨攤又被搬回到老地方了。中國大多數城市裡的街道巷道狹窄，各式各樣的手工作坊充斥著整條街道。殺豬的、剃頭的、流動的飲食攤、木匠、箍桶匠，還有其他各種手藝人，都各自在路邊安營紮寨、隨著大都市的生活節拍一起跳動，各盡所能、相互交織。甚至婦女也會抱出被褥，當街擺開晾晒，因為她家的小院子沒有路邊寬闊。在中國，幾乎所有東西都能擺到街道上去。

　　沿街擺設的小攤不僅僅妨礙了交通順暢。木匠會在攤前擺出一大堆木頭，洗染工會掛起長長的布匹，做麵條的又會當空晾起麵條，他說小攤前面的空地是攤主的，而不是那些來來往往的「公眾」的。處於目前發展階段的中國人，卻無法接受這樣的觀念：擁有所有權的人，就應該負起維修的責任。即使派一個人去修路（這樣的事情永遠都不會發生），他也不會有時間和材料。更不可能讓很多人一起做，因為每一個人都會憂心忡忡，唯恐自己比別人做的事多。實際上，當地的地方官可以很容易的讓沿路各村各自負責一段合理的距離，以保證道路全年都暢通無阻。但是，這個美好的主意沒有進入任何一個中國官員的頭腦裡。

　　屬於「公眾」的東西，中國人不僅不會放在心上、隨意占用，甚至還成為偷竊的目標。鋪路的石頭被民眾搬回家去了，城牆上的磚也一塊一塊的消失了。中國某港口城市裡，外國人墓地的圍牆，甚至被拆成了平地。幾年前，北京皇宮裡發生了一件偷竊大案，十分轟動——紫禁城一些建築頂上的銅飾被盜走了。中國人都知道，大清國18個省中，皇帝最好騙。

　　我們時常會聽起這樣一個提問：中國人到底有沒有愛國主義。這個問題三言兩語是說不清楚的。毫無疑問，強烈的民族感情是有的，尤其是在知識分子身上。他們的強烈感情中更多的是對外國人的仇視，並且宣稱西

方人的發明源於中國。近年來，湖南省滿大街都流行著通篇惡意誹謗的排外文章。這些文章試圖引發一場混亂，藉此好把外國人從中國境內驅逐出去。中國人認為，印刷這些文章的動機值得稱讚，如同我們看待抵抗無政府主義一樣。這些控訴，大都是誤解導致的，另一部分原因在於中國人對西方民族的強烈的仇恨。可能會有許多中國人認為，這些攻擊完全是出於愛國。究竟這些人的所作所為是受報效國家的願望驅使，還是為報酬所誘，還有待考證。不是說，愛國者就一定要是一個對當朝前途命運十分關心的人。但是，我們有理由說，無論是哪個朝代，國民大眾的情感與現在的相同，他們一樣極度的冷漠、不關心。孔子曾經在《論語》中說過一句意味深長的話，表達了人們對公共事務的態度：「不在其位，不謀其政。」我們認為，這句話在一定程度上屬於結果，而在極大程度上源於中國人普遍的「事不關己，高高掛起」。

古伯察先生的親身經歷，就是這種風氣一個很好的例子：「西元1851年，道光皇帝大喪的那段時間，我們離開京城去了外省旅行。一天，我們在一家小旅館喝茶，旁邊有幾位中國人，我們想隨便討論一下政治。我們談到了皇帝的死訊，這麼重要的事情肯定會吸引每一個人的注意力。我們表示擔心將由誰來繼位，那時繼位人選還沒有公布。我們說：『誰知道皇上的三個兒子中由誰來繼位？如果是長子，他會沿用目前的政府體制嗎？如果是幼子，他還太小，據說有兩派對立的勢力，他會依靠哪一派呢？』我們簡單的說出了自己的各種猜測，以便引出這些淳樸百姓們的看法。但是我們所說的一切，他們壓根就沒有在聽。我們又一再循循誘導，想聽聽他們對繼位或者其他事情的看法，因為我們認為國家大事很重要。但是，他們只知道搖頭，吞雲吐霧，低頭喝茶。這種冷漠真叫人惱火。一個有點身分的中國人從椅子上站了起來，像個家長似的把雙手放在我們肩上，帶

二十一、中國人的公共精神

著嘲笑的語氣說：『聽著，朋友！幹麼要去費力不討好的做那些無聊的推測呢？這事歸大臣管，他們拿著俸祿。我們別白操那份心。我們瞎思索政治，沒用！』『就是這個道理。』其他人異口同聲的附和道。然後，他們又指著我們的茶杯說：『你們的茶快涼了，菸斗也空了。』」

我們還記得，西元 1860 年，英國軍隊進攻北京時，那些運輸的騾子就是從山東人手裡買來的；天津和通州出於各自利益考慮，簽訂了投降條約，說只要英國人和法國人不侵擾這兩個城市，他們願意提供任何物資，外國聯軍中大部分必不可少的苦力工作，也是由香港僱來的苦力來完成的，這些苦力在被中國軍隊俘虜後被剪去了辮子，然後又被送還給英軍。只能說，中國人有的愛國主義和公共精神，與盎格魯－撒克遜人所理解的不一樣。

當人們站起來反抗統治者的壓迫和苛捐雜稅時，總會有一些有能力的人在領頭。在他們的領導下，人多勢眾，政府被迫妥協。但是，不管如何處置這些「愚民」，領頭人總是不可避免的成為典型，為了實現正義，他們犧牲了生命。只有這種捨生取義的人，才是公共精神的最高典範。

每逢中國歷史上的關鍵時刻，特別是改朝換代之際，忠誠果敢之士總是挺身而出、義無反顧。這樣的人應該受到最高的褒揚。他們不僅是真正的愛國主義者，而且用無可辯駁的證據，證明了中國人在具有公共精神的領袖帶領下，完全可以激發出最英勇的行為。

二十二、中國人的思緒

二十二、中國人的思緒

　　我們說中國人「思緒含混」，不是說只有中國人才會思緒含混。事實上，作為整個中華民族，他們絕對有能力在世界民族之林中獨立自主，他們的智力也絕對很高，而且不存在絲毫的衰退跡象。但是需要提醒大家的是，中國人受教育的程度不普遍，那些沒有受過完整教育或者從來沒有受過教育的人，在運用中國語言的時候，總是容易思緒含混，好像是犯了律師所說的「事前從犯」的罪行。

　　很多人都知道，漢語的名詞是沒有格的變化的，它們的「性」和「格」都沒有。漢語的形容詞也沒有比較級。漢語的動詞也是一成不變的，所有的「語態」、「語氣」、「時態」、「人稱」和「單複數」根本限制不了它。名詞、形容詞和動詞之間也不存在明顯的區別，每一個漢字，只要能用，哪裡都可以用，完全不用擔心會出任何問題。如果硬要說中國語言不能用來交流人的思想，或者說想用中國語言把人類的各種思想表達清楚非常難，那也不過分。但是，我們的感受是，這種語言結構，就像夏日的酷熱自然就會使人昏昏欲睡一樣，它只會引起我們的「思緒含混」。

　　特別是在與一個沒有受過教育的中國人交談時，一定要搞清楚他話裡的意思，不過這也是非常困難的一件事。他的話通常聽上去都是賓語，而且這些字複雜的排列著，簡直莫名其妙，完全摸不著邊。然而，說話的人卻認為，沒有主格沒關係，這樣一來，他是很清楚自己在說什麼，但是聽眾能不能理解，他不管。非常有經驗的專業猜測家，可以為很多的中國人所講的話補上那些缺失的主語或謂語，並說出這其中包含的歧義，但是他們一定不能說出這些中國人話裡的真正意思。還有的時候，整句話中最重要的字往往被卡掉了，你完全找不到任何頭緒，簡直無從談起。並且，在談話中，說話人在改變主語的時候，絲毫不會給你任何態度、音調以及細節上的提示，於是，你會突然發現他已經把話題轉移到別人身上了，他不

再像剛才那樣說自己，而是在說道光年間的他的祖父。在我們看來這就是一個謎，我們完全不懂他是如何做到說到這裡，又瞬間轉到那裡，然而，這種成功轉換的絕技我們每天都能看到。而在中國人看來，預先不給出提示，然後從一個主題、一個世紀、一個人跳到另一個主題、另一個世紀、另一個人，簡直易如反掌，如同一個人在窗口觀察小蟲子的同時，完全不轉移視線就可以看到遠處山坡上的牛群一般。

不可否認，漢語動詞沒有時態，中國人在講話的過程中，對時間和地點變化的標記從來不解釋清楚，而同時，他們的思緒也往往處在一種含混狀態。如果面對這種情況，可憐的外國人對那些一連串瞬間就會消失的想法還是饒有興致的話，用一連串的詢問去獲得真正的內容，應該就是最理想的方法，如同一位山區的獵人在沒有路的森林裡用斧子開闢出一條路一樣。「你現在在說誰？」搞清楚這個問題之後，再去問接下來的問題，「你說的是什麼地方？」、「什麼時候」、「這個在做什麼」、「他們這樣做的目的是什麼」、「最後的結果是什麼」。所有的問題被你提出的時候，那些中國人可能都會帶著一種困惑的表情，或者是一種懇求的表情看著你，好像在懷疑你的五官有問題。不管怎樣，沿著這樣的線索一直追問下去，你就一定會找到阿里阿德涅（Ariadne）的絲線，將人們從絕望的迷宮中解救出來的。

對於從未受過教育的中國人而言，任何想法都會使他詫異，因為他一點心理準備都沒有。他弄不明白，因為他壓根就不想弄明白。在他進入狀態之前，他需要用相當的時間動一下腦子。他的心靈好比腐朽炮座上的一門鏽跡斑斑的舊滑膛炮，瞄準之前需要拚命調整方向，但最終肯定還是啞炮。所以，假如你問他一些簡單的問題，比方說「你多大年紀了？」他會茫然的注視著提問的人，反問道：「我？」你回答說：「對，就是你。」

二十二、中國人的思緒

他內心一驚，振作起來，回答說：「多大年紀？」「是的，多大年紀？」他沉思了幾秒鐘，再一次調整焦點，問道：「你是問我多大年紀？」「是的，」你說，「你多大年紀？」「五十八。」他終於明確無誤的回答了問題，這一炮總算是瞄準了目標。

心智含混的一個顯著的例子，就是一種用事實本身去解釋事實原因的習慣。「在麵包裡撒上一些鹹鹽不是更好嗎？」你問一個中國廚師。「我們沒有在麵包裡放鹽的習慣。」他這樣回答。「你們這個城市裡有那麼多那麼好的冰，為什麼冬天裡不用點冰來冰東西？」「不，我們這座城市裡的人在冬天是不拿冰來冰東西的。」如果那位聲稱「能夠弄明白事情原由的人是快樂的」的拉丁詩人曾經在中國生活過，他肯定會把這句格言改成：「試圖去弄明白事情原由的人是不快樂的。」

心智含混的另一個象徵是，人們通常在轉告一個人的想法時，會出現轉告的內容與本意有差錯。叫某甲去告訴某乙，再讓某乙轉告某丙，這在中國是最愚蠢的行為。要麼這個訊息根本沒有傳遞，因為相關各方不明白這是個重要訊息，要麼傳到某丙時已經有些差錯，以至於他弄不明白究竟是怎麼回事，要麼就是與原先完全不同了。

在這樣一個複雜的機器裡，指望三個齒輪會吻合默契，絲毫不會因為磨擦而導致機器停止運轉，這種想法非常不著邊際。恐怕就算是那些理解能力高超的人，也會感到在聽到與複述一個想法時，不添油加醋、不減斤少兩，是非常困難的，好比清水之中的一根直棍，折射出來的樣子總是扭曲的。

一個善於觀察的外國人，會經常碰到這樣的情況：「他為什麼要這樣做？」你對一種怪異的行為提出疑問。「就是這樣的。」對方通常都會這樣簡單的回答。那幾個常用詞，總是會使這種含混不清的回答越演越烈，

十分令人惱火。「多少」表示疑問，「幾個」表示肯定。「你來這裡多少天了？」你問道。「是的，我來了好幾天了。」對方這樣回答。漢語中一切具有歧義的詞語中，歧義最大的便是人稱（或非人稱）代詞的「他」或者「她」，甚至「它」。說話人有時候只是模糊的指向他所評論的主語的住所方向，或者朝著這個人現在居住的地方指一指。然而，這個單音節的「他」往往是指一個關係代詞，或者指一個指示代詞，也可能是指一個限定性的形容詞。

　　透過這些情況去聽一位中國人的談話，就好比英國法庭上證人的證詞，一場毆鬥往往會被他們描述成這樣：「他有一根棍子，他也有一根棍子，他狠命打他，他也狠命打他，如果他打他打得像他打他那樣狠，死的就會是他，而不是他。」

　　「剛才叫你，你為什麼不來？」你問一個怠忽職守的僕人。「不為什麼。」他的直言不諱想必能讓任何人驚訝。

　　心智含混還會導致許許多多、各式各樣的令人尷尬不已的行為，因此，做事井井有條的外國人總是覺得難以忍受。廚師總是想把佐料一次用個精光，這已經成了一種慣例，可是到做下一頓飯時，他連必需的佐料都沒用上。問他怎麼回事，他會坦率的說：「沒有佐料了。」「那你為什麼不及時再要一些呢？」「我沒有再去要。」他認為滿意的解釋就是這樣。

　　你與某個人結一筆帳，很麻煩的打開保險箱，細心而又認真的算好錢給那個人。然後，你們坐下來聊天，你們亂七八糟的聊了「老半天」，這時，他才淡淡的說：「還有一筆帳你沒結給我呢。」「剛才保險箱開著的時候，你為什麼不跟我講，那樣就可以一次付清了嘛。」「哦，我認為這兩筆帳是兩回事。」

　　還有這樣的情況：一家診所裡的醫生已經為一位病人診治了很長時

二十二、中國人的思緒

間，可是沒過多久，他又回到候診室。醫生對他說，他的病已經看完了，他可以回家了，他卻輕鬆而簡潔的對醫生說：「我還有一個病沒看！」

我們認為最愚不可及的事情，就是延誤疾病的治療，而中國人的普遍習慣就是這樣，原因有很多，可能是病人太忙，也可能是捨不得花錢。在他們看來，忍受高燒一遍又一遍的折磨，要比花上十個銅錢（約合一美分）—— 買一劑肯定能治好病的奎寧來得實惠。我們無數次的看到，因為病人自己的忽視和拖延時間，反而會使病情發展到了致命的地步，而實際上，只要抽出幾個小時的時間去看病，病就一定能治好。

有一個人，住在離一家外國醫院大約半英里的地方，他在外出時不小心染上了某種眼病，回家之後病情進一步惡化，可是他卻天天希望病痛會自動痊癒，兩個多星期後，他終於忍受不了病痛的折磨才去醫院看病，結果卻是 —— 他的一隻眼睛的角膜因潰爛而完全失明。

另外一名病人，每天都去醫院治療他脖子上一塊嚴重的潰爛，但是直到第十八天，他才告訴醫生他的腿疼得讓他整晚都睡不著。檢查後醫生發現，他腿上的潰爛已經惡化到像一個茶杯那樣大，那樣深！原來他是打算治好脖子之後，再說他的腿！

中國人生活中諸如此類的現象，使我們想到查爾斯·里德（Charles Reade）一部小說中的這樣一句話：「人類並不缺乏智力，但在智力上有缺陷 —— 他們頭腦糊塗。」

中國的教育，完全不能使受教育者全面的掌握一門學科，並把這些運用到實踐中去。西方人普遍相信，有些傳教士確實能證實：即使經書上有天花病毒，自己在布道時也不會被感染上。可是在中國，同樣的現象卻十分怪異。中國的狗不會按常理自己去追捕狼，如果你看到一隻狗在一隻狼後面跑，那麼，一定不會是狗在追狼，牠們可能是在往相反方向跑，或者

至少是直角方向。還有一些相似事例，中國人在說到某個特定話題時也是這樣，他常常會說著說著就離話題越來越遠了，偶爾好像是要將話題討論到底，但最後還是離開了這個話題。說得筋疲力盡，可是話題還是沒有說完。

中國的兩極分化相當嚴重，那些富貴的人與窮困的人，受過極好教育的人與愚昧無知的人，都生活在一起。貧困而又無知的人數不勝數，因為他們的眼界狹窄，心智混亂。他們好比是井底之蛙，在他們看來，天空只有黑暗中的一小片光亮那樣大。他們當中的大部分人，從來沒有走到離家十英里以外的地方去看看。他們也沒想過要比周圍的人過得更富足。在他們身上，我們看不到一切民族都普遍具有的本能的好奇心，似乎他們的這種本能已經消失殆盡了。就算他們知道離家不到一英里的地方住著一個外國人，但他們也絕不會想要打聽一下，關於他從哪裡來，他是誰，他想做什麼？他們全然不在乎。為生存而奮鬥是他們唯一關注的事情，除此之外，他們一無所知。人是不是真的像人們普遍認為的那樣有三個靈魂，還是一個，還是連一個沒有，他們通通都不知道。因為這些事情與糧食價格無關，所以他們根本就看不出其中會包含什麼意義。關於來世的說法，他們篤定不移，他們相信壞人來世會變成狗或蟲。他們也真誠而又簡單的相信，人們死後，軀體會化為塵土，而靈魂 —— 要是有的話 —— 也會在空中消失。然而，西方所謂「務實的人」的種種力量，造就了他們這種人，在他們看來，生命由兩個部分構成，一個是胃，一個是錢包。這樣的人是真正的實證主義者，因為他根本就不能理解自己沒見過或聽過的東西，於是，他們對這樣的東西也很自然的沒有了任何概念。生活在他們眼中，只不過是一系列的事實，而通常這些事實都是令人沮喪的。關於事實以外的東西，他馬上就成了一個無神論者，或者是一個多神論者和不可知論者。

二十二、中國人的思緒

他的依賴本能非常容易滿足，偶然給他一些意外的尊敬，或者是施捨點食物給他就可以了，然而，所有這些都仰仗於他周圍的人的習慣。他認為，心理和精神絲毫不起作用，或者說它們根本就不存在，而人的肉體始終是獨自成長與發育的。

灌輸一種新生活，是試圖把這種人從麻木狀態中拯救出來的唯一辦法。新的生活會向他們傳達由基督教創始人揭示的崇高真理：「人是有精神的」，只有這樣，「神的啟示才會為他們帶來智慧」。

二十三、中國人的猜疑

二十三、中國人的猜疑

　　沒有一定的相互信任，人類就不可能存在於一個有組織的社會之中，尤其是像中國這樣一個組織如此嚴密而又複雜的社會。雖然大家都贊同這個說法，但是有一些現象還是值得我們去注意，儘管這些現象可能會與我們的理論相衝突，但對於那些熟悉中國的人來說，這確實是毋庸置疑。我們將要談到的關於中國人互相猜疑的許多情況，對中國人自己來說非常平常，因為這是所有東方人所共有的特點。只不過中國的表現形式更加突出而已。實際上，不僅是中國人，人類的各民族都會猜疑，假如一個人碰巧知道一些與他本人全然無關的事情，其結果往往會特別嚴重，沒有什麼事情比這種危險性更能引起那些可怕的猜疑了。

　　在中國，互相猜疑就像這個民族一樣悠久。這個國家各地高聳著的城牆最能吸引人注意的。這與拉丁文裡「軍隊」一詞就意味著訓練或操練一樣，「城」這個字在中文裡的意思，就是用牆圍起來的城市。而且中國的律法有規定，每個城市都要把城區圍起來。與其他法律一樣，這並不是明文規定，所以，城牆得不到任何保護，坍塌損毀屢見不鮮。我們親眼看見，有一座被太平天國軍隊包圍並占領好幾個月的城市的城牆完全遭到摧毀，但在之後的十多年裡，這些城牆也一直沒有得到修復。不少城市只有薄薄的泥牆，老百姓的狗都可以隨心所欲的爬上爬下。這些衰敗的景象只能說明一個問題，這個國家正在走向衰落。一旦面臨危機，第一個措施就是修城牆。可是實施維修時，官員們以及其他暴發戶又成了其中的掠奪者，他們能最直接的透過這一舉措壓榨老百姓。

　　中國政府對人民的不信任，所以中國的城市才會有那麼多的城牆。儘管在理論上，百姓是皇帝的子民，而地方官又被稱作「父母官」，但他們都知道，這些都是純粹的專業術語，就像「加」和「減」一樣。而人民與其統治者的關係，實際上是孩子與一個繼父之間的關係。在中國的歷史

中，農民起義層出不窮，實際上，只要政府及時採取適當行動就可以避免很多衝突。或許是政府有為難之處，政府並沒有及時行動；或許是政府不想那樣做。與此同時，老百姓在慢慢的造勢，其實政府也心知肚明，而官員們卻迅速撤入準備好的防禦區裡，像縮到硬殼裡的烏龜，或者是躲在刺球裡的刺蝟，而把這場騷亂交給軍隊去擺平。

和別的東方人的城鎮一樣，中國人所有房屋都有高高的圍牆，這又是他們相互猜疑的例證。一個外國人在與中國人交談時談到類似倫敦或者紐約這些地方，如果故意把她們說成是「有圍牆的城市」，連外國人都會感到尷尬。那些對西方有興趣的中國人也會困惑不解：這些國家的人民何以能夠生活在毫無圍牆遮攔的地方。儘管缺乏足夠的依據，中國人還是會立刻斷言：這樣的國家肯定沒有什麼壞人。

中國各地的農村，人們喜歡聚集了住在一個地方，簡直像極了一個個微型的城市。這一點，又一次證明了中國人喜歡相互猜疑。防的不是外族入侵，而是他們自己人。據我們所知，唯一不這樣聚居的一個例外便是山區，那裡的土地非常貧瘠，只能養活一、兩戶人家，而那裡的人又是如此貧窮，窮得都不怕賊偷。貝德祿先生曾這樣描述四川省：「農民及其雇工，無一例外的住在田邊的農舍裡，他們往往是相互分隔，而不是擠作一堆。」如果像李希霍芬（Richthofen）男爵所言，這之所以成為例外，是因為這個偏僻省分的人比別的省分的人更希望和平，那就證明了貝德祿先生的評論：這種希望歷經了過多痛苦的失望，特別是太平天國起義的那些歲月 —— 儘管在此之前有過長期的和平。

東方人，包括中國人，在社會生活中的關於相互猜疑的最重要例證，就是對待婦女的態度。這些說法是人們再熟悉不過的了，整整一章都不能闡述清楚。青春期的女孩子，是一種「危如私鹽」的商品。一旦她們訂立

二十三、中國人的猜疑

了婚約,她們外出走動的時間就比從前更少了,一點點風吹草動,就會引起惡毒的閒言碎語。有一條社會公理,說的是「寡婦門前是非多」。儘管中國婦女的自由比她們在土耳其或印度的姐妹要多得多,但中國人對婦女的尊重還是不夠。婦女普遍不能接受教育,處於從屬地位,存在一夫多妻制和納妾制度,所有這一切做法都不尊重婦女,而尊重婦女正是西方文明的一個特點。我們可以輕而易舉的找到並引用一些通俗的說法,來說明中國人對婦女的一般的看法,這些說法可以視為長期經驗的總結。她被說成生性見識短,而又不可信任,是嫉妒的化身,俗語說:「婦人最妒。」這裡,「妒」讓人想起,或者故意讓人想起它的近音字:「毒」。有一首中國古詩,充分表達了這個理論:

青竹蛇兒口,
黃蜂尾上針。
兩般由自可,
最毒婦人心。

中國語言結構恰當而無意的公正性,隨帶的例證了這些觀點,其構成方式值得注意。我曾經向一位漢語方面的傑出學者請教了這一問題,他仔細考查了 135 個部首從「女」的常用字,發現其中有 14 個是褒義的,如「好」、「妙」等等,86 個中性。但那些貶義的字,其餘的 35 個則是貶義,並且包含了整個語言中最為可恥的含義。女字旁結合聲旁表示「欺詐、詭詐、卑鄙、不忠、自私」;3 個女字組在一起,表示「私通、通姦、誘姦、陰謀」。

中國流行這樣一種說法,人們之間之所以互相猜疑,是有兩個原因:其一,因為他們互相不了解。其二,因為他們互相之間太了解了。中國人

覺得，任一原因都足以引發互相之間的不信任，他們也就相應的見機行事了。儘管中國人生來就有聯合在一起的能力，這時常令人想起化學上原子的結合。然而在適當的時候，透過適當的途徑，就可以很容易的確知，中國人並不想相互信任，不過他們的表面工作做得很好。同一個家庭中的各個成員，時常會成為互相猜疑的犧牲品。這些猜疑是由兒媳們煽起，為了分得共同勞動的收益，妯娌們經常挑撥她們的丈夫，引發他們互相的嫉妒。

　　關於家庭生活，此處不作展開，那會占去整整一章。我們接下去注意一下另一種同樣普遍的情況，這些人與家庭生活沒有複雜的關係。家裡的一群僕人，如果他們不是由同一個負責他們所有人的人介紹來的話，他們之間的關係是所謂的「武裝的中立」。如果有什麼不利於某個僕人的事情傳出來，他問自己的第一個問題，不是「主人是怎麼發現的」，而是「誰把我的事情告訴他的」，即使這個僕人明知自己已是罪惡昭彰，他的第一個念頭仍然認為其他僕人懷恨於他。我們曾經聽說過這樣一件事情：一位中國婦女聽到院子裡有人大聲說話，臉色立刻變了，怒氣沖沖的衝出房間。因為她以為一定是在爭論與她有關的事，但實際上只是在談購買稻草的事，抗議賣主的要價太高了。

　　如果一個僕人遭到突然解僱，這種猜疑一定會煽起戰火。他會疑心除了他自己之外的所有人，斷定有人說了他的壞話，堅持要知道自己為何遭到解僱。儘管他明知理由充分，甚至是其中的任何一條都可以解釋得通。他的面子一定要保住，他猜疑的本性一定要發揮。這些事情時常發生在中國家庭，以及有中國僕人的外國人家庭，可能程度不一樣而已。因為一個中國僕人知道能把外國人的好脾氣利用到什麼程度，但他知道中國主人是不會那麼好擺弄的。這就是為什麼有那麼多的外國人，至今還僱用著那些

二十三、中國人的猜疑

早就該解僱的中國僕人，因為他們不敢解僱這些僕人。他們心裡清楚，只要一提解僱，就如同捅了馬蜂窩，也就是惹惱了那位受到指責的僕人。他們沒有勇氣採取斷然措施，唯恐失敗之後，後果會更糟糕。

有一個關於奧地利一座城市的故事：中世紀時，這座城市遭到土耳其人圍攻，而且馬上就要被攻占了。關鍵時刻，一個奧地利女孩想起自己有許多蜂箱，於是就立刻搬來倒翻在城牆上。城牆外的土耳其人已經快爬到牆頂了。結果，在蜜蜂的驅逐下，土耳其人一方迅速敗退，城市也因此被保住了。中國人的計謀與這位奧地利女孩的計謀如出一轍，而中國人的成功時常只是一種象徵，因為這種騷擾正如一位拉丁語教授所說的暴風雨，人們接受「面對風暴的警報」，但拒絕「面對風暴本身」。怪不得有這樣一個說法：「用人不疑，疑人不用。」中國人在這種情況下所採取的辦法，通常都是閉目塞聽，假裝沒看見，但這個辦法對一個外國人來說不是那麼輕易做到了。

我們發現有必要讓我們的孩子記住，當他們自己在世上獨立生活的時候，最好警惕陌生人。而中國人即使在小時候也不需要這種告誡，因為他們吃奶的時候就已經吮進了這種謹慎了。中國人有句俗話說：「一人不進廟，兩人不窺井。」我們驚奇的問，為什麼一個人不能走進廟裡？回答是，因為和尚通常會做一些謀財害命的事！而兩個人不能一起往井裡看，是因為如果他們其中一個人欠另一個人的債，或者一個人想得到另一個人的東西，所以他難免會趁機把同伴推入井裡！

還有一些互相猜疑的例子，發生在日常生活之中。在西方，有自由且不會受壓制，而在中國則恰好相反。對我們來說，對症下藥是處理事情的最為簡單、最為有效的方法，這是理所當然的。但在中國就得要考慮許多不同的其他因素。凡事都是如此，在涉及錢與糧這兩種構成大多數中國人

生活的核心時，這種感覺最為明顯。一筆原本可以交給別人來分給大家的錢，卻已經按照既定方案分好了，這對於中國人來說，不大可能，因為這種分配他沒經歷過，而他所經歷的許多次分配，總有一個顯著特點，那就是，被扣除了不少錢。同樣，很難安排一個中國人去負責別人的食物分配，儘管仔細詢問之下，接受食品的人也並不認為主管食物分配的人扣下了一部分以供己用，這種情況下，不滿情緒可能完全壓制了，但沒有理由認為、也在表面上看不出來，人們就沒有在互相猜疑。的確，只有外國人才會有這樣的疑問，因為中國人早就料想會那樣，正如他們有理由肯定凡是機器都有摩擦一樣。

中國餐館的店小二有個習慣，在客人付完錢即將起身之際，大聲報出帳單上的細目，這並不是為了稱讚客人出手大方，而是有更實用的目的；讓別的店小二明白，他自己並沒有偷偷的拿客人給的小費或者說「酒錢」，實際上，他們在心裡一直希望客人能給一些小費。

要辦一件需要商量和協調的事，只要派人送封信就可以安排妥當，在西方是這樣，在中國卻不行。當事人必須親自出馬，去見對方的負責人。如果對方不在家，就得再去，直到見到為止，因為否則的話，沒有人能擔保因透過仲介而事情沒有被歪曲。

人們時常會談論中國人的社會團結。有些情況下，整個家庭或者家族的所有成員似乎都會去干預某些家庭成員的個人私事。一個異姓人，如果他聰明的話，就不會插手這樣的事情，以免替自己沾惹麻煩。有一句實在是很管用的話，意思是外姓人的忠告不可靠。這個傢伙來瞎攪和我的事情，什麼意思？肯定別有居心。如果對老鄰居尚且如此，那麼，對那些局外人或者沒有特別關係的人，更是難以想像。

在中國，「外」這個字的含義，有不同的範圍和意義。外國人因為來

二十三、中國人的猜疑

自外國，所以受到排斥；外村人因為來自外村，所以也受到排擠。如果一個外人，沒人知道他來自何處，他又不想讓人知道，那麼，後果勢必很嚴重。一位謹慎的中國人心裡總不免這樣嘀咕：「誰知道他葫蘆裡賣的什麼藥？」

如果一個旅行者不巧走錯了路，到達一個村莊時夜幕已經降臨，他會發現，沒有一個人肯走出房子替他指一指路。我有一次就打轉了好幾個小時，甚至想出錢請人帶路，也沒有人願意聽一聽我的這個請求。

中國私塾裡有一種傳統，所有學童，都要大聲誦讀課文，這極大的損傷了他們的發音器官，也使外國人心煩意亂。如果有人打破沙鍋璺（問）到底，他會聽到這樣的解釋：假如聽不到讀書聲，教書先生就會懷疑學童讀書不專心。而那種讓每個學童背對著先生背誦的奇異做法，也是為了讓先生能肯定學童沒有偷看！

並不是每一種形態的文明都主張人們應該款待陌生人。所羅門的許多關於小心提防陌生人的箴言，在與東方人實際接觸之後，有了新的含義，但中國人謹慎到了一個令人難以超越的高度。一位受僱於外國人專門收集童謠的中國教書先生，有一次聽到一個小男孩哼唱著一首沒什麼意義的兒歌，恰好這位先生以前沒聽到過，他便讓這個小傢伙再唱一遍，結果小男孩嚇得趕緊跑掉了，再也找不到了。這個小男孩是中國環境的典型產物。如果有個人發了瘋，離家出走了，而他的朋友到處找他，希望聽到一點他的線索，他們很清楚要找到他的蹤影，幾乎不可能。如果他曾經在某個地方待過，卻又消失了，找他的人自然要問，你對他做了什麼？這樣，麻煩很容易找到你。所以，面對陌生人的問話，人們肯定會採用的最為保險的辦法，裝作什麼都不知道。

我們已經從親身經歷中學到，一個陌生的中國人試圖尋找一個大家都

知道的人，也會碰到同樣情況。有件這樣的事情：一個看似來自鄰省的人，向人打聽到了去他要找的那個人的村莊該怎麼走。但當他到達這個村莊之後，卻失望的發現全村人不約而同的否認有這樣一個人，還說連聽都沒聽說過。這種眾口一詞的假話並非事先有意編造好的，因為根本沒有機會。全村人同時採用這種對策，這是一種本能的自我保護，就像一隻草原犬鼠看到陌生的東西，就會縮進洞裡一樣。

在任何與之相似的事情中，從一聲招呼中的細小方音區別，就可以判斷一個人大體從何而來。一個鄉下人碰到城裡人，城裡人通常都會盤問他，他住的地方離其他許多地方有多遠，似乎要肯定一下他有沒有騙他們。同樣，學者們並不滿足於詢問一個自稱是秀才的人何時「進學」，還要問他文章的題目是什麼，他作文的具體思路。其實這樣很容易就能揭穿騙局，也經常如此。一個人不能指望冒充是某個地方的人，因為口音多少有點不同，會讓他露出馬腳的。一個陌生人不僅會發現自己難以找到某人的線索，這種做法會引起普遍懷疑，而且如同前面的例子那樣，整個村子都會這樣做。我就曾經派幾個中國人去尋訪一些長期在一家外國醫院就診的中國人，結果沒有找到其中的任何一個。有一次，終於有個病人大膽的與陌生人說話，但他只說出自己的姓，姓屬於一個大家族，他斷然拒絕說出自己的名和別人對他的稱呼。另外有一次，一位信客到一個村莊查找一個收信人，但全村的人都像一無所知的白痴一樣退避了，最後，所有線索都斷了，什麼都沒找到！這個例子中，這位陌生人在一、兩英里中沒能找到要找的人，其實要找的人就住在離他幾十公尺遠的地方。

我熟識的一位老人，有個十分富有的鄰居，跟他一樣，以前是中國一個神祕教派的成員。問起老人這位鄰居的事，告訴我說，兩人的房子離得很近，一起長大，並共同度過了大約 60 年光陰，卻不打交道了。「為什

二十三、中國人的猜疑

麼會這樣？」「因為他老了，不太出來。」「那你為什麼不時常去看看他敘敘舊？你們是不是關係不好了？」這個人笑了笑，搖了搖頭說：「關係很好，但他有錢了，我卻很窮，我要是去他那裡，人家會說閒話。」

中國人本能的承認他們互相之間存在著猜疑，最明顯的例子是，他們不願意單獨待在一個房間裡。如果出現這種情況，客人會感到局促不安，趕緊走到外面的走廊裡去，意思是：「不要懷疑我，你也看到，我沒拿你的東西，我不在乎這些東西。」一個自重的中國人去拜訪外國人，也會這樣做。

沒有什麼能比一個人死得蹊蹺，更能引起中國人最強烈的猜疑了。典型例子是出嫁的女兒死了。儘管如前所述，她活著時父母無力保護她，但她死後，如果對她的死有疑問，一定程度上，她的父母占據了主動權。她的自殺是一種機會，使她父母不用再忍氣吞聲，相反，他們可以昂首挺胸，提出苛刻的賠償要求。如果對方不答應，兩家就會打一場曠日持久而又極其煩人的官司，其首要動機就是報復，而最終目的還是為了保住娘家的面子。

中國有個古老的格言：「瓜田不納履，李下不整冠。」這個充滿智慧的格言代表了一個普遍的真理。在中國生活，走路都必須謹慎小心。這就是為什麼中國人生性沉默寡言，而我們卻不會這樣的。星星之火，可以燎原，他們知道這一點，我們卻不知道。

中國人的商業活動，從很多方面證明了他們的互相猜疑。買賣雙方互不信任，因此，雙方一致認為，暫時把事情交由嚴格保持中立的第三者，這樣做對自己的利益最有好處，因為雙方的利益分成只能透過討價還價來達成。只有拿到錢，生意才算做成。如果這件事情有不少內容，有些就得寫下來，因為「空口無憑，立字為證」。

中國金融市場的混亂狀況，一部分原因在於錢莊不信任顧客，而顧客也不信任錢莊，並且雙方都很有理由。中國南方甚至中國任何地方每一枚加蓋印戳的銀元，都證明這個偉大的商業民族的猜疑本性；儘管他們想做成一筆生意時是精明的，但不願做一筆生意時，他們更精明。一個顧客，中國人外國人都一樣，總希望在天黑之後用銀子去買賣或者消費，這件事情本身就值得懷疑，難怪城裡的商家們都不斷忠告說：今日打烊，明日請早。

中國的銀行系統看上去十分複雜，從馬可波羅的描述裡我們知道，中國錢莊匯票很早以前就開始使用。但這些票據不是很普遍，而且看來也只在極其有限的範圍內流通。相距 10 英里的兩個城市的錢莊，會拒收對方的匯票，而且這樣做確實挺有道理。

中國的高利率，從百分之二十四到百分之三十六以上，這是互相缺乏信任的一種見證。這種過分的榨取，主要不是錢的使用費，而是重大風險的保險金。中國根本就沒有我們所熟悉的西方國家的投資方式，這並不是因為這個帝國的資源開發得不夠充分，而是因為人與人之間普遍的不信任。「人無信不立」，正是由於這個原因，中國人會繼續他們的相互猜疑，當然，他們的利益也將因此受到極大的損害。

前幾年，報紙上刊登了一段關於紐約華人社區情況的報導，這為我們提供了中國在商業上互相猜疑的奇特例子。這個中國人的組織大概與中國人在別的城市建立的組織沒有什麼不同，他們有自己的市政府，還有 12 名知名人物做市政官員。他們把市政府的錢和文件存放在一個很大的鐵製保險箱裡，為了確保絕對安全，他們鎖上了一排 12 把笨重的中國式銅掛鎖，而不是紐約各家銀行那種結構複雜外觀漂亮的密碼鎖。這 12 位市政官員每人掌管一把掛鎖的鑰匙，如果要打開保險箱，就必須 12 個人同時

二十三、中國人的猜疑

到場，每人打開自己的那把。這些傑出的市政官員中有一位不巧去世了，於是，市政事務陷入了極端的混亂。他那把鎖的鑰匙找不到了，即使找到，也沒人敢冒險拿他的鎖去開啟保險箱，這是因為害怕這樣一種迷信：死者會嫉妒他的繼任，讓他得同樣的病死去。直到一場特殊的選舉之後有人填補了這個空缺，才會有下文。這件小小的事故的確是一個窗口，可以從中清楚的看到中國人性格的重要特徵：極富組織能力、經商能力、互相猜疑、無限輕信，同時也蔑視西方人的制度和發明。

中國的政府結構，也同樣存在缺乏信任的例子。宦官其實就是亞洲所特有的一個例子，中國很早就有。但當今的清室卻用十分有效的辦法對付了這個危險的階層，剝奪了他們在歷朝歷代禍害他人的權力。

當不和諧的雙方，比如征服者與被征服者必須在高層次上合作時，必然會有猜疑。而滿人和漢人在管理政府方面的奇異結合以及人事安排，都說明他們之間相互猜疑：「六部」中滿人擔任正職，漢人也許就擔任副職。透過這樣的互相牽制和平衡，國家機器得以維持。龐大而重要的檢查機關同樣做出了這一貢獻。

那些了解中國政府內部運作情況的人，他們的觀點讓我們確信，我們所認為的中國人社會生活中的互相猜疑，也是中國官方生活的特點，不可能出現另外一種情況。中國人的本性就是，上級官員提防著下級官員，因為這些對手很可能會超越自己。另一方面，下級官員對上級官員也少不了猜疑，因為上級官員可以隨時讓他調任或免職。看來有充分理由相信：上下級官員都多多少少嫉妒龐大而有力的文人階層，而官員們又一致戒備著老百姓。後一種心境，可以解釋為什麼有那麼多半政治性質的社團，因而整個國家成了個大蜂窩。一個知縣可以壓制著名社團的年度聚會，只不過因為這個社團禁止享用鴉片、酒和菸草，打翻了衙門裡貪婪的「虎狼」的

宴席。他這樣做不是因為社團計劃反叛，證據確鑿，而是因為官方早就認定他們一定會那樣做。所有的祕密社團都是謀反的，這個也不例外。這種普遍的猜疑解決了全部問題，政府隨時干預，抓住帶頭人，發配或除去，於是猜疑被暫時擱置了。

很明顯，此處論述的中國人互相猜疑的特性，強化了前面討論過的保守特徵，於是新事物自然無法得到採用。人口調查，由於政府很少為之，致使中國的老百姓對此感到陌生，甚至連這種說法都不熟悉。因此，這種人口調查總是讓人疑惑不解，懷疑它的真正用意。這種猜疑的真實性，可以用我所住鄰村的一個事件來闡明。有兩兄弟，其中一個聽說已經下令進行人口調查，理所當然的以為這意味著強制性移民。在這種情況下，按照當地習俗，他們當中有一人要留在家裡看祖墳，弟弟預見到自己肯定要被徵走了，於是就自殺以逃脫了長途跋涉之苦，這樣就給了政府一個小小的打擊。

猜疑與保守的混合，使那些在美國接受教育的年輕中國人回國後，一直在荊棘叢生的道路上步履維艱；這一致命的結合，同樣也阻礙了中國對鐵路的引進。而對政府意圖的猜疑，將會長期阻礙中國需要的改革。30多年前，就曾有人向北京某位顯赫的政治家指出發行銀質鑄幣的重要性，他非常實事求是的回答說，永遠都不能去設法改變這個國家的貨幣：「如果嘗試著那樣做，老百姓立刻就會想到朝廷會從中謀利。」當然，事實就是這樣的。

開採礦藏也障礙重重。如果開採得當，應該能使中國成為一個富裕的國家。地下的「地頭蛇」，地上的貪汙和猜疑，層出不窮，使得這個計畫最基本的進步都不可能實現。不管好處有多大或者有多明顯，當人人對此猜疑皺眉之時，引進新事物便幾乎不可能了。已故的內文斯（Nevins）博

二十三、中國人的猜疑

士在煙臺為中國培植外國高級品種水果，做了大量的工作，這些水果明顯可以產生龐大收益，但他每做一步，就不得不先將這種猜疑各個擊破。換一個不夠耐心、不夠善良的人，早就厭惡的放棄這個計畫了。一旦有了好的收成，這種狀況就逐漸消失了。但是，當中國海關對養蠶種茶進行調查時，這種猜疑顯示得淋漓盡致。那些對這些事情感興趣的人，怎麼也不會相信，這個與以往累積的經驗相反的調查，目的不是徵稅，而是促進生產，增加勞動的收益。中國人對這種計畫在心裡所持的態度，可以用一句古老的荷蘭諺語來表達 —— 狐狸跳進鵝圈裡時說：「大家早安。」

我們還是接著來談這個話題與外國人的特殊關係。對外國人十分猜疑，時常伴隨（或許主要也是因為）這樣一種根深蒂固的想法，認為外國人有能力輕而易舉的去做成最不可思議的事。如果一個外國人走到一個人們不常見到他的地方，人們會據此推斷他在考察這個地方的「風水」。如果他注視著一條河流，那他一定是在探測河裡有沒有黃金。人們認為他有能力透視地下深處，看出有沒有最值錢的東西可以拿走。如果他參加賑濟饑荒，人們不用仔細思考，就知道他的最終目的是要騙走一批這個地方的人去國外當苦力。正是由於對「風水」的這些看法，外國人不能上中國的城牆。而在中國的外國建築物，其高度必須嚴格規範，如同帝國的邊界線一般準確。中國看來完全缺乏自然界一致性的信念。

貝德祿先生提到過四川某山區有一種說法，認為長罌粟的地方，地下就有煤。但這不單是無知的人的概念，因為一位教授宣稱說北京有位高階官員告訴過他同樣事情，並將不知道煤的生長速率來作為反對煤礦開採過快的理由。據說，已故政治家文祥讀了馬丁（Martin）博士的《基督教的證明》之後，有人問他有何看法，他回答說，書中科學的部分他準備接受，至於「宗教部分」（其中斷言地球圍繞太陽轉）他實在不敢苟同。

外國人來中國，這完全超出了他們的想像。看到李希霍芬騎馬遊歷鄉間，他那副毫無目的信馬由韁的樣子，使四川的老百姓把他想像成一場慘重戰鬥之後的逃亡者。許多中國人，儘管過後十分了解外國人，但他們第一次見到外國人時，如果這個外國人正巧個子很高，他們都會暗自吃驚。許多中國婦女受到勸告，她們一旦主動走進外國人的房子，要人命的咒語就會起作用，讓她們中邪；如果最終硬要她們進去，她們也絕對不會踩外國人的門檻，或者照外國人的鏡子，因為那樣很危險。

　　幾年前，來自中國內陸省分的一位年輕的中國學者，到我的居所來幫助一位新來的人學習漢語，由於他們那裡對外國人幾乎毫無所知，因此他與外國人打交道就不免有些困難。他待了幾個星期之後，突然想到他母親需要他去孝敬，就走了。他說好某天會回來，但再也沒有出現。在我這個外國人家裡的時候，這位精明的儒學家從沒喝過一口僕人按時送去的茶水，也沒吃一頓飯，生怕裡面含有迷魂藥。當另一位教書先生遞給他一個信封，讓他把自己寫給母親的平安家書放進去，並提醒他，只要用舌尖舔溼信封即可封口，但是他立刻緊張起來了，然後一臉歉意的請那位教師替他封信，因為他說自己實在不知道怎麼弄。

　　這種心理定向，使中國人對外國人印刷的中文書籍有了一種極度邪惡的看法。他們普遍堅信，書裡面有毒，而油墨的氣味就是毒藥散發的氣味。人們有時還會聽說，這種書誰要是讀上一本，就會立刻變成外國人的奴隸。我們聽說的一位年輕人的看法，與之略有不同，他在讀了這樣一本小冊子的開頭之後，就害怕的把它扔了，跑回家告訴朋友說，如果誰讀了這本書並且說謊，就肯定會下地獄！有的時候，分發宗教書刊的小販會發現，這些書送不掉，卻不像某些人猜測的那樣是因為人們敵視書的內容，其實書中內容既不為人所知，也沒什麼可在乎的，而是因為人們擔心，它

二十三、中國人的猜疑

是以贈書為藉口而進行敲詐，中國人太熟悉這種方法了。

假如一個外國人試圖記下中國孩子的名字，那麼，他一定會引起人們的恐慌。據說這種小事成功的弄垮過一所即將興辦起來的學校。記名字這種不明智的做法所引起的臆測，同樣會導致一場驚慌。漢字的羅馬化拼音系統，最初階段肯定碰到過這種反對和猜疑。為什麼外國人教學生寫的東西連他的朋友都讀不懂？這個世界上的一切解釋，都不足以向一個滿腹狐疑的中國老人交代清楚，因為他認為：漢字已經夠完美了，對他的孩子也就夠好了，比起不知祖先是誰的外國人的發明來要好多了。幾乎可以說，外國人提出的一切，都會遭到反對，道理很簡單，那是外國人提出來的。「順而不從」這個特點，會使你的中國朋友用最為客氣和準確的話向你保證，你的提議真的令人讚嘆，當然，也很不可靠。

在外國人看來，諷刺是一種非常便利的武器，但絕不適合中國人。外國人對待中國人的方式，絕不是中國人所理解的那樣。有一次，一個外國人對一個僕人的失職和過錯，曾以厭惡的語氣用英語罵他是「騙子」。這個僕人就問一位漢語很好的女士這是什麼意思，等他知道這個字眼是在指責他的時候，他委屈的說，「他心如刀割」。那些讀過湯姆（Tom）先生《伊索寓言》（*Aesop's Fables*）中文譯本的官員，他們的心態與這位北京僕人一樣。這些官員不禁悟出這些會說話的鵝、老虎、狐狸和獅子的隱晦含義，為了防止發生不好的事情，他們竟查禁了所有版本的這種書。

中國人對外國人的猜疑，最為頑固的要數發生在外國人開辦的醫院和診所裡的事情了，如今這樣的醫院和診所已經遍布中華大地。在廣大的病人之中，的確有不少人對外國醫生的好心和技術，表現出的信任既含蓄又令人感動。還有很多人的感受，我們不清楚，除非仔細詢問，才知道他們還在相信那些十分荒謬的傳言，比如把人的眼睛和心臟摘取製藥，外科醫

生具有把病人剁碎的癖好，外國人在地窖裡對孩子實施可怕的處理。一、兩年之後，這樣一個醫療機構的好處廣泛傳揚，雲開霧散，這類謠言不攻自破。但是，這些謠言隨時可能死灰復燃，只要一有機會，它們就會像黴菌一樣瘋狂的蔓延。

外國與中國交流的全部歷史過程中，中國人是猜疑和搪塞，外國人也有不少的嚴重失誤。這段歷史回想起來令人厭倦，而那些負責、出力不討好的談判的人，卻沒有吸取這段歷史教訓。在中國，個人自己往往不得不充當外交家，中國人應該明白他們該怎麼辦。我們下面的例子能夠很好的說明這一點。

有位外國人想在某個內陸城市租一棟住宅，而當地的官員卻擺出各種理由來拒絕。在一次事先有安排的會見時，這個外國人一副中國裝束，帶著不少書寫用品。初步交談之後，這個外國人慢條斯理的打開了他的書寫用品，放好紙，看看鋼筆裡面有沒有墨水，一副專心致志的神情。那位中國官員十分好奇的注視著這個過程。「你在做什麼？」他問道。這個外國人解釋說他只是整理一下書寫用品，沒有別的意圖。「書寫用品！用來做什麼？」「記錄你的答覆。」外國人回答說。這位官員趕緊向這個外國人保證說，沒必要記了，可以滿足你的要求！這個官員怎麼能保證，下次再說起那份神祕的紀錄時，他會承認其中的內容就是他說的，或者那是準確無誤的？

中國人製造謠言的能力絕對已經到了登峰造極的程度，因此，人人自危。前幾年，旅居新加坡的中國人中，就有這樣一種謠傳，使苦力們堅決拒絕天黑之後去走某一條路，因為據說在那條路上隨時都面臨著被人砍掉腦袋的危險。這個國家也許永遠不能從這種恐怖的時代裡走出來，這種真切的恐懼就像西元 1789 年法國大革命時期的巴黎人所感受的一樣。無限

二十三、中國人的猜疑

的輕信和互相猜疑，是這些可怕謠傳誕生和滋養的溫床。當這些謠傳與外國人有關時，長期而又痛苦的經驗顯示，絕對不能輕視，而應該剛傳出來就趕緊闢謠。如果當地官員能認真制止這些謠傳，也就不會造成這樣嚴重的後果了。如果不加制止，任其傳播，結果就會導致天津大屠殺那樣的暴行。中國的任何地方都適宜迅速傳播此類謠傳，幾乎沒有一個省分沒有這樣那樣的傳播過。為了徹底制止那種事件的爆發，極有必要抓緊時間著手於此，這如同地質學的結果一般重要。避免那種事件的最好辦法，是用無可爭議的實例教學，讓中國人確信：外國人是中國人真誠的祝福者。這種信念一旦牢固的確立下來，那麼，「四海之內皆為兄弟」才會真的實現。

二十四、中國人的人際糾紛

二十四、中國人的人際糾紛

在中國這樣一個人口無比稠密的國家，往往是一個大家庭共同擠在狹窄的住宅裡，於是爭吵在所難免。「你們家有幾口人？」你問鄰居。「一、二十口。」他答道。「你們什麼東西都大家公用嗎？」你問。「對。」這也是最常見的回答。這 15 到 20 個人，可能代表不是四代就是三代人，就這樣依賴一個買賣或者一塊田地維生，收入全部共有；所有家庭成員的需求，全都指望著這份共有財產。兄弟們為公共基金貢獻他們的時間和精力，但妯娌是非常重要的家庭成員，卻往往也是最難和諧共處的成員。她們年長的不免有點欺凌年輕的，而年輕的又妒忌年長的有特權。她們人人都在拚命告訴各自的丈夫，她在這個大團體裡最委屈。

造成家庭不和的一個根源，便是他們的孩子。這樣的條件所帶來的壓力，大概沒有哪個社會能忍受。西方安排得極好的家庭中，這種麻煩尚且屢見不鮮，那麼，在中國這個複雜而局促的大家庭生活之中，這種現象就更多了！產生不同意見的場合，與人們各自的目的和利益一樣，多得數不清。用的錢、吃的東西、穿的衣服、孩子、孩子間的爭吵、一隻狗、一隻雞，任何雞毛蒜皮的事都會引發糾纏不清的爭吵。

中國語言裡有一個最為高深莫測的字，可以用來表示生氣，可以委婉的翻譯成「憤怒的物質」，這個字就是「氣」，它在中國各種哲學和實際生活中最為重要。一個人發怒就是生氣，中國人相信，已經產生的「憤怒的物質」與人體之間有著某種致命的關係，因而盛怒常常被當作引起失明、心力衰退等各種病症的重要原因。一位中國醫生最先要問病人的問題，便是「什麼事情又讓您生氣了？」在中國見多識廣的外國醫生準備相信，中國人的「氣」，有能力產生中國人所說的那些疾病。

這裡有個例子可以鮮明的說明這一點：有一個生活在山東中部山區的人，他有一個妻子和幾個孩子，其中有兩個孩子還很小。西元 1889 年 10

月，他妻子死了。這使得這位丈夫十分惱怒，這並不像他回答別人時說的那樣，是因為他特別依賴妻子，事實上，他是因為根本不懂怎樣照顧好孩子。於是一怒之下，他抓起一把剃刀，在自己肚子上深深的劃了三刀。他的幾位朋友後來用棉紗線替他縫合了傷口。6天之後，這個人又生了一次氣，把傷口撕開了。這兩次生氣之後，他自己都記不清自己做了些什麼。然而，他已經從這些可怕的傷害中康復過來了，所以，6個月之後，他能夠走上幾百英里，去找一家外國醫院接受治療。他腹部的傷口已經部分癒合，只留下一個小瘻管，但腸子的正常功能受到了破壞。這是富有生命力的又一鮮明例證，我們之前討論過了。

大喊大叫的命令或批評別人，這是中國人難以糾正的積習。用正常的語調去奉勸別人，並不時的停下來聽對方的回答，這在中國人心理上幾乎是不可能的。他一定要喊叫，一定要打斷別人，這已經成為一種必需，好比一隻狗興奮時就要叫喚一樣。

中國人已經把罵人的技巧提升到登峰造極的程度。一吵起來，汙言穢語就如同一條骯髒的小溪那樣源源不斷。在這方面，英語實在望塵莫及。其惡毒和持久，不禁使人想到了比靈斯街的賣魚女人。相互之間稍有碰撞，就會罵個不停，就像碰在一起的兩根電線冒出火花。這樣的話，沒有地域差異，不分階級，不分男女，通通都會說，並且一直都是如此。經常有人抱怨說，女人罵得比男人更歹毒，時間也更長，所以，才有這樣一句俗語：「女人不裹腳，則鐵齒銅牙。」剛剛開始學說話的孩子，就從父母那裡學會了各式各樣罵人的土話，還經常用它來罵父母，而這在大人看來是非常有趣的。似乎中國人的第二天性就是罵人，並且完全不限社會階層。文人和各級官員，哪怕最高階級的官員，一旦被惹火了，也像苦力一樣使用這些汙言穢語。尋常百姓在街頭碰面，也用它作為調侃的招呼，對

227

二十四、中國人的人際糾紛

方也同樣回應，並且這被認為是關係親密的一種表現。

西方人的咒罵，聲音低沉，但惡毒，而中國人的咒罵似乎不提高嗓門就產生不了作用了。英語裡罵人的話，是一顆帶有翅膀的子彈，漢語裡罵人的話，則是一隻骯髒的皮球，這種罵人的話，大多被當作一種咒語。一個人發現自家種的麥穗的穗頭被掐掉了，儘管已經猜到是誰做的了，但他還是會站在村裡的路口，大聲的罵那個未知的使壞人。這個行為有雙重意義：首先，向大家通報他的損失，宣布他已經憤怒了，罵人也是他發洩的一種方式。其次，罵人可以作為一種懲戒，以防止他再來搗亂。而那個搗亂的人（臆想上的）則是窩在一旁，敬畏的聽著衝著他而來的詛咒，當然，他無法肯定自己沒有被發覺，儘管通常很難被發現。可能那個受損失的人完全知道是誰偷的，但當眾罵人似乎是最明智的做法，他樂意這樣做，這也算是給那個被發現或者被懷疑的罪犯一個正式的警告，勸他不要再搗亂。如果受損失的人被惹得非常憤怒，這樣做就是直接宣布他將報復。這就是中國人當眾罵人的理論。他們也承認，這樣做既不能阻止偷盜，又不能保證下次不再被偷，因為小偷未必就在眾人當中，他可能完全不知道自己挨了一頓罵。

婦女「罵街」時，就會爬上房屋的平頂上，一罵就是幾個小時，或者罵到嗓子啞了為止。一個體面的人家或許不會這樣罵街，但在中國的大部分地方，很難管住一個被激怒的女人。這樣的罵法，通常或者根本沒有人注意，人們有時發現一個男人在街頭大罵，或者一個女人在屋頂上大罵，自己罵得面紅耳赤，附近卻沒有一個人影。如果天氣熱，只要還能喘得過氣來，他們就會罵個不停，然後揮舞著扇子稍作休息，休息好了，再接著罵。

在中國，假如爭吵越演越烈，就幾乎不可能不以人身攻擊而告終了。在歐洲南部旅行的英國人，注意到他們在打鬥時總是猛擊肩膀並深感奇

怪。而中國人也是這樣，他們不會拳擊，即使學過，也不是科學的拳擊。中國人扭打到極致時，第一反應就是揪住對方的辮子，拚命拔對方的頭髮，這也是他們慣用且主要的攻擊方式。假如這只是兩個人的戰鬥，雙方又都沒有攜帶「武器」，那麼，這場戰鬥就會純粹演變成一場拔頭髮的比賽。

　　中國人的爭吵，也是一種罵人比賽，通常比的是聲音的高低，除了會因為不停的大罵而喊破嗓子之外，「交戰」雙方誰也不會有什麼大的損傷。我們從未聽說過有旁觀者在一旁慫恿動武。當然，我們看到並且總是希望看到的是，一個和事佬會馬上站出來打圓場。有時會有兩、三個和事佬。他們每人抓住怒氣沖天的一方，好言相勸，讓他息怒。爭鬥之中有利的一方，一旦發現自己被和事佬牢牢的看管著，就會加倍發火。他會故意繼續叫囂，直到另外有人來拉這個和事佬的手。但他表面上卻在噴發一陣陣的怒火，這對他自己對別人無疑都已經無關痛癢。即使在怒火沖天的那一刻，中國人也是服「理」的。他們不僅從理論上，而且在實際中都尊重理智。即使是在爭鬥的緊要關頭。誰見過吵架的人被拉住後，會去跟愛管閒事的勸架人打起來呢？所以，即使發怒時，中國人也服從於和平的願望──一種抽象的願望。他只考慮到在他這一方和平是無法實現的。和事佬各做裁決，直到把好鬥叫罵的一方拖走，但他還是會邊走邊罵，彷彿有理就在聲高。

　　中國人罵人一般有個奇怪的特點：他們認為，劈頭蓋臉的罵一個人的真實過錯，不是明智之舉，還不如罵他最卑賤的出身和他的祖宗八代。用這樣的話罵人，肯定被視為最為嚴重的侮辱和傷害，但汙辱人的地方，不是當著別人的面挨罵，甚至主要也不是因為罵了他，而是這些話中的意思使他丟了「面子」。如果罵人的人有一絲歉意，那麼，他並不是覺得這樣

二十四、中國人的人際糾紛

做有失身分，感到內疚，覺得不夠體面，而是覺得自己不應該在這種場合，用這樣的話語罵對方，這其實就是在侮辱對方，不給對方面子。

對中國人來說，所幸的是他們沒有隨身攜帶武器的習慣，因為如果他們有左輪手槍，或者像日本過去的武士那樣隨身佩劍，那麼，每天會因為生氣而造成多少荒唐事呢？簡直無法想像。

中國人如果認為自己很委屈，這世上就沒有任何一種力量足以抑制這種突發而又完全失控的怒火了，確切的說，不知他會氣到什麼程度。我們曾經聽說，一個男人就曾要求一位經驗豐富的老傳教士為他做洗禮，但受到了委婉的拒絕。他立刻拿起一把刀子威脅這位傳教士，試圖用一場戰鬥來證明自己應該接受洗禮。所幸的是，大多數信教者對這種憑藉武力進入天國的方法不感興趣，但這個潛在的原則卻始終為中國的各種社會生活所奉行。一個要求經濟幫助的老婦人，如果得到的回答是「不」，那她就會躺倒在你的馬車跟前，直到你答應她的請求。如果你傷到她了，那她就更有利了，她就會有理由讓你永遠供養。有個老潑婦，住在我家附近，時常威脅說她要自殺，儘管她的所有鄰居都願意幫她這個忙，但她似乎永遠不知足。最後，她跳進村裡的一個泥塘想自殺，卻掃興的發現水只能淹到她的脖子。她實在做不到把自己的頭浸到水裡去憋死，惱羞成怒之下，她破口大罵，把整個村子的人都罵得狗血噴頭。等她再跳水的時候，村民們許諾一定會竭力幫助她實現願望。

如果有些冤情得不到法律幫助，人們通常都是私了。比如虐待兒媳婦超過了社會風俗的許可，受傷害的一方就會聚眾去找婆家算帳，如果婆家還不認帳，那就會有一場好鬥。假如他們不抵抗，而做壞事的那個人又逃之夭夭了，進攻者就會砸碎屋內的所有陶器，把鏡子、水罐以及其餘易碎物品全部砸爛，消完了氣才會罷休。如果預先知道他們要來算帳，把這些

東西搬到某個鄰居家裡去就成了當務之急。中國有家報紙，曾報導過發生在北京的一件事情：當地有個男人，與一位漂亮女人訂立了婚約，不料在婚禮上卻發現新娘是一個又老又醜，還禿頂了的女人。失望的新郎極其惱怒，打了媒人一頓，痛罵所有來參加婚禮的娘家人，還砸碎了新娘子的結婚用品。任何一個中國人都會這樣做，只要他面對這樣的情況，他就會這樣做。最初的怒氣終於有機會平息，那就是「和事佬」——中國社會生活中必不可少的因素。有些時候，這些重要人物深感需要和平，因此即使這些衝突與自己無關，也願意東奔西跑，一會勸說這方，一會安慰另一方，一心只想著大家能夠和諧相處。

而當激烈的社會糾紛無法用一般的途徑加以調解之時，也就是堵在胸口的氣沒能爆發，就要開始一場訴訟。打官司，這個詞在中國聽起來簡直是要命。在爭吵之中完全失控的憤怒者，執意要把犯事的人帶去見官，為的是請求官府的處理。在西方，這樣的行為通常被人說成是魯莽的行為，但在中國則完完全全是發瘋。有句很有道理的格言宣揚說，寧死不打官司，因為打官司比死還要糟糕。令人可笑的是，有一個從別處搬來的人，他的狗被鄰居打死了，於是勃然大怒，揚言要去告官。有位朋友勸他說：「狗值幾個錢？」「狗是不值幾個錢，但打死狗太下流，我要他賠。」這樣的官司，在西方，法庭會以高價委婉拒絕受理此類案件。但在中國，很可能會導致冤冤相報，最後兩敗俱傷。但整體來說，中國人的每一起官司，雙方都會有和事佬時時出現，他們的調解很有價值。數以百萬計的訴訟，都在最終判決之前就夭折了。我聽說有一個上千戶家庭的村莊，幾十年都沒有打過一次官司，因為村裡有個重要人物，他在縣衙門當官，他對村裡的治安發揮了約束的作用。

像中國這樣一部複雜的社會機器，肯定會經常吱吱嘎嘎的作響，有時

二十四、中國人的人際糾紛

也會在極大壓力之下彎曲，但很少會在壓力下斷裂，像人體一樣，中國的政體裝有很好的潤滑液，會在最緊要的時候和地方滴上一滴。愛好和平的本質，會使每一個中國人成為社會中有價值的一部分。中國人熱愛秩序，尊重法律，即使法律並不令人尊重。只要統治方法被中國人所接受，那麼，可以說，中國人是所有亞洲民族之中最容易統治的。毫無疑問，有許多或者說大多數其他形式的文明要比中國來得優越，但或許很少有一種文明能夠像中國社會那樣承受那麼多年的壓力，因而和事佬可能是最有資格要求得到獎勵的，因為他的功勞最大。

二十五、中國人的崇拜

二十五、中國人的崇拜

儒學作為一種思想體系，是整個中華民族最值得一提的學術成就。而西方讀者難免會覺得，儒學經典大都空洞枯燥。然而，我們不僅要仔細閱讀這些經典，還要思考這些經典所發揮的作用，這樣，我們就會接受中國經典的強大影響力。中國人生長在這個星球之上，是世上聚居人口最多的一個民族，「根據歷史記載，她是最為悠久，唯一至今完整的民族，從未被迫離開過自己的發祥地」，所有的一切都非常古老。應該如何解釋這個絕無僅有的事實呢？他們的人口數量也是其他民族不能望其項背的，從遠古時期到今天，他們一直居住在中華大地上，他們是靠什麼來統治的？民族的衰亡這個普遍規律，為什麼在他們身上沒有得到應驗？

那些深入研究過這個問題的人都認為，這是因為在別的民族還在仰仗物質力量時，中國人就已經依靠道德力量了。任何一個學習歷史的人，任何一個處處留心的了解人性的旅行者，一想到中國的道德從古到今對民眾產生的神奇的約束力，無不肅然生敬。威廉斯博士說，「孔子作為一個理想而高尚的學者所產生的影響，以及孔子思想對他這個民族從他以後一直發揮的作用，實在太大，怎麼讚嘆都不算過分。孔子所描述的道德標準，對之後的年代，其影響不可估量，這足可證明他本人的標準有多麼崇高，從此民族良心要用他描述的標準來衡量。」「孔子關於人的責任的教導，」理雅各博士說，「令人叫絕，令人讚賞。可能它並不是完美無缺的。然而，孔子推崇的四個主要教誨是——文雅有禮、遵守道德律令、注重精神、誠信之中，後三樣的說法，卻與摩西律法和福音不謀而合。它們所主宰的世界，一定是個美麗的世界。」

中國古籍經典之中，根本沒有任何會使人們的心靈汙濁的東西。人們經常指出中華民族這個最重要特點，也是區別於古印度、古希臘、古羅馬各種文獻作品的關鍵所在。梅杜斯先生說：「無論古今，沒有一個民族能

擁有中國人這樣一種神聖的文獻，完全沒有一處放蕩的描寫，沒有一句粗魯的話語；在任何一個英國家庭裡大聲誦讀裡面中的每一句話，每一條注疏，都不會產生什麼不良的後果；在每一個非基督教國家，偶像崇拜總是與活人祭祀和罪惡的化身相關聯，同時還伴有放蕩的狂歡儀式和縱酒宴樂。然而在中國，根本沒有一絲那樣的跡象。」

　　皇帝對自己的統治直接向上蒼負責；老百姓的奮發向上，要比統治者的精神更加重要；統治者必須有德有能，並以德為政；人與人之間五種關係的重要理論；己所不欲，勿施於人 —— 所有這些觀念就像一座座山峰，突現在一般中國人的思想之中，吸引了所有的觀察者的目光。在本書快要結束談論中國人時，我們想要正確的理解中國人，就必須著重談一談儒學體系在道德上的優點，因為只有正確理解這些優點的這一個窗口。這些優點使中國人明顯的服從於道德的感召力。逐年進行的科舉考試，都要求引經據典的作文，這種做法使人們的心靈統一到了一個令人驚嘆的程度，為人們帶來了強勁動力，使每一位考生都把政府穩定視為個人成功的前提。毫無疑問，這是中國人之所以延續至今的一個重要因素。

　　中國人到底有沒有信仰過上帝，這一點確實很讓人感興趣。那些審視過中國人經典之作的人向我們保證說，學者們通常對這個問題持肯定態度。但那些聲稱持有獨立判斷力的人，卻都否認這個命題。即使中國人曾經承認有這樣一個真實存在的上帝，也肯定全忘了，就像刻在一枚古幣上的文字已被千年的鏽斑所覆蓋。這個問題對我們來說，似乎不像某些刻意追求的人那樣，有什麼實際意義。而對我們現有的研究而言，完全可以不管這個問題。我們現在要討論的，與歷史問題無關，與理論問題也無關，而是一個實際問題 —— 中國人與他們的神靈之間，到底是什麼關係？

　　我們不難從某些實例之中推知古代的英雄豪傑，是如何一步步的從被

二十五、中國人的崇拜

尊敬到被紀念，再從單純紀念到被崇拜的。可以說，中國所有的神都是死人，或許還可以從崇拜祖先進一步肯定，在某種意義上，中國的所有死人都是神。一座座廟宇和祠堂拔地而起，經過皇帝恩准，被用來紀念各種生前就已經聲名顯赫的人，歷經時間的久遠洗滌，這些人裡面，說不定誰的地位就會與日俱增，上升為整個民族信奉的神。無論如何，整個中華民族肯定是多神論者。

人們有崇拜自然的傾向，意識到有許多不可抗拒的力量，有許多未知的力量，便把它們擬人化，來加以頂禮膜拜，依據是認為這些力量是有感覺的。因此，到處都有風神廟、雷公廟等等。北極星也常是崇拜對象。北京有日壇和月壇，這與皇權崇拜有關，但有些地方對太陽的崇拜卻是人們普遍的常規活動，2月份被他們定為太陽「生日」，這天一清早，村民們向東走去迎接太陽，傍晚就向西走護送太陽。這一年對太陽的崇拜，就此大功告成了。

這種自然崇拜極為常見的表現形式是崇拜樹木，這在某些省分（比如河南西北部）是再常見不過的了：人們走過幾百棵大大小小的樹，每棵樹上都掛著小旗，意思是在提醒大家，這是某個神祇的住所。即使崇拜沒有外部象徵，迷信思想依舊很活躍。如果有一棵枝繁葉茂的老樹，長在一間破爛的茅屋前，不用說，樹的主人絕對不敢把這棵樹砍倒，因為這是神靈的住所。

人們普遍認為，皇帝是這個帝國唯一有權祭天的人。皇帝親自在天壇主持有趣的祭天典禮，這無疑是獨一無二的。然而，對於中國所有的老百姓來說，他們不去祭祀天地，那簡直有點匪夷所思。人人家中朝南的牆前總會有個神龕，而某些地區稱之為天地神龕。許多中國人都可以證實，他們唯一的宗教祭祀，除了祭祖儀式之外，就是每個月的初一和十五向

天地祭拜上供，有時是在新的一年開始的那一刻。這樣的祭祀通常沒有禱告，連祭品過段時間也被拿走了，然後自己吃掉。這種時候，人們在祭祀什麼呢？可以說是祭「天地」。也可以說是祭「天」，還可以說是祭「老天爺」。「老天爺」這個叫法給人的印象是，中國人的確對一個人性化的神有真切的感覺。但是，當我們明白了這個想像中的「人」是與另一位被稱作「地母」的相對應時，推斷的結果就值得認真問一問了。在某些地方，人們習慣於在六月十九他「生日」那天祭「老天爺」。但如果去問那些為太陽定生日的人們，誰是「老天爺」的父親，或者他是什麼時辰生的，實在是多此一舉，因為他們對此懶得去想。很難讓一個普通的中國人明白這些問題有任何實際意義。有什麼傳統，他就接受什麼傳統，做夢也不去想諸如此類的問題。我們很少碰到一個中國人，對「老天爺」的經歷或人品略知一二，他們只知道「老天爺」會調控天氣，影響莊稼。中國人普遍通行的「老天爺」這個叫法，暗示著有這樣一個人物，然而，據我們所知，人們既沒有為他建廟，也沒有為他塑像，而獻祭他的供品也與祭「天地」的沒什麼兩樣，這個叫法似乎還是沒有得到解釋，但是，他卻被廣為流傳。

「天」這個詞，時常用於中國的經籍之中，指人的想法和人的意願。但是，同樣也可以兩者都不指。而且，當我們讀到「天即是理」這樣的評注時，我們就會覺得這個詞意極其模糊。這一詞意在古典作品中模糊不清，而在日常用語之中也同樣含糊。如果你去問一個有習慣祭天的人，問他怎麼理解「天」時，他的回答往往是頭頂上的藍天。因此、他的崇拜就如同崇拜自然力量的人，不是個人為之，就是集體為之。他的信仰，用愛默生（Emerson）的話來說，就是「風有靈，草有性」。也就是說，他們是泛神論者。這種缺乏明確含義的擬人化，是中國人崇拜「天」的最大缺陷。

二十五、中國人的崇拜

　　中國下層階級的多神論和泛神論，與上層階級的無神論正好形成了強烈的反差。從深諳於此的人們的論述，從眾多的表面跡象。以及從「天理」之中，我們不難做出總結：中國的儒學家是這個地球上最為徹底的一群受過教育和教化的不可知論者和無神論者。「天理」這個說法，指的是宋代唯物主義的注釋者對中國知識界的著名影響。一位博學的中國經典的注釋家朱熹，他有著絕對的權威，對他的論點的任何疑問都被視為胡編亂造。結果非常意味深長——他對經籍的注釋，不僅完全從唯物主義立場進行闡釋，而且就我們理解，他的注釋完全是無神論的，它的影響遮掩了經典原有的教導。

　　黃河從山西和陝西的山谷中流出之後，繼續向前幾百英里，流入大海。年復一年，它幾次改道，跨越 6 到 7 個緯度，從揚子江口一直到渤海口。但不管流經哪裡，哪裡都會深受其害，留下一片貧瘠的沙丘。宋代注釋家引入的唯物主義，就如同一股強大的水流，注入中國思想這條小溪。水流已經泛濫了 7 個世紀，留下一片無神論的不毛之地，根本無法支撐一個民族的精神生活、道教退化成為一種對付妖魔的法術體系，它曾從佛教借鑑了大量東西，來彌補自己先天的缺陷。儒教幾乎沒有或者說完全沒有滿足人性的先天需求，而佛教本身是引來提供這種滿足的。每一種信仰的指導形式，都會受其他形式的影響而發生極大的改變。對於那些恰好想行善積德的人來說，任何一種提供行善途徑的組織機構他們都樂於贊助，並認為這條大道沒什麼不好。任何一種神，如果適合於在某個特定方面發揮如人所願的影響，那就肯定會得到人們的青睞，正如一個恰好需要一把新傘的人會走進有傘出售的任何一家商店一樣。中國人從來都不會對自己所崇拜的神刨根問底，如同一個想買傘的英國人，不會去問傘的來源，也不關心什麼時候在人群之中興起了使用傘。

我們時常聽到一些很有學問的演講，討論中國佛教徒和道教徒的人數。我們認為，這個問題就如同去調查比較英國有多少人抽十便士一包的香菸，或者有多少人吃四季豆。誰想抽十便士一包的香菸而又能買到，那他就可以抽；誰喜歡吃四季豆又買得起四季豆，就可以吃。中國兩種最有名的「教義」，情況也是這樣。任何一個中國人，如果想舉行一場佛教儀式，同時也請得起和尚，就可以花錢請一個來，他自己因而成了「一個佛教信徒」。如果他想要個道士，他也可以同樣請來，他自己也成了「一個道教信徒」。對於中國人來說，請哪個都無所謂，他並不是不可能把他們同時請來，這樣他就既是「一個佛教信徒」，又是「一個道教信徒」。因此，一個人可以立刻成為儒教信徒兼佛教信徒兼道教信徒，根本不覺得有絲毫的不和諧。佛教裡面有道教，道教裡面有儒教，而儒教又包含了佛教和道教，於是，「三教合一」。

中國人與他們的「三教」的實際關係，可以用盎格魯－撒克遜人的語言組成的關係，來加以說明：「撒克遜語、諾曼語和丹麥語都是我們的語言。」但是，即使我們可能判定自己遙遠年代時的起源，我們對詞彙的選擇，也絲毫不會因為自己血管裡流著多少撒克遜人的血液，或多少諾曼人的血液，而會有絲毫改變。我們對詞彙的選擇，取決於我們的思考習慣，取決於我們使用詞語的場合。學者會用許多拉丁語詞，還混雜一些諾曼語詞，而農夫則主要使用平直的撒克遜語詞。但不管學者還是農夫，撒克遜語是底層基礎，其他語言不過是補充。在中國，儒教是基礎，所有的中國人都是儒教徒，正如所有的英國人都是撒克遜人一樣。要在這個基礎上再加多少佛教或道教的觀點、詞彙和實踐，可以酌情而定。在中國人看來，同一個儀式融合了「三教」，其中的不和諧和矛盾，就像我們把源於不同民族的詞彙編織在一個句子裡是同一個道理。

二十五、中國人的崇拜

通常很難讓一個中國人理解，兩種信仰形式是互相排斥的。他根本不知道邏輯上互相矛盾指的是什麼，更不會關心這一點。他似乎天生就善於調和兩個互不相容、命題各異的藝術，那就是不顧兩者之間的關係生拉硬扯。他所接受的智力訓練，為融合這兩種不相容的信仰做好了準備，如同液體透過內滲和外滲可以融合一樣。他已經把「信仰兼容並蓄」帶到邏輯滅絕的地步，但他不明白這一點，即使告訴他，他也不明白。

這樣把各種不同信仰機械的融合在一起，有兩個非常顯著的結果。第一個結果就是違背了中國人天生有條理的本能。中國人因這種本能而舉世聞名，他們的這一本能充分展示在精心劃分官員級別的做法中，從一品到九品，各有各的象徵，各有各的特殊權限。也許有人曾經在中國的眾神中尋找類似的等級森嚴的劃分，但沒有一點線索。問一個中國人，「玉皇大帝」與「如來佛」誰的權力更大，那是徒勞的。即使在「萬神殿」裡，排列次序也只是暫時的、偶然的，次序從來沒有停止過變換。中國人的神明世界裡，權威沒有固定的等級。這種極端混亂，如果出現在人世間，就等於長期的無政府狀態。這種局面在「三教堂」裡更加明顯，那裡並列供奉著孔子、如來佛和老子的塑像。最受尊敬的位於中間，我們認為應該是孔子，如果不是他 —— 因為他從來都沒有自稱為某種神 —— 那就是老子。我們有充分理由認為，這個排序問題過去一直引起激烈的爭論，不過，我們所聽到的所有的爭論，似乎都對佛祖有利，雖然他是一個外國人！

信仰的結合帶來的第二個結果同樣意味深長，它使得任何一種信仰都把人類的道德本質貶得非常低。就像偽造的錢幣取代了真正的錢幣。儒教的一切高尚格言，全然不能消除人們對道教常常描述的眾多妖魔鬼怪的恐懼。所以，人們普遍認為，現今所有文明的民族中，沒有一個民族像中國人那樣迷信，那樣輕信，這種看法並不是沒有道理的。巨商富賈和學者專

家，從不羞於讓別人看到自己每個月花兩天時間，去專門祭拜狐狸、黃鼠狼、刺蝟、蛇和老鼠，並稱呼牠們為「大仙」，認為牠們具有控制人的命運的法力。

　　就在前幾年，中國一位有名的地方官跪在一條水蛇面前（人們都說這條水蛇是水神），而這位官員認為這條水蛇是前朝某位奇蹟般制服河水泛濫的官員的化身。在中國，只要洪水一泛濫，就把蛇當作神來崇拜，並且這種做法非常普遍。甚至在離河較遠的許多地方，一條陸地上的蛇也會被人們奉為神靈。假如洪水退去，人們就會唱大戲，做祭祀，以紀念神的賜福，他們把蛇放在托盤上，然後再恭恭敬敬的把蛇置放在一座廟宇裡，或者其他公共場所，知縣和其他的官員每天都要去那裡跪拜燒香。在河道附近的地區，河神常被奉為水神，但在稍遠一些的內陸，戰神關帝被奉為雨神來崇拜；甚至有時候，人們只向觀音求雨，認為觀音掌管了風調雨順。對於一個中國人來說，這沒什麼不合理，因為他根本就不知道本質融合的前提條件是什麼，就算你明確指出其中的荒謬與不科學，他也無法參透其中的意義。

　　與求雨有關的另外一個有趣而又富有意味的事實，時常會引起我們的注意。在中國著名小說《西遊記》裡，有一個主要角色原本是一隻從石頭裡蹦出來的猴子，之後他慢慢發展成了一個人，最後還被封神。不少地方就把這個虛構的角色奉為雨神來崇拜。沒有什麼比這更好的例子能說明，中國人在真實與想像之間是完全沒有界線的。對於西方人來說，原因與結果是互相關聯的。然而，中國人向一隻虛構的猴子求雨，他們心中關於因果的感受究竟如何，我們不得而知。

　　中國人的眾神林林總總，不盡相同，搞清楚中國人是如何面對這些神，這一點很重要。通常我們會得到兩種答案：一是他們崇拜這些神；二

二十五、中國人的崇拜

是他們忽視這些神。經常能碰到有人估算中國人每年在香燭等方面的花費。自然，這些估算是根據某個地方的「確定」花費，再乘以這個國家此類地方的數目。這種所謂「統計」簡直就是荒謬，好比一個人去統計一群蚊子的數量，「數得很累，乾脆就大致估算一下」。

把中華民族當作一個整體來斷言，我們是很難掌握的。中國人去寺廟燒香拜神就最能說明這個道理。一位從廣州上岸的旅行者，看到那裡的寺廟煙霧繚繞，會立刻斷言中國人是世界上最崇拜神靈的民族。如果讓他走遍了這個國家的另一端再下結論，他會親眼目睹許多的廟宇早已人跡罕至，甚至連初一和十五都沒人來進香，哪怕是在春節這個最盛行進香的時間，恐怕也沒有人去造訪。他會逐漸發現，有成千上萬個處在偏遠地方的寺廟，完全被遺忘在久遠的年代裡，偶爾也會修一修，但人們對此既不解釋，也不關心。他還會發現，人口密集的方圓幾百英里之內，幾乎很少看見一個出家人，沒有道士，也沒有和尚。在這些地方，他一般在寺廟裡看不到婦女，也沒有人教導孩子們應該一心向善、皈依佛門。在中國的另外一些地區，情況完全不同，表面的崇拜儀式，已經融入了人們每天的生活細節之中，影響著人們的一言一行。

中國社會的宗教力量堪比夏威夷群島的火山的力量。在夏威夷群島北部和西部的大多數島嶼上，火山已沉寂多年，只留下坑坑窪窪而又草木茂盛的火山坑。而東南部的島嶼，火山仍很活躍，隔段時間就會爆發，驚天動地。在中國的某些最古老地區，幾乎沒有人會去寺廟祭拜，而另一些省分，即使是在中國最為輝煌的時期，她們還是蠻荒之地，如今偶像崇拜卻非常興盛。不過，人們很容易被類似的這種表面現象誤導，極有可能過高推測它們的實際意義。我們需要對此再做更全面的調查，然後才能得出底氣十足的結論。

「敬鬼神而遠之」，這是孔子的建議。毫不奇怪，如今信奉孔子的人仍然把「敬而遠之」，作為對待中國眾多互不相容的眾神的最明智的辦法。相對於蒙古人或者日本人來說，中國人沒什麼宗教偏見。人們經常看到寺廟的門上寫著這樣一個古老的箴言：「敬神如神在」。中國人似乎有種本能，能夠自然領會「如」這個詞所表達的不確定性含意。以下的流行說法包含了許多「如」，恰如其分的表達了許多人的心態：「敬神如神在，如不敬，也無礙。」、「敬神如神在，如不敬，神不怪。」

在形式上尊敬神，比「敬而遠之」更進一步，這是按特定的方式舉行特定的儀式，當然，這僅僅是為了保證獲得某些儀式之外的收穫。

中國人幾乎沒有神聖感。我們明白，所有中國人的祭神，要麼是按常規時期做一些儀式，要麼就只是一種交易 —— 祭供多少就得到多少好處。各地都把「老天爺」奉為神靈來崇拜，其真實目的能說明崇拜的真正含義。一個中國人在被問及為何按時祭拜這個神靈時，他會這樣回答：「因為我們的吃穿都靠他。」儘管這個中國人對是否真的有「老天爺」一無所知，但是，那些必要的儀式他不會忘記的。祖宗都是這樣做，那麼，他也應該這樣做。他也不介意這是否真的有用。

中國人習慣於只從表面去理解宗教儀式。有一副對聯，極好的闡述了這一點，這副對聯帶有濃厚的諷刺意味，貼在無人問津的寺廟的柱子上：

古廟無僧風掃地，
空寺無燈月照明。

中國人祭拜神靈，如同西方人參與保險，都是一種安全保險的措施。寧可信其有，不可信其無。換句話說，最好相信神靈確實存在，因為對他們的置之不理，也許惹怒他們，我們會得到報復，如果神靈不存在，那也

二十五、中國人的崇拜

沒關係，相信總比不相信好。據說，驅使著人類的動機，也同樣的驅使著神靈。有句俗話說，貢獻羊頭（給寺廟作供品）的人，可以心想事成。而那些不能賜予人們某種特定福澤的神靈，比如「三皇」，通常很窮，人們說他是窮神。觀音和關帝戰神則是尊貴且富有的高位階的神靈。

中國人對神靈的崇拜不僅完全建立在假設基礎之上，「有益無害」一直指導著人們的信仰。他們經常說，而且似乎也這樣認為：「信則有，不信則無！」這種說法（幾乎不能稱作是思維方式），如同一個中國人在說：「相信皇帝，則有皇帝；不信皇帝，則沒有皇帝。」如果把這樣推論給中國人看，他們不會覺得有什麼不妥，但他們自己似乎不會透過必要的途徑去認知到這一點。

在中國可以看到不少的朝聖者一步一叩首，有時花大量時間進行這種沉悶而又艱難的旅程。問他們為什麼願意這樣苦，他們會告訴我們，拜神的人大多虛情假意，所以有必要用這種苦行來表達自己的誠心。不管我們如何來評論這種例外，我們都能肯定的說，中國人互相猜疑，缺乏信任，在他們的崇拜之中更是表現得特別突出。想知道陰險狡詐這一詞的真正含意，可以去看看關於北京附近一座寺廟裡的一群和尚的描述，這一傑作把陰險狡詐表現得淋漓盡致。長了一副醜惡的嘴臉，必定也是一個醜惡的人。

在對待異教上，中國人和其他民族一樣，把他們的神靈想像成他們自己的樣子，這倒也不無道理，因為有許多神就是其崇拜者的同鄉。我曾經看到一張布告，是以觀音菩薩的名義告知世人：天庭收到一份奏章，說世風日下，「玉皇」聽了之後大怒，把大大小小的神仙痛斥了一番，因為他們失職，沒有盡力去勸誡世人！中國人說，人類被一群魔法無邊的妖魔鬼怪所包圍，這些妖魔鬼怪可以被收買、奉承、引誘，也容易哄騙。中國

人做買賣時，總是喜歡討價還價，對於所祈求的神靈，他們同樣也想得到一些好處。他或許會透過捐款修廟買來好運，但很可能捐 250 文，卻寫上 1,000 文。寫上多少，神就收多少。到了修廟的時候，每位神的眼睛上都會貼張紅紙，這樣就看不見周遭的混亂和不敬了。如果宗祠位於一個村莊的邊緣，而盜賊又常在那裡分贓，所以，人們乾脆把廟門完全封起來，這樣神靈就可以在大門裡面與天地交流個盡興。

　　每逢歲末，灶神爺都要回到天上去報告每家每戶的行為，但人們都先在他嘴上抹點黏呼呼的稀糖，阻止他告狀，這是中國人表現人定勝天的典型事例。同樣，為一個男孩取個女孩的名字，讓那些沒腦子的妖魔鬼怪以為他真是個女孩，這樣，他就可安度餘生了。巴伯先生說起過這樣一件事：在四川，人們會在殺死女嬰之後，燒些冥幣安撫安撫她們的靈魂，說是專門燒給她們在陰間用的。送子觀音廟與其他廟宇不同，常常是婦女去光顧。有些送子觀音廟有許多小泥人，做成小男孩的樣子，送子娘娘的手臂上放一些，架子上像貨物一樣擺放一些。中國婦女的做法是，走進廟裡，把象徵這些小男娃性別的部分掰下來吃下去，說這樣能確保生男孩。假如真的如願以償的生了個男孩，這個婦女就得來還願，在偷走小泥娃的地方放上兩個，以此感謝神靈的保佑。中國的水手覺得，海上令人恐懼的颱風都是由惡魔引起的，他們專門等著破壞駛過這些危險海域的船隻。據說面對狂風大浪，水手們通常會拿出事先做好的一艘與自己的船一模一樣的紙船。波濤洶湧到最危險的時候，就把這艘紙船放入海中，說這樣可以矇騙憤怒的惡魔，好讓真正的船脫離危險。

　　中國不少地方有這樣一個風俗：每當碰到類似霍亂這樣致命的傳染病，就在六、七月份慶祝新年。這樣做，是矇騙瘟神，使他驚奇的發現自己算錯了年曆，於是打道回府，瘟疫也就不治自息了。這種風俗人所共

二十五、中國人的崇拜

知，所以「秋二月」就是「永不」的意思。騙神的另一個方法是，讓一個人鑽在一張桌子下面，把頭從桌子中間挖好的洞裡伸出來。神會以為真是有人頭做供品，於是便相應的降福人類。過一會，這個人就會把頭縮回去，愉快的回家享受這份值得期待的好運。

我們碰巧知道一件事情：有個村莊決定把神像從廟裡移出來，把廟改為學堂，他們滿心希望從神像的心中找出「銀子」來支付這件事情的花費。這些頭腦單純的鄉下人並不知曉中國神的特點，也不知曉塑像人的做法，因為他們搜尋到神像心裡的東西時。只找到一些不值錢的錫塊！毫無疑問，事實上也確有一些和尚或道士在神像裡藏寶，結果有不少寺廟被盜，神像不是被整個盜走，就是當場搗毀。那些信奉神靈的人對神卻如此粗暴，這真令人無法理解。我們還聽說有位知縣審理過一樁牽扯到一個和尚的案子，據說這個寺廟的佛祖也難逃其責。於是，這位佛祖被傳到知縣面前，叫他下跪，他沒這樣做，知縣命令打他五百大板。這位佛祖承受不了打擊，被打成一堆塵土，於是，縣官以佛祖缺席判決佛祖敗訴。

每當土地嚴重乾裂無法耕種時，人們都要祈求雨神顯靈。而當求了很長時間仍然沒有效果時，村民們時常會稍做一些有益的改正，轉而把神靈從廟裡「請」出來，放在最熱的地方，讓他自己獲知真實的天氣情況，說是眼見為實。人們不加掩飾的不滿於神的行為，這個做法用一句流行的話來說，就是：「三、四月份不修房頂，五、六月份就罵水神。」

我們還聽說中國某個大城市的居民，由於一種嚴重的傳染病一直持續不斷，人們便認為這是當地一個神靈在作怪。他們便一致對付他，似乎他是一個活著的惡棍，把他痛打一頓，最後把他打得還原成了一堆泥渣。這件事情確切與否，我們沒有證據，只是聽到它廣為流傳，但也足夠了。整個過程符合中國人對神靈的看法。

我們讓讀者注意到的上述事實，有可能使不熟悉中國的人，以為中國根本就不可能有任何宗教。的確有人直言不諱的說過這些話。梅杜斯先生在他的《中國人和中國人的信仰》一書中，就譴責了胡克（Hooke）先生的某些過於寬泛的概括，梅杜斯先生說那是「對很大比例人類的高尚生活的毫無根據的誣衊」。但是，他也願意承認，對持續了幾個世紀的宗教辯論的結論，中國人沒有熱情去探討，對把這些結論當作信念的民族行為，他們也不關心。但梅杜斯先生堅決否認中國人「缺乏對不朽的渴望，缺乏對美好而偉大的人物的由衷的敬仰，缺乏對美好偉大的事物毫不動搖的執著，缺乏熱烈的渴望，沒有一顆嚮往高尚、嚮往神聖的心靈」。除此之外，托馬斯‧韋德爵士（Sir Thomas Wade）對中國和中國人也一直都很熟悉，這使他有資格對中國人有沒有宗教作權威評述，他最近發表了這樣的觀點：「如果認為宗教不僅僅是單純的倫理，我可以否認中國人有宗教。他們確實有崇拜對象，確切的說，是許多偶像混在一起崇拜，但是他們沒有信仰；他們有無以數計而又各式各樣的不成熟的偶像崇拜，他們也會嘲笑這些崇拜，但他們不敢漠視。」

對於這個雖然有趣卻很難回答的問題，我們不想涉入。詳細的討論一下很容易，但我們不敢肯定是否能把事情弄明白。在我們看來，探討這個問題有一個實際的辦法，要比抽象的討論更能達到目的。道教與佛教已經極大的影響了中國人，但中國人並沒有因此成為道教信徒，也沒有成為佛教信徒。他們是儒教的信徒，不管在這個信仰之上加上什麼，或者減去些什麼，中國人依舊是儒教信徒。我們打算探討一下儒教在哪些方面存在不足，以至於它不能成為中國人必需的一種宗教。為了這個目的，我們將引用中國問題方面的一位傑出學者的結論，他的結論是不能輕視的。

花之安（Ernst Faber）博士在他的《儒學彙纂》一書的結尾處，用了

二十五、中國人的崇拜

一個章節來寫「儒學的缺陷與錯誤」，缺陷與錯誤是指出來了，但同時還得承認，儒學中有不少關於人際關係的論述十分優秀，不少觀點還能與基督教的啟示產生共鳴。我們引用其 24 條，並配上一些評論。

第一，「儒學認為自己與現存的神沒有任何關係。」

第二，「人的靈魂與肉體不存在區別。無論從肉體上，還是生理上，都沒有一個關於人的清楚的定義。」

關於人類靈魂，沒有任何明確的教義，這使得學習儒學的外國學生感到十分困惑。在許多普通人看來，儒學教導的最終結果是，根本不懂什麼靈魂，只知道那是一種肉體上的活力。一個人死後，古老而權威的說法是靈魂升天，肉體入土。但有一種比較簡單的理論認為「靈魂」或者氣息消散在空中，肉體入土為安，這與真正的儒學家的不可知論的唯物主義完全符合。常常無法讓中國人對這樣一個問題感興趣：他有三個靈魂？一個靈魂？還是根本沒有靈魂。他對這件事，如同他對吃飯是哪些肌肉帶動哪個器官，只要這過程還順當，他才沒有興趣去管那些幫助消化的肌肉被解剖專家稱作什麼名稱。同樣，只要他對自己的消化器官和靠他生活的人的消化器官還顧得過來，他才不會去關心自己的和他們的靈魂（如果有靈魂的話），除非他看到這件事情在某種程度上與米價有關係。

第三，「沒有解釋為什麼有的人生來就是聖人，有的人卻注定只是凡人。」

第四，「據說人人都可能成為聖人，卻解釋不了為什麼有那麼多的人沒有成為聖人的事實。」

第五，「儒學在訓誡罪惡時，態度堅決、嚴肅，不過除了社會生活中的道德譴責之外，再沒有任何其他的懲處措施。」

第六，「儒學整體上說，對罪惡洞察得不夠深刻。」

248

第七，「儒學發現不可能解釋死亡。」

第八，「儒學沒有調節方式可恢復人們所理想的本性。」

第九，「祈禱，以及祈禱的道德力量，在孔子體系中沒有立足之地。」

第十，「雖然不斷強調誠信，但卻從未被鼓勵過誠實這一前提條件，甚至背道而馳。」

第十一，「容忍、甚至允許一夫多妻制。」

第十二，「認可多神論。」

第十三，「相信算命、選日子、預兆、夢境，以及其他虛構的東西（比如鳳凰等等）。」

第十四，「把倫理與外在儀式混為一談，使之成為專制政治的一種形式。」

第十五，「孔子對古代制度的立場觀點反覆無常。」

第十六，「斷言某些優美曲調會影響人們的道德是荒謬的。」

第十七，「誇大榜樣的影響，孔子本人就是極好的例證。」

如果真如儒家倫理所言：君是器皿，民是水；器皿是圓的，水就是圓的；器皿是平的，水也就是平的，這就難於解釋何以中國的偉人沒有強烈的影響那些研究偉人的人們，並修正其性格。如果真如儒學家所說，榜樣的力量是無窮的，那麼，為什麼實際效果會這麼差？下列第二十條中提到的對「賢人」的神化與剛才第八條已經指出的完全沒有調節方式，兩者是相對應的。無論聖人有多麼「聖賢」，他也只能提出好的建議。至於建議能不能被採納，他也無能為力，反而不再提起這些金玉良言了。

我們一直認為，孔子有一段話很有啟發性：「不憤不啟，不悱不發。舉一隅不以三隅反，則不復也。」這是孔子對賢人的建議。這些建議都是

二十五、中國人的崇拜

極好的，但沒有預防性的作用，只能說這是一帖補藥。一位旅行者落入賊手，被洗劫一空並被打傷了，卻與他大談什麼參加友好旅行團的重要性，談他不接受勸告因而皮肉嚴重受苦，還有可能會失血，中樞神經也會受傷害，這完全於事無補。這位受傷者已經因失血而昏過去了，他不是不知道這一切，事實上他一向知道。他現在需要的，不是回過頭去數落他違反常規後的各種後果，而是油、酒和一個能養傷的地方，當然，首先他得有一個聰明且樂於幫助的朋友。對身體殘疾的人，儒教可能還能做些事情；而對道德和精神上受傷的人，儒教就愛莫能助了。

第十八，「對儒學來說，社會生活的體系是暴政。婦女是奴隸。孩子在與長輩的關係中，處於絕對的服從地位。」

第十九，「必須孝順父母，奉為神明也不為過。」

第二十，「孔子體系的最終結論，如他自己所總結的那樣，即崇尚賢人，例如人的神化。」

第二十一，「除了沒有任何真正的倫理價值的祖先崇拜，幾乎沒有別的關於永恆的明確概念。」

第二十二，「希望現世現報，無意之中培養了自私自利，要麼貪婪，要麼野心勃勃。」

第二十三，「整個儒學體系沒有給予普通人任何安慰，不管是在他們生前還是死後。」

第二十四，「中國歷史顯示，儒學無法使人新生，也不能讓人有更高尚的生活和作為方面。在實際生活中，儒學已經與道教和佛教充分融合了。」

我們已經論述了，中國各種不同信仰能夠奇妙的結合。中國人自己也完全明白，無論儒教還是與它在一起的各種宗教，都不能給予人新生，讓

人有更高尚的生活和作為。有一篇作者不詳的傳說故事，淋漓盡致的說明了這一點：

有一天，孔子、老子和如來佛在極樂世界裡相遇，他們一起悲嘆在這個墮落的時代，他們優秀的教義在「泱泱大中華」看來沒有什麼進展。經過一陣討論之後，他們一致認為，原因一定在於他們的教義儘管被人讚賞，但如果沒有一個永恆的榜樣，人類就無法實踐這些教義。他們因此決定，每個教派的創始人都應該到人間找一個可以擔此重任的人。他們立即行動，四處找了一段時間之後，孔子遇見一位德高望重的老人。老人並沒有離座歡迎這位聖人，而是請孔子坐下，談起古代的教義，以及這些教義當今如何被蔑視，如何被執行的情況。老人在言談之中表現出極其熟悉古代的信條，並具有深刻的判斷。這使孔子極其高興，他們談了很長時間，孔子準備走了。但孔子起身要走的時候，老人卻沒有起身相送。

孔子找到一無所獲的老子和如來佛，把自己的經歷告訴了他們，建議他們去拜訪這位坐著的哲人，看看他對他們兩人的教義是否一樣精通。老子極為興奮的看到，這位老人對道教的熟悉幾乎不亞於老子本人，其口才與熱情也堪稱典範。與孔子一樣，老子也發現儘管這位老人態度上極其尊敬，卻一直坐在那裡不動。輪到如來佛，他也碰到了同樣驚奇而可喜的成功。老人還是沒有起身。

這3位宗教的創始人相聚討論，他們都認為，這位極其難得而又令人讚賞的老者就是他們要找的那個人，他不僅可以分別介紹「三教」，而且可以證明「三教合一」。為此，他們3個一起又來到老人面前。他們解釋了上次拜訪他的目的，老者的智慧又是如何激起他們崇高的願望，並說希望他來振興這3個宗教，使之最終落實在行動上。

這位老者仍然坐在那裡，恭敬而又專心的聆聽，然後回答說：「尊敬

二十五、中國人的崇拜

的聖人們，你們的善行比天高、比海深，你們的計畫既深刻，而又充滿智慧，令人敬佩。但你們不幸的選錯了去完成這項偉大改革的代理人。我的確仔細研讀過《道德經》和其他經籍，並且也的確多少有點明白它們是崇高的、一致的。但是，有一個情況你們沒有發現：我上身是人，下身卻是石頭。從各種不同觀點來討論人的各種責任，是我的專長，但因為我自身的不幸，所以，我永遠無法把其中任何一點落實在行動上。」

孔子、老子和如來佛深深的嘆息了一下，從此消失得無影無蹤。從那以後，他們再也不指望找到能夠傳播這 3 個宗教的凡間俗子了。

常有人把如今中國的狀況與西元 1 世紀的古羅馬帝國做比較。毫無疑問，中國如今的道德狀態，遠遠高於那時候的古羅馬帝國，但是，他們有一個相似的地方：他們的宗教信仰都處於幾近崩潰的地步。

我們評價中國，可以像吉朋（Gibbon）評論古羅馬那樣：就普通人而言，所有的宗教都是真實的；就哲學家而言，所有的宗教都具有欺騙性；而就政治家而言，所有的宗教都是可以利用的。中國皇帝與古羅馬皇帝一樣，可以說他們「既是高階教士又是無神論者，還是至高無上的神」！儒學正是這樣，混合著多神論和泛神論，把這個帝國帶到現在這種狀況。

有一樣東西要比純粹的無神論更壞，那就是漠不關心無神論的正確與否。在中國，多神論與無神論可以同時存在，不少受過教育的中國人認為兩者一點也不衝突，根本沒有什麼矛盾。對於最為深奧的精神原理，中國人有著發自本性的絕對冷漠，這是中國人心靈中最可悲的特點。他們隨時樂於接受一個沒有靈魂的肉體，接受一個沒有心智的靈魂，接受沒有條件的和諧，接受一個沒有緣由的秩序和沒有上帝的宇宙。

252

二十六、中國的現實與需求

二十六、中國的現實與需求

　　儒學經典是一張航海圖，中國的許多統治者正是靠它來駕駛國家這艘航船的。這是人類繪製的最好的航海圖。在已故的威廉斯博士、理雅各博士等人看來，儒學經典的作者們在某種程度上似乎是神助。這種說法也並不為過。中國人是如何成功的駕駛了自己的航船？駛進了什麼海域？此時此刻又在朝哪個方向航行？既然中國如今與這麼多西方國家有密切關係，中國的影響越來越大，那麼，上述問題就變得極為重要了。

　　人們說，一個社會的道德生活有六項標準，每一項都特別重要。這些標準所包含的驗證，是對這個社會真正特點的檢驗，而且是準確無誤的。這六項標準的內容：一是工業狀況；二是社會習俗；三是婦女地位與家庭特點；四是政府機構和統治者的品格；五是公共教育的狀況；六是宗教崇拜對實際生活的現實作用。

　　在討論引起我們注意的中國人的各種特質時，我們都有所附帶說明，儘管不全面，也沒有充分考慮到各項標準的不同比例。中國人特質所包括的範圍甚廣，許多問題只能略去不談。選出來談的各種特質，是可以連接的、能勾畫整個中國人性格的輪廓。還應該增加很多別的性格特徵，這樣才能完整的為讀者展現更為全面的中國人的特性。

　　我們在例證中國人的各種特質時就曾引用過許多說明問題的典型事例。他們如同一副骨架上的骨頭，只有這些骨頭放到了它們該待的地方，才能看得出整個框架結構。這些骨頭不可忽視，除非或可證明它們根本不是骨頭，而只是偽造的產品。確實可以反對說，每根零散的骨頭都放錯了地方，還有會極大影響整體結果的大骨頭也沒放對。這是一個完全公正的批評，我們不僅同意，還要特地這樣說明：不可能從選出的特質去得出對中國人的完整理解，這就好比僅透過對眼睛、鼻子和下巴的描述還不足以正確了解人的輪廓一樣。但是我們需要聲明一點，我們的判斷不是匆忙得

出的，我們觀察到的大量事例遠遠超過我們所引用的。而且，我們在許多事例中所持的非常肯定的觀點，也是被許多事實充分證實了的。經歷過中國北方風沙的人都知道，人的眼睛、耳朵、鼻孔。頭髮和衣服上全是塵土，風沙遮天蔽日，時常不得不用燈，有時中午也要點燈。人們也許會在解釋這種現象的原因時出錯，但他們對這個現象的描述卻是準確無誤的。當然，觀察自然現象與道德現象截然不同：自然現象本身會迫使每個人注意，而道德現象只有那些具有良好機遇並且擅長觀察的人，才會注意到。

事實上，中國人的生活是各種矛盾共同組合而成的。如果一個人只看到問題的一面，卻忽視另一面，他的判斷就一定會出錯，並且還不會意識到自己錯了。把兩個顯然對立的觀點融合在一起真的很難，卻常常必須這樣做，因為在中國，把問題的一面完全看清，非常不容易，更不用說兩個方面了。

我們已經談過儒學高尚的道德屬性。我們相信，儒學造就了一批道德高尚的人。那是人們對如此美好的道德體系所應有的期望。但它怎樣造就出了這麼多品德高尚的人物呢？在下面的三個問題中就可以發現他們的真實特性：一，他與自己的關係是怎樣的？二，他與他同伴的關係是怎樣的？三，他與崇拜對象的關係是怎樣的？透過這三點，我們就可以判定他的性格。閱讀到此的讀者已經知道這些測試題的答案 —— 如今的中國人對自己和對他人都沒有誠信可言，對他人沒有利他主義；他們與崇拜對象的關係是多神論、泛神論和不可知論。

其實中國人富有智慧，也具有忍耐力、務實，並樂天，在這些方面，他們都非常傑出。他們真正缺少的是品格和良心。很多中國官員禁不起賄賂，犯了錯，還一廂情願的以為永遠不可能被發現，說什麼「天知，地知，你知，我知」。幾乎沒有幾個中國人能頂住壓力，舉薦自己不稱職的

二十六、中國的現實與需求

親戚去任職。請想像一下這種事情的「內部結果」，任何一個中國人都會害怕，似乎這一點也不奇怪。在這樣一種實際情況下，實踐理論上的道德，中國人會做何想法呢？看到依附關係和裙帶關係在中國行政、軍事和商業中發揮的作用，你還會奇怪中國的看門人和警察不忠於職守嗎？

想要了解中國人真實的道德狀況，的確可以透過中國人的幫助去了解，儘管中國人隨時準備掩蓋自己的和朋友們的缺點，卻會十分坦率的承認民族性格的弱點。他們對其他中國人的描述，時常令我們想起卡萊爾在《普魯士腓特烈大帝史》（*History of Friedrich II of Prussia: Frederick the Great*）一書中的一段對話：這位君王手下有個督學，很受寵信。腓特烈大帝總愛跟他談話。「蘇爾澤（Sulzer）先生，你那些學校怎麼樣啊？」這位君王有一天問他，「你的教育事業怎麼樣啊？」「當然，還不錯哦，陛下，近年來好多了。」蘇爾澤先生回答說。「近年來，為什麼這樣說？」「陛下，過去總認為人生來就是邪惡的，校規就很嚴格；但如今我們意識到人生來是善的，而不是惡的，我們便在學校採用了較為寬容的管理措施。」「人性善！」腓特烈大帝搖了搖他那蒼老的頭顱，苦笑著說，「唉，親愛的蘇爾澤，我看你是根本不了解這些罪惡的人類。」

中國社會就像中國的許多景色迷人的地方，遠看美麗如畫，可是，走近點，總會發現破爛和汙穢不堪的地方，連空氣中都飄蕩著腐臭的氣味。沒有一張照片能客觀的反映中國的景致，儘管人們說照片是「公正而又無情」，但中國的照片不是這樣，汙穢和臭味都不存在於取景框之中，也無法拍攝。

除了中國，世界上沒有哪個國家能做到，環顧四周都是象徵幸福的東西。但是很快，我們就可以發現，中國人的幸福全是海市蜃樓。我們相信這是個公正的批評，就像有人認為在亞洲沒有真正幸福的家庭生活一樣。

在分析中國社會理論以及如何將理論變為事實時，我們時常想起跨越河流的主幹公路邊的石碑。樹立這些石碑的目的，是為了把修建橋梁的人們的名字保存在「永恆的記憶」之中。但相隔不遠就有六塊破損程度不同的石碑。我們對歷朝歷代的這些紀念物極感興趣，便詢問關於橋梁修築的事，我們會被告知，「哦，那個，多少代人之前就沒了 —— 天知道那是什麼時候！」

前些年，我在大運河旅行，逆風阻止了前行。我們便上岸漫遊，發現農民正在忙於種田。那是五月份，鄉間景色極美。任何一個旅行者都會讚美說，是精耕細作和不知疲倦的勤勞把廣闊天地變得像花園一樣。但與這些農民稍作交談，就知道他們剛剛度過了一個嚴冬。就在去年，洪澇和乾旱毀了全部的莊稼，當地所有村莊裡的村民都差一點就餓死了 —— 不僅如此，實際上，他們現在還在挨餓。知縣撥下來的那點救濟，還遠遠不夠，卻還被無恥的盤剝了不少，窮人對此一籌莫展，他們完全保護不了自己。而這些情況，表面上絕對看不出來。那一年，別的地方年景很好，糧食豐收，人們安居樂業。《邸報》和在中國出版的外國雜誌也沒有報導這些事實。但是，忽視這些事實，並不能改變事實。這個地方的老百姓還在挨餓，別人知道不知道都一樣。哪怕是否認這些事實，也無法證明有誰採取了有效的救濟措施。事前預先推論中國人應該是什麼樣子，這是一回事；仔細考察中國人的實際情況，則又是一回事。

我們都知道，中國社會存在的各種弊端數不勝數，同樣，「徒有虛名的基督教國家」也會有這樣的弊端。也許讀者會感到失望，他們看不到我們對這個事實做更為明確的闡發，也不曾做出系統的比較。我們也曾這樣想過，但還是放棄了。因為我除了了解自己國家之外，對其他西方國家的了解非常有限，不足以擔此重任。讓每一個讀者自己邊讀邊比較，讓他們

二十六、中國的現實與需求

盡量不受「愛國主義偏見」的影響，永遠都不要把中國人看死。若做了這樣一種比較，我們至少可以假定這樣一個事實：西方國家都面臨未來的黎明，而中國卻時時處處面對著遙遠過去的黑夜。如果這是一個事實，那就是一個最為意味深長的事實，請讀者深思：這是如何造成的呢？

讓我們重複一遍，中國人只需要人格和良心，其他的他們不需要。甚至可以說，這兩者其實就是同一樣東西，因為人格就是良心。有一位著名的鋼琴製造家，他的人格被人讚為「像他做的樂器一樣——方正、正直而高貴」。然而，誰又曾在中國碰到這樣的人呢？

在一位幾年前去世的英國作家的傳記的結尾處，他妻子這樣寫道：「別人說他是作家、牧師、社會活動家；但只有在家裡每日與他共同生活的人，才能告訴人們，他是怎樣的一個人。在他真正浪漫的一生中，在他私人信件的至柔至愛處，必然是除去面紗的；但用不到那樣做，我也可以說如果在人間最崇高、最親密的關係中，有一份永不逝去的愛——純潔、熱烈，長達三十六年——從未把愛從其神聖高度降為一個倉促的字眼、一個不耐煩的姿勢或者一個自私的舉動，不管是處於生病還是健康，不管陽光燦爛還是暴風驟雨，不管白晝還是黑夜，看不到任何急促草率，也沒有任何不耐煩，連一個自私的舉動都沒有。如果這份愛可以證明騎士時代沒有永遠過去的話，那麼，在這個今生和來世都享受這份愛的女子看來，查爾斯·金斯萊（Charles Kingsley）是一位『最完美的騎士』。」基督教文明最美好的結果，就是它所造就的美好人生。這種美好人生並不少見。當代就記載了成百上千這樣的人生，此外還有成千上萬不為人們所知。每位讀者肯定至少知道一個一心為別人利益的例子，有的讀者則有幸親歷更多。如何解釋這些人生，這些人是受到什麼鼓舞的呢？我們不願胡亂猜疑，只不過，經過長時間反覆考慮以後，我們堅信：如果把中國人的

人生變成現在這個樣子的那些力量，能夠造就一位如金斯萊夫人眼中的丈夫那樣的人物，那一定是一個比任何或所有道家寓言故事中的記載還要非凡的奇蹟。沒有一種人類制度可以逃脫規律，他們之所以不可抗拒，是因為神「憑著他們的果子，就可以認出他們來」。儒學的力量有充足的時間去獲得最終結果。我們堅信，它所能做的，實際上，它已經做到了，再不會有更大的成果了。他們已經獲得了人力之所能及的一切，比任何國家任何情況下都有過之而無不及。在悉心考察了中國的一切之後，哪怕是最友好的批評家也只能無可奈何且悲哀的下這樣一個結論：「儒學的最終結果就是它造就了中國。」

關於中國的改革，有三種互相對立的理論。其一，沒有必要改革。無疑，這是一些中國人的觀點，儘管不代表全體中國人。某些外國人，遠距離看中國與中國人而產生幻覺，他們也這樣認為。其二，改革不可能。這是不少極其了解中國的人所下的悲觀結論，他們深知任何永久的真正的改革肯定會遇到極大的障礙，哪怕只是改革前的嘗試。在他們看來，針對龐大的中國的徹底改革，其毫無希望，如同要用電流去刺激埃及木乃伊復活一樣。在我們看來，第二種觀點與第一種一樣毫無道理；不過，如果我們上述所述未能說清楚這一點的話，這裡也再說無益了。其三，對於那些認為中國的改革既必須又可能的人來說，重要的是透過什麼來改革，並且毫不奇怪。人們對這一點持有好幾種非但不同而且相互不協調的回答。

首先，我們必須面對這樣的問題：中國能徹底脫胎換骨嗎？那些能夠覺悟到這是改革的必須之舉的政治家，肯定會接受這種徹底的變革。最近《邸報》刊登了一份奏摺，就是這樣設想的，作者抱怨中原某省民眾不斷鬧事，並說已經派了一些富有才幹的人去巡察了，向民眾宣講康熙《聖諭廣訓》中的訓示，顯然是希望用這種行之有效的方法及時感化人們。這

二十六、中國的現實與需求

種向民眾宣講道德訓誡的辦法（起初是對基督教布道的模仿），雖然沒什麼結果，卻是改善當時道德的常用處方。一旦無法奏效，總是只有再來一次。長期的實踐顯示它必定失敗，事情只會發生表面上的變化，而結果卻無一例外的等於徒勞。我們在那位能言善辯而腿是石頭的老人這則寓言裡，已經充分說明了其中的原因。

那麼，如果訓誡無能為力的話，還可能指望榜樣或許更有效一些。前文已經談及這個問題，我們在此只想指出為何最優秀的榜樣往往不能產生人們想要的結果。這就是因為這些榜樣無力使更多的人接受推動力，而他們自己的人生靠的就是這種推動力。就拿原山西巡撫張之洞為例，據說他很有魄力的禁止下屬官員吸食鴉片，並禁止老百姓種植鴉片。有多少下屬會誠實的與他合作，沒有這種合作又會怎樣？任何一個外國人，如果他依賴辦事的中國中間人不認可他的改革計畫，這個外國人就只好承認自己在中國事務方面非常無助。但如果一個外國人無助，那麼，一個中國人，不管何等官階，也一樣無助。這位廉潔的官員能做的，至多是在確定自己的目標之後，著手於眼前的一切事情（至少表面上如此），就像一隻貓出現在閣樓上，閣樓上就沒有老鼠了。但這位官員一走，幾乎還沒有走遠，老鼠就立刻照樣我行我素，一切恢復原樣。

如果中國一位政治家有單槍匹馬改革國家的願望，這不僅是可信的，也是再自然不過的了，因為他沒有別的辦法。一位聰明的英國官員，如果知道「東方特有的冷漠和宿命論的可怕結果 —— 席勒（Schiller）稱之為 —— 即使神也無能為力的愚蠢」 —— 如果他了解永久「改良」中所牽涉到的一切，他就可以絕對準確的預見改革的結果。在談到中國西南銅礦開採冶煉中的某些弊端時，巴伯先生說：「在這些礦藏充分開採之前，雲南必須增加人口，必須善待苦力，必須修築道路，揚子江上游的航運設

施必須得到改善 —— 總之，中國必須開化。要完成這一切，一千年都太短，除非借助一些外力去加速它。」不「借助外力」，而要改革中國，就如同在海水中造船；海風和海水不會讓這事辦成。凡是始於並終於一部機器的力，不能帶動這部機器。

天津與北京之間的那段北運河，在一個河灣處，旅行者可以看到岸邊有座破廟，廟的一半已被河水沖走，另一半則被一道擋水的柵欄 —— 用一捆捆蘆葦綁在木樁上製成的柵欄包圍著，而柵欄也只有一半，神像櫛風沐雨，土地和莊稼沒有任何防護柵欄，河床堆滿了淤泥。這個國家荒涼衰敗的景象從這裡就可以看到一二。用一句中國本土的經典格言說來，那就是朽木不可雕也。不全部砍去朽木，老根就不能發出新芽。恐怕中國永遠都不可能透過內部進行自身的改革。

或許把中國帶入「國際聯盟」，可以使中國獲得新生，這是西方國家廣泛認可的觀點。而把中國引入「國際聯盟」，卻實在不是復興這個國家的可靠希望。到現在為止，西方主要國家派駐北京代表已有三十年，他們在那裡到底對中國所受的苦難發揮什麼作用？使人感到悲哀的是，大國之間的國際關係，恰恰並沒有為中國帶去什麼好處。中國人是善於觀察的人：他們從西方國家的治理上所看到的，並不能使中國人相信，激起西方國家改革的動機要比他們自己「改良」這個帝國的願望更為高尚。既然中國本身也在成為一種「力量」，她正忙於著手讓外國之間利益衝突，以便坐收漁利，而沒有從那些一味「掠奪」卻不教她道德的國家那裡學到點什麼。所以，就算中國要改革，外交途徑也是不可取的。

中國需要的，不僅僅是進入國際大家庭，而且還要自由的交流、自由貿易，以及和睦友好的關係 —— 持這種觀點的人很多。主張貿易，這是滿足中國多種需求的最好辦法；更多的港口，更多的進口，更低的關稅，

二十六、中國的現實與需求

取消各種通行稅。這樣的說法，今天聽到的遠比二、三十年前要多得多。那時，中國人比以往更充分的滲入澳洲和美國，結果卻並不懂得「自由交流」以及「和睦友好」。難道人們沒有在私下裡大聲議論中國的茶葉和草帽縷品質不令人滿意，甚至還不如西方國家出口到中國的低劣產品。

作為文明的附屬物，貿易的價值是不可估量的，但它本身卻不是一種改革方法。亞當‧史密斯（Adam Smith），這位現代政治經濟學的偉大倡導者，把人類定義為「商業動物」；他說過，兩隻狗是絕對不會相互交換骨頭。但如果牠們能這樣做的話，並且在每個大城市都設立一個骨頭交易所的話，那麼，狗的性格會因此受到怎樣不可避免的影響呢？古代龐大的貿易國家往往不是最好的國家，反而，是最差的國家。但他們的現代繼任者並不是這樣的，這不是因為他們的貿易，而是別有完全不同的原因。有這樣一句話：商業像基督教，目標廣闊沒有邊際；商業又像彩虹，總是向金色的一邊彎曲。

看一下非洲大陸就足以明白，菸酒走私和奴隸買賣，都是由基督教國家引入的，兩者都是很難剷除的禍根，這足以說明，商業很難帶來改革效應。不少熟悉中國情況的朋友，他們的處方要比我們剛才列舉的更加全面。按照他們的觀點，中國需要西方的文化、西方的科學以及梅杜斯先生稱作的「物質文明」。中國數千年來一直是個文明民族，當我們的祖先還在原始叢林中覓食之時，他們已經開化了數百年。中國人嘗遍了所有他們看到的，認為能吃的食物，他們的烹飪方法各式各樣。在這樣的文化之中，本質上沒有可改革的東西。文化往往很自私，它喜歡強調：「我，絕非你。」比方說我們日常在中國都可以覺察到，我們引以為豪的文化被他們所嘲笑。假如中國文化學不會對此加以適當的控制，外國引入中國的事物又會受到怎樣的待遇呢？

中國無疑是最迫切需要科學的國家。他們需要各種現代科學來開發這個泱泱大國的潛在資源。他們自己已經開始認清這一點，不久的將來，他們會比我們更明白。但對科學的了解，一定能對這個國家的道德施加有益的影響嗎？如何實現這個目的呢？化學，在所有科學中，與我們當代的進步最為密切相關。那麼，在中國傳播普及化學知識，能成為使他們獲得新生的道德方式嗎？會不會因此而在生活各方面引發了新的和始料未及的欺詐和暴力呢？如果中國人的品性一成不變，他們勢必不會控制化學藥品的使用，那麼，掌握了這些可能帶來危險的現代炸藥的配方，人們肯定會終日惶恐不安。

「物質文明」是指西方重大的進步和發展的物質成果，它包括由蒸汽機和電的發明所帶來的許多奇蹟。有人告訴我們，這才是中國的真正需求和一切需求。通往每一個城市的鐵路、內河航運、完善的郵政系統、國家銀行、銀幣、作為通訊神經的電報和電話 —— 這些都是中國未來幸福時代的明顯象徵。

在張之洞力主修築鐵路的奏摺中，或許就有這種想法的雛形，他申明鐵路可以杜絕河運的許多危險，甚至船員監守自盜。那麼，物質文明的積聚，是否就能消除精神上的弊病呢？鐵路就能保證鐵路雇員，或者乃至管理人員都誠實可靠嗎？難道我們沒有讀過《伊利城之章》嗎？讀者不是看到州與州之間的主幹公路被完全侵占，而股東們無能為力，甚至對此事負責的人都沒有？這是由物質文明本身造成的，還是由一長串複雜原因經長期緩慢的相互作用才造成的呢？誰也不能保證，把選舉投票制度引進中國，就能使中國人成為一個講民主的民族，因而適合實行共和制度。只有創造了這樣的條件，中國才會產生與西方各國一樣的物質文明，這些相同的條件與物質無關，根本條件只與道德有關。

二十六、中國的現實與需求

　　有了香港、上海和其他通商口岸這樣的實例，中國人為何不把「模範租界」引入內陸城市？因為他們對這樣的變化不感興趣，引進了也會覺得非常不適應。他們看到近三十年以來中國海關誠實管理的實際成效，為什麼還不在其他領域採用這套辦法呢？因為在中國當時的狀況下，中國人在精神上完全不可能接受這樣的稅務體系。英國人的性格和道德也是歷經一千多年才達到目前的發展水準的，要中國人突然接受，確實不大可能，實行這些制度，也不可能像架起埃森的克魯伯野砲一樣，說開火就能立即開火。

　　培養了盎格魯－撒克遜民族的性格和道德的力量，如同尤利烏斯·凱撒（Gaius Iulius Caesar）在英國登陸、征服者威廉（William I）侵入英國這些歷史事實一樣，是絕對毫無疑問的。這些力量源於基督教，也隨基督教的發展而發展。與逐漸深入人心的基督教相對應，這些力量也慢慢開花結果、枝繁葉茂。

　　偉大的文化倡導者馬修·阿諾德（Matthew Arnold）說過：「說到希臘，每一個受過教育的人都對她充滿了熱愛，並十分感激她。希臘人是世界各民族藝術和科學的先行者，就如猶太人是正義的倡導者一樣。當今世界不能沒有藝術和科學。在偉大的希臘人民看來，藝術和科學具有非凡的魅力，而品行則被視為平常的事。於是，因為不注重品行，輝煌的希臘只是曇花一現；因為人們嚮往品行、持恆、性格……並且，當今時代需要越來越多的美和知識，知識受到如此尊重，而能夠帶來勝利和能統治整個世界的不是希臘人，而是猶太人；是猶太人崇高的正義，而不是希臘人卓越的藝術和科學。」

　　要改革中國，就一定要在品性方面追根溯源，一定要在實際上推崇良心，不能把自己囚禁在皇宮裡。有一條真理，被一位現代哲學的主要倡導

者一語道破:「沒有一種煉金術能夠使鉛煉成金。」正義才是中國真正需要的,為了獲得正義,他們必須了解上帝,必須重新認識人的概念,以及人與上帝的關係。中國的每一個個人、每一個家庭以及社會,都需要一種全新的狀態。我們發現,中國的各種需求其實就是一種需求 —— 那就是基督教文明,只有徹底的接受,並永遠以基督教的文明貫徹在他們生活的各個角落,他們才會徹底的蛻變。

西方人眼中的「中國」性格：

十九世紀美國傳教士明恩溥在華觀察

作　　者：[美]明恩溥

翻　　譯：李明良

發 行 人：黃振庭

出 版 者：崧燁文化事業有限公司

發 行 者：崧燁文化事業有限公司

E-mail：sonbookservice@gmail.com

粉 絲 頁：https://www.facebook.com/
　　　　　sonbookss/

網　　址：https://sonbook.net/

地　　址：台北市中正區重慶南路一段六十一號八
　　　　　樓 815 室

Rm. 815, 8F., No.61, Sec. 1, Chongqing S. Rd.,
Zhongzheng Dist., Taipei City 100, Taiwan

電　　話：(02)2370-3310

傳　　真：(02)2388-1990

印　　刷：京峯彩色印刷有限公司（京峰數位）

律師顧問：廣華律師事務所 張珮琦律師

定　　價：375 元

發行日期：2023 年 03 月第一版

◎本書以 POD 印製

國家圖書館出版品預行編目資料

西方人眼中的「中國」性格：十九世
紀美國傳教士明恩溥在華觀察 / [美]
明恩溥著，李明良 譯 . -- 第一版 .
-- 臺北市：崧燁文化事業有限公司，
2023.03
　面；　公分
POD 版
譯自：Chinese characteristics.
ISBN 978-626-357-155-6(平裝)
1.CST: 中國文化 2.CST: 民族研究
541.262 112000944

電子書購買

臉書